THE ARMENIAN VERSION OF IV EZRA

University of Pennsylvania
Armenian Texts and Studies

Supported by the Sarkis Tarzian Fund

Number 1
THE ARMENIAN VERSION OF IV EZRA
edited and translated by
Michael E. Stone

THE ARMENIAN VERSION
OF IV EZRA

edited and translated by
Michael E. Stone

SCHOLARS PRESS

Distributed by
Scholars Press
PO Box 5207
Missoula, Montana 59806

THE ARMENIAN VERSION OF IV EZRA
edited and translated by
Michael E. Stone

Copyright © 1979
University of Pennsylvania
Armenian Texts and Studies

Library of Congress Cataloging in Publication Data

Bible. O.T. Apocrypha. 2 Esdras. Armenian. 1978.
  The Armenian version of IV Ezra.

  (University of Pennsylvania Armenian texts and studies ; no. 1)
  English and Armenian.
  Includes bibliographies.
  I. Stone, Michael E., 1938-   II. Bible. O.T. Apocrypha. 2 Esdras. English. Stone. 1978. III. Title. IV. Series: Pennsylvania. University. University of Pennsylvania Armenian texts and studies ; no. 1.
BS1714.A75 1978   229'.1'049   78-17084
ISBN 0-89130-287-5
ISBN 0-89130-255-7 pbk.

Printed in the United States of America
1 2 3 4 5 6
Edwards Brothers, Inc.
Ann Arbor, Michigan 48104

CONTENTS

Preface ix

Signs and Abbreviations xi

The Sigla xv

INTRODUCTION

Chapter 1	The Manuscripts and the Edition	3
	1. The Version and its Editions	3
	2. The Manuscripts	6
	3. The Relationship between the Text Forms	11
	4. Date of Development of the Text Forms	15
	5. Manuscripts of ψ	16
	6. The Edition	22
	7. Manuscript H and Manuscript A	27
Chapter 2	IV Ezra in Armenian Literature	35
	1. Agathangelos	35
	2. John of Jerusalem	35
	3. Lists of Biblical Books	36
	4. The Armenian Menologium	38
	5. The Questions of Ezra	40
	6. Other Translations into Armenian	40

THE ECLECTIC EDITION AND THE TRANSLATION 43

THE DIPLOMATIC EDITION 213

FOR NIRA

PREFACE

This volume, in which the Armenian version of IV Ezra is presented in a critical edition with a translation, forms an integral whole with the forthcoming Textual Commentary to this version. For this reason , in the Introduction to the present volume, the discussion of the manuscripts, text-forms and the history of the version is given, but the analysis of the Armenian version as a version, of its particular tendencies and techniques and of its relationship to the other versions of the book is reserved for the Introduction to the Textual Commentary.

It seems appropriate , however, to communicate to the reader here the gist of the conclusions which will be demonstrated in that volume, as they touch on the questions of original language and date of the version. The Armenian is generally a faithful translation of a Greek version and most of the reworking to be discerned in it took place in Greek. This reworked Greek version must have existed by the fifth century at the latest and, consequently, we must posit a major reworking of the book before that time. This was the work of a Christian, but there is reason to think that some of the sources available to him may have included ancient, Jewish material. The Armenian version is of special interest, then, for the light it casts on an early stage of the development of the Greek text. It becomes more difficult, as a result, to evaluate the importance of unique readings of Armenian for the recovery of the oldest form of IV Ezra, although very probably it preserves some old readings.

This book has been many years in the making. Research for it has been supported by the Universities with which I have been associated - the University of California at Santa Barbara in 1965-1966 and, since then, the Hebrew University of Jerusalem. A grant by the A.C.L.S. made a visit to Europe for autopsy examination of some of the manuscripts possible, in the summer of 1966. The Israel Academy of Sciences and Humanities has given its support over the years.

The Sarkis Tarzian Fund of the University of Pennsylvania has subvented the foundation of the series of Armenian Texts and Studies of which this is the first volume. Appreciation is here expressed for this step.

Special thanks are due to the authorities of the various Libraries of Manuscripts who have helped by making microfilms and manuscripts available. Their permission to publish the manuscripts is here acknowledged. These are the Librarians of the Armenian Patriarchate of Jerusalem, the Matenadaran in Erevan, the Mechitarist Fathers in Venice, the Bibliotheca Vaticana in Rome, the British Library and the British and Foreign Bible Society in London and the All-Saviour Church in New Julfa (Isfahan).

A particular debt of gratitude is owed to Mr. Alfred Paludis whose assiduous help over the past two years has lifted from my shoulders much of the burden of checking the apparatuses, as well as of the physical preparation of the book for printing.

My family has been very patient with what must have seemed like an endless task.

Michael E. Stone

Jerusalem
March 24, 1978

SIGNS AND ABBREVIATIONS

Quotation of Manuscripts

The manuscripts are quoted by sigla, according to the following order:
H W ψ A N E Q D F J K G V L R β B M S P C I Z T

Signs

∇	end of line in manuscript
¶	end of page in manuscript
[　]	lacuna in manuscript
·	(over letter) partly legible only
. . .	(on line) words lost by textual tradition
<　>	material introduced into the text from another source
⌐　⌐	uncorrected corruption
{　}	material introduced into the text from a correction in the manuscript by a hand other than the scribe
∽	order of words reversed
+	add(s)
1^0, 2^0, etc.	(following letter or word) first, second, etc. occurrence of letter in word or word in verse
A*	text as written originally by the scribe
A^0	correction by the original scribe
A^1, A^2, etc.	first, second, etc. corrector, other than the scribe
A^c	unidentifiable corrector other than the scribe
↓	see lower apparatus
↑	see upper apparatus

Abbreviations

above	written above
cld	coloured
col	column
cor	corrected, corrector
cpt	corrupt
dittog	dittography
eras	erasure, erased
fol, fols	folio, folios
fin	end

haplgr	haplography
hmarkt	homoeoarchton
hmt	homoeoteleuton
inc	beginning
init	coloured initial or capital letter
ln, lns	line, lines
let, lett	letter, letters
marg	margin
nom sac	name of God or Christ
om	omits
rel	all witnesses except those cited by siglum
VL, VLL	variant reading, variant readings
vs, vss	verse, verses

Bibliographical Abbreviations

Bogharian, Jerusalem Catalogue
    N. Bogharian, Grand Catalogue of St. James Manuscripts (Jerusalem: St. James Press, 1967-1974), Vols. 1-6.

Box   G.H. Box, The Ezra Apocalypse (London: Pitman, 1912).

Eganyan et. al., Erevan Catalogue
    O. Eganyan, A. Zeyt'unyan & P'. Ant'abyan, Ցուցակ Ձեռագրաց Մաշտոցի Անվան Մատենադարան [Catalogue of the Manuscripts of the Maštoc' Library], (Erevan: Academy of Sciences, 1965 & 1970), Vols. 1-2.

Gry   L. Gry, Les dires prophétiques d'Esdras (Paris: Geuthner, 1938), 2 vols. paginated successively.

Issaverdens
    J. Issaverdens, The Uncanonical Writings of the Old Testament found in the Armenian MSS. of the Library of St. Lazarus (2 ed; Venice: Mechitarist Press, 1934).

Karenian, Etchmiadzin Catalogue
    H. Karenian, Մայր Ցուցակ Ձեռագիր Մատենից Գրադարանի Սրբոյ Աթոռոյն Էջմիածնի [Grand Catalogue of the Manuscript Books in the Library of the Holy See of Etchmiadzin], (Tiflis: Nersesian School, 1863).

Meillet   A. Meillet, Altarmenisches Elementarbuch (Heidelberg: Winter, 1913).

Sarghissian, Venice Catalogue
    B. Sarghissian, Grande Catalogue des manuscrits arméniens de la bibliothèque des PP. Mékhitaristes de Saint-Lazare (Venice: Mechitarist Press, 1914-1918), Vols. 1-2 (Armenian).

Stone, Proceedings
    M.E. Stone, "The Apocryphal Literature in the Armenian Tradition," Proceedings of the Israel Academy of Sciences and Humanities 4 (1971) 59-77.

Ter-Avetissian, New Julfa Catalogue
    S. Ter-Avetissian, Katalog der armenische HSS in der Bibliothek des Kloster in Neu Djoulfa (Vienna: Mechitarist Press, 1970).

Tisserant, Vatican Catalogue
    E. Tisserant, Codices armeni Bybliothecae Vaticani, Barberiani, etc. (Rome: Vatican Press, 1927).

Violet 1   B. Violet, Die Ezra-Apokalypse I: Die Ueberlieferung (GCS 18; Leipzig: Hinrichs, 1910).

Violet 11   B. Violet, Die Apokalypsen des Ezra und des Baruch in deutscher Gestalt (GCS 32; Leipzig: Hinrichs, 1924).

Yovsepʻianc'
    S. Yovsēpʻianc', Անկանոն Գիրք Հին Կտակարանաց [Uncanonical Books of the Old Testament], (Venice: Mechitarist Press, 1896).

THE SIGLA

A	Jerusalem, Armenian Patriarchate 1933	Bible	1645 C.E.
B	Rome, Cod. Vat. Arm. 1	Bible	1625 C.E.
C	Venice, Mechitarist 1182	Bible	1656 C.E.
D	Venice, Mechitarist 1270	Bible	14-15th cent.
E	Venice, Mechitarist 229	Bible	1655 C.E.
F	Venice, Mechitarist 623	Bible	1648 C.E.
G	Jerusalem, Armenian Patriarchate 1934	Bible	1643-1646 C.E.
H	Erevan, Matenadaran 1500	Miscell.	1272-88 C.E.
I	Erevan, Matenadaran 2732	Bible	17th cent.
J	Erevan, Matenadaran 200	Bible	1653-1658 C.E.
K	Erevan, Matenadaran 201	Bible	1660 C.E.
L	Erevan, Matenadaran 354	Bible	14th cent.
M	Erevan, Matenadaran 205	Bible	17th cent.
N	Erevan, Matenadaran 351	Bible	1619 C.E.
P	Jerusalem, Armenian Patriarchate 1927	Bible	1653 C.E.
Q	Jerusalem, Armenian Patriarchate 1928	Bible	1648 C.E.
R	London, Brit. & For. Bib. Soc.	Bible	<u>ante</u> 1667 C.E.
S	London, British Library or 8833	Bible	17th cent.
T	New Julfa, All-Saviour Church 15	Bible	1662 C.E.
V	New Julfa, All-Saviour Church 16	Bible	17th cent.
W	Jerusalem, Armenian Patriarchate 2558	Bible	17th cent.
Z	Jerusalem, Armenian Patriarchate 2561	Bible	17th cent.

ψ   All the manuscripts except H and W
β   B M S P C I Z T

INTRODUCTION

Chapter 1

THE MANUSCRIPTS AND THE EDITION

1. The version and its Editions down to the Present

The Armenian translation of the Fourth Book of Ezra (IV Ezra) was unknown to Western scholarship until the last century. As is true of much ancient Armenian literature, the first edition of this version was published by the Venice Mechitarist Fathers, in the Armenian Bible of 1805 edited by J. Zohrabian. The book is found in the Appendix which follows the end of the New Testament, and the Introduction makes it clear that the edition was based on three manuscripts, which the editor designated 4, 5 and 7.[1] Manuscript 4 may be identified, on the basis of the information which Zohrabian provides, as Venice no. 623 (our F), manuscript 7 as Venice no. 1182 (our C), while manuscript 5 is apparently Venice 229 (our E). In the case of this last manuscript, Zohrabian dates it to the year 1657 C.E., while the date in the colophon of the manuscript is 1655 C.E.[2] The other details provided by Zohrabian make the identification certain, however, and it is also confirmed by the fact that Zohrabian's manuscripts were almost solely those of the Venice library.

As his text Zohrabian printed an eclectic version based on these three manuscripts. He observes in a note at the beginning of the text that the variations between the manuscripts are so minor as not to warrant recording.[3] This text is, on the whole, a faithful record of the manuscripts. Only rarely does the editor venture to emend the text of the manuscripts, even where the latter is incomprehensible. Such occasional emendations may be observed, for example in 4:35 where all the manuscripts read *խնդրեսցին* , while Zohrabian emends rightly to *խնդրեցին* and in 5:12B where H alone reads *նոցանէ* and all other manuscripts read *նոցա*, but Zohrabian's text is *նոսա* .

It is natural that, on occasion, when he chose the reading of one manuscript against the other two, the reading of this single witness was inferior or unique. Yet, this only becomes evident as a result of the examination undertaken here of a far wider range of manuscripts and text-types than was at his disposal. As an example of this phenomenon, it can be observed that in 3:12, E alone reads *անօրէնութեամբք* against all the other manuscripts which read *անօրէնութիւնք*. Zohrabian has here chosen to read with E.

It is, therefore, important to stress the fact that Zohrabian's manuscript base was very narrow and the more so in view of misinformation found in certain European works. Thus Léon Gry comments:

> (La version arménienne)...Imprimée dans la Bible arménienne des Pères Mechitaristes (Jean Zohrab), Venise, 1805, ...après utilisation des 19 mss des deux Testaments.[4]

Yet in his Introduction, Zohrabian mentions only nine manuscripts and of these, only three, he claims, contained IV Ezra.[5] Further, Zohrabian states that his manuscripts 4 and 5 were both copied from a Polish manuscript of the year 1619 which was unavailable to him. On the basis of the information which he provides, it is possible to identify this manuscript as Erevan, Matenadaran 351 (our N). The nature of the relationship obtaining between these three manuscripts will be discussed in detail below. For the moment it is adequate to note that, if his statement is correct then there are actually only two witnesses at the base of Zohrabian's edition, not three. These are Erevan, Matenadaran 351 and Venice, Mechitarist 623.

Zohrabian's text was reprinted, with almost no changes, by Sargis Yovsēp'ianc' in his edition of the Armenian apocryphal literature in 1896,[6] and once more, with some emendations and a moderately accurate English translation in 1900 by J. Issaverdens.[7] Typical of his emendations, carried out with no manuscript support, is 4:15 *երթալ կոուել*. In this connection, too, the only major study devoted to the Armenian version of IV Ezra may be mentioned, the essay by B. Sarghissian.[8] It was a product of the same center of scholarly activity in Venice which had produced the edition and it represents in many ways the end of the pioneering stage of the study of this text carried out at San Lazarro.

It is interesting to note that even Issaverdens' English translation had virtually no impact on European scholarly circles concerned with the study of the apocryphal literature. Yovsēp'ianc's edition was mentioned by M.R. James, and he also announced Sarghissian's (then) forthcoming study.[9] Yet Box, in his edition of

1912, does not show knowledge of Issaverdens' English rendering,[10] nor does Violet[11] nor Gry.[12] All these scholars depended for their knowledge of this version not on the learned fathers of Venice, but on the tradition known in Europe since the days of A. Hilgenfeld.

The European Tradition

The existence of the Armenian version of IV Ezra seems first to have been announced in a European language by Ceriani,[13] and a German translation of passages extracted by him was made by H. Ewald.[14] The whole version was translated into Latin by Petermann and published in Hilgenfeld's Messias Judaeorum, this according to the four Venice manuscripts. This translation was then reprinted by Violet, together with supplementary notes by the eminent arménisant F. Conybeare, and subsequently by Gry.[15] It is of interest to observe that this tradition was based on the same manuscripts as the Armenian editions discussed above, those of the Mechitarist Fathers in Venice.

This translation has been consulted in the form in which it appeared after Conybeare's revision. It is a fine, literal translation, accurate in nearly every detail. Furthermore, many of the emendations suggested in the notes are borne out by actual manuscript readings unknown to the translators. Two major criticisms can be levelled at it. First, it does not even record all the variants of the four manuscripts which were known. Thus the reading of E D^7 in 3:3 *ասելոց*, of C in 3:5 *այսորիկ*, of F in 3:5 *ի նմա*, of C in 3:11 + *եւ* and many others are not indicated. Second, like Zohrabian's edition, it is based on too narrow a group of manuscripts. This translation, however, has been the basis of all European research.

The only recent addition to the editions of the Armenian text is the present writer's diplomatic printing of the texts of Jerusalem, Armenian Patriarchate 1933 and Erevan, Matenadaran 1500.[16]

2. The Manuscripts

In the following list all the manuscripts used in this edition are included. As far as is known, these are all the extant copies of IV Ezra except for one manuscript which is in the private collection of H. Kurdian of Wichita, Kansas, and which was not available to the editor. In an autopsy examination in 1965 this was seen to be a seventeenth century Armenian Bible, not significantly different from the vast majority of such manuscripts.[17] For all the other manuscripts only brief details are presented. Full technical descriptions may be found in the catalogues noted for each one. Only significant details possibly relating to the textual character are noted, as are distinguishing characteristics. All manuscripts are in bolorgir script unless otherwise noted.

A   Jerusalem, Armenian Patriarchate 1933
Bible; 1645 C.E.; Isfahan (New Julfa); Astuacatur dpir, copyist; paper; 593 folios; 27 × 20 cms; IV Ezra occurs on folios 209v-219r; preceded by II Ezra and followed by Nehemiah.
Bogharian, Jerusalem Catalogue, VI, 448-461; see K, below.

B   Rome, Vatican Arm. 1
Bible; 1625 C.E.; Constantinople; Mik'ayēl of T'oxat'[18] copyist; paper; 581 folios; 25.4 × 18.3 cms; IV Ezra occurs on folios 202r-211v; preceded by II Ezra and followed by Nehemiah.
Tisserant, Vatican Catalogue, 197-201; Mishkgian, Handes Amsorya, 6 (1892) 212-214.

C   Venice, Mechitarist 1182 (Petermann-Violet C, Zohrabian 7)
Bible; 1656 C.E.; Poland ?; Yovhannēs erēc' of Poland, copyist; fine vellum; 483 folios; 26.1 × 20 cms; IV Ezra occurs on folios 174r-181r; preceded by II Ezra and followed by Nehemiah.
Sarghissian, Venice Catalogue, I, cols. 73-86.

D   Venice, Mechitarist 1270 (Petermann-Violet D)
Bible; 14th-15th century; provenance unknown; Ezekiel, deacon, copyist; paper; 504 folios; 25.2 × 18 cms; IV Ezra occurs on folios 231v-244r; preceded by II Ezra and followed by Nehemiah.
Sarghissian, Venice Catalogue, I, cols. 95-100.

Manuscript D has been corrected extensively, both by the original scribe and by a number of later persons. The loss of clarity due to photographic reproduction makes the exact identification of all the correcting hands difficult. The following distinctions, however, seem fairly certain.

D⁰   3:3, 4:2, 5, 26, 28-9, 5:35A, 45, 6:22, 24, 29, 44, 7:52, 105, 8:26, 9:24, 26, 12:5bis, 13:16, 14:32, 48bis. In addition, the same hand has probably made the corrections in 6:18, 49, 7:45, 117, 10:38, 13:23.

D¹   3:7B, 5:46, 6:54D, 7:5 - bolorgir; distinctive erase marks.

D²   3:7A, 4:3, 7, 42, 50, 5:12B, 28, 40, 7:37 - coarse bolorgir; thick strokes, very black ink.

D³   3:31, 4:12, 43, 5:11A, 41, 6:26, 59, 7:11, 8:23, 52, 59, 10:22, 11:14 - stiff, sometimes semi-notragir, black ink.

D⁴   5:9, 25, 7:19 - bolorgir.

D⁵   6:1F, 28 - bolorgir; thin, sharply regular strokes, interlinear corrections.

D⁶   7:102, 11:6, 13:51 - bolorgir; black ink, distinctive erase marks.

D⁷   3:3, 11:29 - notragir.

The remaining corrections could not be clearly distinguished and have been noted as Dᶜ. It is possible that 5:12A, 13:13 are the work of a single hand, as also 12:20, 39; this is not certain.

Dᶜ   3:30, 5:12A, 6:1E (marg note), 7:28 (marg note), 12:13, 20, 39, 13:3, 15, 31, 39, 14:26.

E   Venice, Mechitarist 229 (Petermann-Violet B, Zohrabian 5) Bible; 1655 C.E.; Lwow, Poland (?); Markos, deacon, copyist; white vellum; 631 folios; 26.4 × 20.2 cms; IV Ezra occurs on folios 236v-246r; preceded by II Ezra and followed by Nehemiah.
Sarghissian, Venice Catalogue, I, cols. 43-48; see below.

Manuscript E has been corrected by four hands.

E¹   4:5, 5:28, 6:1B, 7:45, 85, 116, 135, 8:2B, 33, 41A, 52, 10:2, 12:51 - bolorgir; dark ink, uses distinctive mark of correction.

E²   5:2, 12D, 6:24, 26, 41B, 8:54, 63, 38, 12:33 and perhaps 5:15 - bolorgir; dark to light ink, not consistently regular script, distinctive mark of correction.

E³   3:24   E⁴   3:16, 4:6

E^5 might be distinguished at 12:26 and an unidentified corrector at 4:19, 6:54D, 11:32, 13:13, 24, 14:19.

F   Venice, Mechitarist 623 (Petermann-Violet A, Zohrabian 4)
Bible; 1648 C.E.; Isfahan (New Julfa); Gaspar erēc' and Yovanēs dpir, copyists; vellum; 659 folios; 26.5 × 20.5 cms; IV Ezra occurs on folios 219v-236v; preceded by II Ezra and followed by Nehemiah. Sarghissian, Venice Catalogue, I, cols. 25-33; see below on J and K. Manuscript F has been corrected by one hand; bolorgir, different ink. F^1 7:139, 8:15, 62C.

G   Jerusalem, Armenian Patriarchate 1934
Bible; 1643-1646 C.E.; Isfahan (New Julfa); Step'annos, copyist; vellum; 907 folios; 25 × 18 cms; IV Ezra occurs on folios 316v-330r; preceded by II Ezra and followed by Nehemiah.
Bogharian, Jerusalem Catalogue, VI, 461-469.

H   Erevan, Matenadaran 1500
Miscellany; 1271-1285 C.E.; Ayrivank', Armenia; Mxit'ar of Ayrivank', copyist; paper; 1189 folios; 35.7 × 26.5 cms; IV Ezra occurs on folios 254r-260v; preceded by Esther and followed by the Minor Prophets.
Eganyan et al., Erevan Catalogue, I, col. 568; G. Yovsēp'ianc', Mxit'ar Ayrivanec'i, Jerusalem: St. James Press, 1931, cols. 3f.; Karenian, Etchmiadzin Catalogue, no. 924.

I   Erevan, Matenadaran 2732
Bible; 17th century; provenance unknown; Astuacatur erec', copyist; vellum; 562 folios; 27.3 × 20.5 cms; IV Ezra occurs on folios 199r-206v; preceded by II Ezra and followed by Nehemiah.
Eganyan et al., Erevan Catalogue, I, col. 864.

J   Erevan, Matenadaran 200
Bible; 1653-1658 C.E.; Isfahan (New Julfa); Yovanēs dpir, copyist; vellum; 616 folios; 26.3 × 20.3 cms; IV Ezra occurs on folios 213v-223v; preceded by II Ezra and followed by Nehemiah.
Eganyan et al., Erevan Catalogue, I, col. 271.
Yovanēs dpir is probably the same copyist who wrote part of F (see above). This seems likely, although there were a number of copyists of this name active in New Julfa in the 17th century. The same

scribe may also have copied Erevan, Matenadaran 3224, Hymnal of the years 1657-1667 C.E. and Erevan, Matenadaran 8468, Gospels of the year 1657 C.E. On textual grounds F and J are sister manuscripts but, at least that part of F which contains IV Ezra was not written by the same scribe as J. F, however, had two scribes.

K   Erevan, Matenadaran 201
Bible; 1660 C.E.; Isfahan (New Julfa); Astuacatur k'ahanay, copyist; vellum; 616 folios; 27 × 20 cms; IV Ezra occurs on folios 214v-224r; preceded by II Ezra and followed by Nehemiah.
This manuscript was illuminated by Hayrapet vardapetac' vardapet. The following are some of the numerous manuscripts illuminated by men bearing this name in New Julfa at the same time. MS F above, by H. with his pupils Catur, Aɫamal and Galust; Erevan, Matenadaran 1260, Commentaries on Matthew and John, 1642 C.E.; Erevan, Matenadaran 1742, Miscellany, 1646-1653 C.E.; Erevan, Matenadaran 2587, Bible, 1648 C.E.; Erevan, Matenadaran 237 (?), Gospel, 1651-1652 C.E.; Erevan, Matenadaran 953, Maštoc', 1656 C.E.; Erevan, Matenadaran 254, Gospel, 1659-1660 C.E. H. of Julfa illuminated Erevan, Matenadaran 389, Missal, 1647 C.E.; perhaps to be distinguished from Hayrapet dpir who illuminated MS A. Erevan, Matenadaran 953 was written by Aɫamal, perhaps the pupil of Hayrapet, in 1647 C.E.[20]
Eganyan et al., Erevan Catalogue, I, col. 217.

L   Erevan, Matenadaran 354
Bible; 14th century; Abaraner (?); Grigor of Abaraner copyist; paper and vellum; 649 folios; 26.5 × 20 cms; IV Ezra occurs on folios 242r-253r; preceded by II Ezra and followed by Esther.
Eganyan et al., Erevan Catalogue, I, col. 305; Karenian, Etchmiadzin Catalogue, no. 177.

M   Erevan, Matenadaran 205
Bible; 17th century; provenance unknown; Yovanēs erec' and Matt'eos, copyists; vellum; 596 folios; 26 × 18.5 cms; IV Ezra occurs on folios 239v-243r; probably preceded by II Ezra and followed by Nehemiah.
Eganyan et al., Erevan Catalogue, I, col. 272.

N   Erevan, Matenadaran 351
Bible; 1619 C.E.; Lwow, Poland; T'oros dpir, copyist; vellum; 601

folios; 26.5 × 20.4 cms; IV Ezra occurs on folios 196r-206r; preceded by II Ezra and followed by Nehemiah.
Eganyan et al., Erevan Catalogue, I, col. 304; Karenian, Etchmiadzin Catalogue, no. 173.
According to Zohrabian this was the examplar from which E and F were copied. On textual grounds this seems unlikely.

P Jerusalem, Armenian Patriarchate 1927
Bible; 1653 C.E.; Constantinople; Xač'atur vardapet, copyist; vellum; 495 folios; 26.4 × 18.8 cms; IV Ezra occurs on folios 198v-206v; preceded by II Ezra and followed by Nehemiah.
Bogharian, Jerusalem Catalogue, VI, 421-427.

Q Jerusalem, Armenian Patriarchate 1928
Bible; 1648 C.E.; provenance unknown; Markos deacon, copyist; vellum; 622 folios; 26 × 19 cms; IV Ezra occurs on folios 212r-221v; preceded by II Ezra and followed by Nehemiah.
Bogharian, Jerusalem Catalogue, VI, 427-431.

R London, British and Foreign Bible Society
Bible; before 1667; provenance unknown; Astuacatur, copyist; vellum; 602 folios; 23.6 × 17.6 cms; 49 quires each of 12 folios; two columns each of 48 lines; headpieces, marginal ornaments, initials; illumination incomplete; bound in leather over wooden boards, inscribed *Յիշատակ է Ած.աշունչս բարսեղ վարդապետին որ հան-գուցեալ առ քս. ի թ. ՌՃԺԶ*'This Bible is a memorial of Barseł vardapet who fell asleep in Christ in the year 1116 (1667 C.E.)'; found in Cilicia in the last century and brought to London; notes by the original scribe at the end of I Ezra and Psalms; IV Ezra occurs on folios 222r-233v; preceded by Nehemiah and followed by Esther.
Autopsy.

S London, British Library or 8833
Bible; 17th century; provenance unknown; P'illipos, copyist; thin vellum; 596 folios; 26.3 × 19.1 cms; 51 quires of 12 folios; two columns of 48 lines; full-page miniatures, large and small headpieces, marginal ornaments, decorative letters, coloured inks; bound in stamped leather over wooden boards; note by the scribe on fol. 103,

old colophon of the year 1198 C.E. recopied on fol. 596r. This previously belonged to Lord Zouche; IV Ezra occurs on folios 248v-259r; preceded by II Ezra and followed by Nehemiah.
Autopsy.

T   Isfahan (New Julfa), Allsaviour Church 15
Bible; 1662 C.E.; Isfahan (New Julfa); Tēr Markos, copyist; paper; 570 folios; 26.5 × 20.3 cms; IV Ezra occurs on folios 214r-223r; preceded by II Ezra and followed by Nehemiah.
Tēr-Avetissian, New Julfa Catalogue, no.1, pp.1-6.

V   Isfahan (New Julfa), Allsaviour Church 16 (olim Calcutta)
Bible; 17th century; Isfahan (New Julfa); Ezekiel, copyist; paper; 981 folios; 31 × 19 cms; notragir script; IV Ezra occurs on folios 367v-385r; preceded by II Ezra and followed by Nehemiah.
Tēr-Avetissian, New Julfa Catalogue, no.2, pp.7-9.

W   Jerusalem, Armenian Patriarchate 2558
Bible; 1596-1615 C.E.; Van; Yusep' scribe of the first part and Zak'ar of the second; 579 folios; IV Ezra occurs on folios 422v-433r; preceded by Malachi and the Life of Malachi and followed by Daniel.
Bogharian, Jerusalem Catalogue (forthcoming).

Z   Jerusalem, Armenian Patriarchate 2561
Bible; Constantinople; 1654-1670 C.E.; scribe Meliton, priest, Elia, Azaria; 669 folios; IV Ezra occurs on folios 234-242; preceded by II Ezra and followed by Nehemiah.
Bogharian, Jerusalem Catalogue (forthcoming).

3. The Relationship between the Text Forms

i. H W ψ

The manuscripts separate into two families, H and W ψ, where ψ is all the other manuscripts. Neither is H a descendant of W ψ, nor W ψ of H, but they share a common ancestor. W ψ separates into two subfamilies, W and ψ. H is the best single witness to the text and W is the best single witness to W ψ. The manuscripts of ψ show certain groupings, but clear, uncontaminated stemmatic relationships between them are not readily discerned.

The relationships outlined above imply a pattern of relationships as follows:

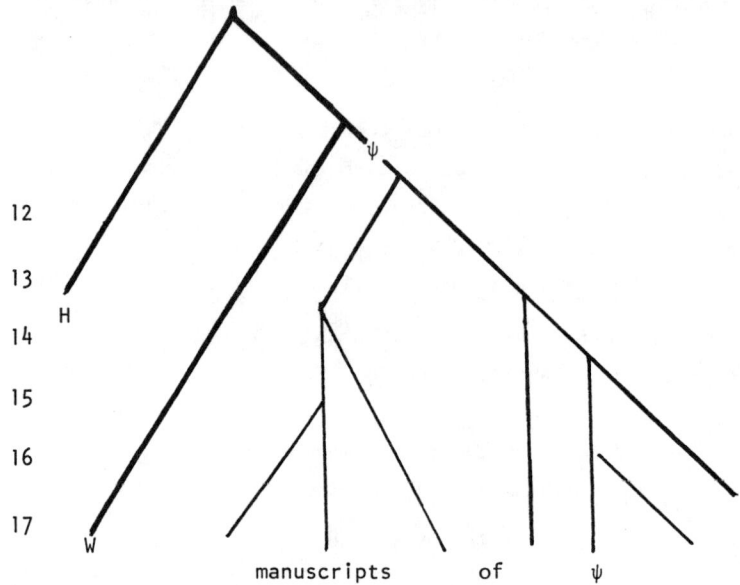

a. W ψ share a common ancestor
This is indicated by conjunctive errors or inferior readings of this family in many instances. The readings in the following verses will suffice to demonstrate this contention: 3:13, 4:50, 5:36A (omission), 7:106, 8:52, 9:45 (omission). Such readings are rather common and they imply the superiority of H. These and the readings cited in the following paragraphs will be discussed in detail in the forthcoming textual commentary to Armenian IV Ezra.

b. The manuscripts of ψ share a common ancestor
This is indicated by conjunctive errors or inferior readings of this subfamily in many instances. The readings in the following verses will suffice to demonstrate this contention: 3:2, 12, 24, 4:4, 16, 28-9, 39, 5:13, 6:4, 7:41, etc.

c. H is not the ancestor of W ψ
This is indicated by a number of corruptions found in H and not to be observed in W ψ. These include readings in 3:29, 4:12, 18 (HI), 23, 34 (hmarkt), 6:45, 54B, 7:103, 139, etc.

d. W is not the ancestor of ψ

This follows since the date of W is later than that of some of the manuscripts of ψ.

It follows from the above relationships that original readings can occur in any of the three witnesses, H, W or ψ, but that a common reading of H and either W or ψ will be preferable, unless it is a case of coincidental corruption. This conclusion is in fact borne out by the study of the readings of the book. Naturally, common readings of W and ψ witness only to their immediate ancestor. In fact, in the course of establishing the text, which was done on grounds of evaluation of the individual readings, only very few cases occurred in which ψ was judged to preserve the original text, against the combined witness of H and W. A measure of contamination between the witnesses is suggested by this and such is borne out by some other cases in which W seems to be the best witness against H ψ. In the following Table, these cases are set forth. Their cumulative weight is not such as to bring about any revision of the stemma given above.

TABLE 1

Anomalous Readings of H ψ and H W

Anomalous Readings of H ψ

1	*3:4	*ոչ*] W om H ψ
2	4:5	*ինձ* 2⁰] W om H ψ
3	4:7	*են* 2⁰] W *երեւին* H ψ
4	*5:9	*եւ պաշտաւնեայք ընդ պաշտաւնեայս*] W om H ψ
5	5:11A	*զմերձաւոր*] W *-ս* H ψ
6	5:54	*էք*] + *դուք* H ψ
7	*7:12	*նեղ*] W *խիստ* H ψ
	*7:12	*խիստ*] W om H ψ
8	8:52	*ձեզ*] W *քեզ* H ψ
9	*10:49	*զնա*] W om H ψ
10	*10:51	*ոչ*] W om H ψ

Anomalous Readings of H W

1	4:3	երիս2⁰] + եկի H W
2	5:16	ցիս] + փաղաղիել H W
3	5:32	ինձ] ψ om H W
4	5:33	խաւսեաց] ψm խաւսեսցի H W
5	*5:49	եւ ոչ յորժամ---ծնանել] ψ om H W
6	5:56	տէր] ψ om H W
7	*7:56	եւ երկաթն քան զկապարն] ψ om H W
8	10:59	բնակչաց] ψ բնակութեանց H W

*Readings which are indubitable evidence of conflation.

1 Observe that of the eighteen readings listed, eight occur in chapter 5.

2 Of all the superior readings of W ψ(not listed), the most common is their reading եւ "and" which is lost by H.

3 There are, naturally, a number of readings in which individual manuscripts of ψ agree with H or W, forming patterns of contamination (see below).

ii. H, W and Individual Manuscripts of ψ

A number of minor readings are shared by H, W or H W and individual manuscripts of ψ. Such are set forth following the remarks on the individual manuscripts in the next section. In general, these readings are of the type found between H and W or between different manuscripts of ψ in cases where they do not coincide. Yet a relationship seems to exist between H W and β (particularly T), K, and L R (particularly R), as well as between W and A. This emphasizes the conflation of the manuscript tradition,but, significantly only in minor readings, of the sort caused by glossing or correction. Had any individual manuscript of ψ been systematically corrected from a completely different text type, more intrinsically superior readings would probably occur in it than do in any of the manuscripts of ψ. In fact, only T has been taken into the text (twice, in minor variants) and only R preserves a few original words not found in the rest of ψ.

4. Date of Development of the Text Forms

The separation of the ancestors of H and W ψ must have taken place prior to the copying of H in the mid-13th century. The separation of the ancestors of W and ψ must have taken place prior to the copying of the oldest manuscript of ψ, MS L of the 14th century. The existence of some of the groupings of ψ prior to the 12th century may be indicated by the following variants which seem to have originated in the Armenian uncial script.

12:38 *ԴԻՑԵՄ* H W L R V β *ԴԻՏԵՄ* rel

Conceivably also the following variant witnesses to the same:

7:41 *ՀՈՆԱԻՈՅ* H W *ՀԱՆԱԻՈՅ* L D R V B M S P I Z
ՀԱԻԱՆՈՅ C *ՀԱՄԱԻՈՅ* ψ rel

In this case L D R V B M S P I Z and C give an unintelligible corruption which is even more corrupt in ψrel. Other confusions of the same letters are found in, e.g., 4:40 *ԱՄԻՄՆ*] *ԱՄԻՆՆ* K R; 6:48 *ՋՄԱՆՈԻՆՄ*] *ՋՄԱՄՈԻՆՄ* L R and the same H/W in 11:3 are susceptible of alternative explanations as may be *ԳՏԻ* G Q E for *ԳՏՑԻ* in 3:34.

This implies that by the 12th century at the latest, four text types H, W and two types of ψ,must have existed and it seems that the two types of ψ were separately transliterated from uncial to minuscule script. The contamination and conflation rampant in ψ mean , however, that neither of these types of ψ can be shown to exist in any given surviving manuscript. Yet the general affinities of (D) L R V β are also borne out by readings cited in the next section and perhaps these manuscripts indeed derive from a common subgroup of ψ. This relationship cannot be expressed diagrammatically because of the extensive conflation. That this was early is shown by conflate readings of H and W with single MSS or groups of ψ, cited in the next section.

Since the ancestor of W preceded the formation ofψ and that of H was still higher up the stemma, a complex development in the centuries preceding the transliteration must be assumed. This confirms the antiquity of the version, which is in any case witnessed by the evidence from Armenian literature (see Chapter 2).

5. Manuscripts of ψ

In this section characteristics of certain manuscripts of ψ, which are of particular interest, will be discussed. Moreover, the chief groupings of the manuscripts of ψ will be set forth. In general two observations are relevant. Only in one case has a reading of a single manuscript or subfamily of ψ been found superior, on intrinsic grounds, to all the other witnesses and been incorporated in the text (T in 7:65). Second, all the manuscripts of ψ and all the subfamilies show a greater or lesser measure of conflation. Thus the subfamilies indicated serve merely to show predominant patterns of coincidence of readings, but their significance for the establishment of a stemma is debatable. Again, many of them show agreements of varying weight and significance with H and W. The procedure adopted is to give the chief groupings of manuscripts indicated by egregious conjunctive errors, following which agreements of any conceivable significance with H or W are listed.

It became evident that the groupings of the 17th century manuscripts which were reached upon the basis of the study of their readings also reflect the geographical centers in which they were copied. In other words, for the 17th century it is possible to outline a theory of local text types : four chief ones were discerned.

a. Poland
N, E and probably Q. D is apparently an early representative of this text type.

b. Isfahan (New Julfa)
A, F J, K, V. The relationships between these manuscripts are difficult to define precisely, but they are clearly related to one another in contrast to the other manuscripts. T was also copied in New Julfa, but belongs to the next type.

c. Constantinople
B, F and Z were copied in Constantinople. The other manuscripts of this group, M, S, C and I are of unknown provenance, while T was copied in Isfahan (New Julfa). It is possible that some or all of M, S, C and I were copied in Constantinople. C had been thought to have been written in Poland, on the basis of the scribe's name

but this may now be regarded as unlikely.

d. **Van**

W alone belongs to this group and was clearly copied from an exemplar of different (and preferable) character to the above manuscripts.

Both the Isfahan and the Constantinople witnesses show a good deal of conflation among themselves and this may be an indication that in the scriptoria in which they were written a common "vulgate" text had been produced by the comparison, glossing and annotation of exemplars. If T was also copied from an exemplar in Isfahan, then the so-called Constantinople recension must have been older and one copy of it at least reached Isfahan. T shows contact with text types outside this family, indicating correction or glossing at some stage of its transmission. It should further be observed that the Polish text is rather close to the Isfahan one, while the text of the Constantinople manuscripts is the result of a special development. The Polish and Isfahan group of witnesses seem to hold middle ground in the textual tradition of ψ and the manuscripts of these witnesses show very little variation among themselves.

i. A

A is not an intermediary as is indicated by its corruptions in 7:95, 97. It shares no major errors with other MSS of ψ. As noted below, it was chosen as the text for the diplomatic edition because of its neutral character. Correlations with H/W:

A = W   4:1, 5:12, 6:13
K A = H   5:56.

ii. N E Q D^c

These four witnesses share a common corruption in 3:3. E Q are closely related, sharing conjunctive errors, 5:2 (omission), 6:24 (hmt), 7:7 (corruption in which Q→E), 58, 10:59. With these E C I Z (hmt) in 5:35B is conflate. N shows no corruption such as to exclude its being an intermediary, nor do Q and D^c. E has, <u>inter alia</u>, the following distinctive readings, 5:42 (hmt), 6:41B (hmt), 7:138 (omission), 7:75 (omission). Correlations with H/W:

          E   = H 6:54D, 8:8, 14:25
          E   = W 3:33, 10:21
          E Q = H 4:45
          E D* = H 12:5
          E C = H 8:62I.

N cannot be the immediate ancestor of E and Q which share readings not in N. The scribe of E and Q bears the same name and the handwriting is quite similar, but there are variations in small matters of scribal practice which may weigh against the identification. <u>Non liquet</u>. The minor individual readings of Q, such as those in 4:42, 6:15, 17B, 4:43 and others weigh against Q being an intermediary between N and E.

iii. D

D has unique corruptions in 5:46 (omission), 6:1F (omission), 12:31 (hmt). It shares a series of corruptions with L which have all been corrected <u>secunda manu</u> in D. Such occur in 7:5, 102, 8:59, 12:39, 13:51. Note also 8:59 where D* L = W and 6:18 where D* L = H W. D* L M^0 contain a common corruption in 4:28-9 and D* L P* in 9:26. D and L are both older manuscripts and their textual affinities are varied. Correlations with H/W:

          D* E   = H 12:5
          D* V β   = H 6:48; compare also 7:112.

D has been corrected by various hands, listed above in Section 2. Their textual affinities were not distinctive.

iv. F J

There are no readings which prove that F is terminal. J is terminal and preserves unique variants in 5:40, 55, 8:6, 14:9. F and J are similar in their texts, sharing conjunctive errors in 6:19, 7:106, cf. also 6:42. Part of F and all of J seem to have been written by the same scribe. Correlations with H/W:

          F J R = H 8:28; compare also 6:44, 7:112.

v. K

K is no intermediary as is shown by its readings in 4:23, 5:1, 11A, 6:1B, etc. It shares a hmarkt with R in 8:52 and a hmt with B M S T in 13:6, clearly showing either coincidence or conflation.

Correlations with H/W:

K = H 4:11, 7:116, 12:8
K = W 11:37, 12:42
K = H W 4:48
K A = H 5:46; compare also 7:112.

vi. G

G is not an intermediary, see its special readings in 5:23, 6:19, 54B, 7:26, etc. It does not occur with other manuscripts of ψ in notable conjunctive errors. It has a series of corrections, some _prima manu_ and others _secunda manu_, as well as two minor agreements with H, in 7:34 and 128.

vii. V

V is not an intermediary as is shown by its special readings in 6:3 (dittog), 54C (hmt), 10:4 (hmt) as well as by a major lacuna, 13:33-14:6. In three cases it shares an omission or a hmt with β, but in all three cases the omission is corrected in the margin by the original scribe (5:6B, 7:21, 14:21). These are only a few of the omissions of β, see below, and V also has a number of other such omissions by hmarkt or hmt, corrected V^0, e.g., 6:1L, 3, 42, 7:4, 121, 9:16A and see also E* V* in 8:63. In view of the prevalance of this type of error both in V and in β, it is difficult to regard the three cases above as completely conclusive. Correlations with H/W:

D* V β = H 6:48
V R M S P C I Z T = W 8:52; compare also 7:112.

viii. L R

These two manuscripts show some relationship, although R shows a range of affinities additional to those of L which can be explained only through far-reaching contamination. L is not an intermediary, see 4:6B, 12C, 6:1D, 7:61, etc. and cf. 6:1L. R is one of the manuscripts with most variants. Some egregious, unique corruptions of R are in 6:28 (hmt), 7:103 (hmarkt), 9:15 (addition), 36-37. In 7:56 it alone preserves words also found in H W, clearly indicating that it must be a copy of a manuscript not preserved among the extant witnesses to ψ. Conjunctive errors of L R occur in

6:48 (cpt) and 12:45 (dittog). Conflate with these are the readings
of L D (Section iii, above), K R (hmarkt, 8:52), R C I (omission,
4:51) as well as numerous minor readings. Correlations with H/W are:

L	= H	7:6, 105, 8:50
R	= H	4:45, 6:48, 7:121, 9:30, 13:10, 14:6
R	= W	4:30, 7:134, 8:2B, 26, 41A, 44
L R	= W	5:56, 7:11
L R β	= W	12:25
J R C I T	= H	6:44
R P C Z	= W	6:20B
R β	= W	6:28
R C I Z	= H	5:34
V R M S P C I Z T	= W	8:32
F J R	= W	8:28; compare also 5:45, 7:112.

ix. β

β is the largest subgroup of the manuscripts of ψ. The
individual manuscripts are not intermediaries (re M, see below), as is
seen from the following readings: B - 5:36C (dittog), 49 (addition),
9:38 (dittog); M - 5:28 (omission); S - 5:12B (cpt), 18 (cpt), 45
(cpt), 6:1G, 1J, 8:2 (dittog), etc.; P - 4:28-9, 50, 6:1E, etc.;
C - 5:45 (hmt), 7:65 (addition), 8:32 (omission), etc.; I - 6:43 (hmt),
8:41A (omission), 10:22 (hmt), 13:13 (hmarkt); Z - 12:16 (cpt), 13:13
(hmarkt); T - 7:123 (cpt), 12:33 (hmt). All these manuscripts derive
from a common hyparchetype, as is indicated by a considerable number
of shared corruptions: 3:19 (hmt), 4:7 (hmt), 39 (cpt), 6:1L (hmarkt),
7:22 (cpt), 66 (hmarkt), 78 (cpt), 132 (hmarkt), 8:62M (hmt), 11:6
(hmt), 16 (hmt). In Section vii, above three readings of V* β were
discussed. Note moreover the conjunctive errors K B M S T in 13:6
(hmt) and E C I Z in 5:35B (hmt), both conflate with the above.

These manuscripts divide into four subgroups, B T, M S, P,
C I Z. B T share a series of conjunctive errors: 5:36C (hmt), 6:43
(cpt), 7:104 (omission), 8:15 (hmt), 59 (hmt), 9:16E (hmt), 10:42
(hmt), 11:24 (cpt), 13:29-30 (hmt), 14:43 (hmt). In particular, readings of T are notable for their frequency and for their prevalent
correlation with H/W. Furthermore, two cases exist in which the
readings of T have been accepted into the text.

a. 7:65 *ցնծացեն զազանք* T = other versions, but cf. W
ցնծացէ զազան H
ցնծան զաղանք W
ցնծայ զազան ψrel

b. 7:76 *ասէ*] + *ցիս* T; but formulaic and therefore not completely decisive. Compare also 4:30, but there the text is obscure.

Correlations with H/W are:

T = H 5:12A, 35A, 6:20A, 45, 7:61, 8:2B, 27, 33, 41A, 10:5, 12:18, 13:11, 45, 14:17
= W 3:7B, 29, 32, 4:22, 5:14B, 25, 6:28, 54C, 7:34, 41A, 13:9, 52, 14:46
= H W 5:2
B T = H 5:34
A* T = W 4:1
J R C I T = H 6:44
V R M S P C I Z T = W 8:52
M S T = W 13:52
S T = H 8:18

M and S are very close. As well as spelling and orthographic peculiarities, they share the following notable conjunctive errors: 3:15 (hmarkt), 5:15 (dittog), 6:21 (hmt), 54C (dittog *եւ*▽*եւ* M, *եւ եւ* S), 8:16 (hmt), 62L (hmt), 9:44 (nom sac), 13:15, 14:16 (hmt). It is possible that S is a copy of M or of a manuscript of which M is a still more accurate copy than S is. Note the rarity of independent readings of M, as well as the dittog in 6:54C, where the end of the line is at play in M, but not in S. S and I share a corruption in 7:46. In correlations with H/W, M also shows its lack of independence. Such are:

M S = H 7:75, 8:15
S = H 6:44, 7:37
S = W 7:57
L S = H 11:45
S T = H 8:18
M S T = W 13:32

P reads once with C I (5:14A dittog), but does not usually read with particular subgroups of β. A study of its minor variants indicates

a greater ambiguity about its place on the stemma than is shown by
the above; so, e.g., observe E M S P (4:51), H A P (5:13) and M S P
(5:15), etc.

C I Z form a clear subgroup. I and Z also share readings. Examples
are, of C I Z 3:15 (omission), 7:102 (addition), 8:19A, 36, 10:42
(cpt); of IZ 6:54D (omission), 12:32 (hmarkt), etc. The following
readings are conflate with the above assumptions: R C I (4:51, omission), P C I (5:41A, dittog), S I (6:46, cpt); note also C Z (8:23,
word order). Correlations occur only with H:

```
C           = H  8:8
I Z         = H  4:18, 7:56, 14:36
J R C I T   = H  6:44
R C I Z     = H  5:35
R P C Z     = H  6:20B
P C I Z     = H  6:58
```

6. The Edition

The edition presented here is divided into two parts. The
first part is an eclectic Armenian text to which a limited apparatus
has been appended, together with an English translation. This edition presents all the evidence of H and W and a selection of the
evidence of ψ. The second part is a diplomatic edition of ψ in which
the rest of the evidence from the manuscripts is presented. In it,
all the information in the manuscripts of ψ is given, making
available in this one volume all the evidence of the known manuscripts
of the Armenian version of IV Ezra.

i. The Eclectic Text

The text of the eclectic edition is, in view of the situation outlined in Section 3, above, closest to H. The text of this
manuscript is accepted except in those cases in which the reading of
one (or both) of the other two witnesses is demonstrably superior to
it. Such superiority may be evident either on grounds of agreement
with other versions or on the grounds of intrinsic, inner-Armenian
considerations. The editor has preferred to err on the side of
caution and in all cases of reasonable doubt the reading of H has

accepted into the text.

This manuscript, however, is notable for certain orthographical peculiarities. These have been normalized in the edition, using the spelling and case and verb endings given by Meillet in Altarmenische Elementarbuch, or in the case of words not mentioned there, in the spellings noted in the Dictionary of 1836. The most frequent of these orthographic variants are included in the following list and are not noted in the apparatus. The remainder, not noted here, are always recorded in the apparatus.

a. For the diphthong *եա*, H has *ե*; the text has *եա*. Note, however, the following: *ամբոխեալ* (5:4), *յաւիտեան* (8:20) and *բարձրեալն* (13:29).

b. In H, the vowel *է* is scarcely ever found. This is true of cases in which *է* is original in Classical Armenian, such as the ablative singular ending; of cases where *ե* is original but medieval practice is always to write *է*, such as imperfect endings *-էի*, *-էիր*; and of cases where *ե* may be original, but *է* is written by medieval conventions, such as *եթէ*. Only in cases of the first type is *է* restored to the text.

c. H never has the final *յ* of *այ* and *ոյ* at the end of a word, but it does have it when an inseparable demonstrative is added, e.g., 3:3 *աւերածոյն*. Here the *յ* is restored in all cases in which it is regular.

d. H never has the *յ* in the triphthongs *այի*, *այե*, etc. It is here restored in all such cases.

e. H usually writes *ւ* for *ու* when a vowel follows. Here *ու* has been restored.

f. The following words and stems are given in their normal form throughout, although variants occur in H: *ընղր-* of H appears in the text as *ընտր-*; *անղառ* of H appears as *անտառ*; *վաղջան* of H appears as *վախճան*; *ժառանկ-* of H appears as *ժառանգ-*; *հրշտակ* of H appears as *հրեշտակ*; *ամենիսեն* of H appears as *ամենեսեան*, etc. H prefers *-նգ* to *-նկ*. This last type of variant is recorded in the apparatus, but no lemma is given.

g. Only on one occasion, the word *օր* in 14:36, does the vowel *օ* occur. There it is corrected to *աւր*.

h. H does not normally have -*ւ*- in oblique cases of *ի/ւ* stems. This is restored in the text.

ii. The Apparatus to the Eclectic Text

In the apparatus all the variants between H and W are recorded, including orthographic and scribal peculiarities of these manuscripts, except as noted in the preceding section and except the following:

a. Variants of *թե/թէ* and *եթե/եթէ*. A sample of the distribution of these forms is given in Table 2, following this section.

b. Variants in the spelling of proper names which occur more than once. All these are presented in Table 3, following this section.

c. Abbreviations of numerals which are resolved and not recorded.

Cases in which either the reading of H or that of W also occurs in ψ are indicated by the notation "=ψ". Where the majority reading of ψ agrees with H or W and the minority reading of ψ is a variant clearly originating within ψ, the notation "ψ^m" is used. Where the minority reading of ψ agrees with either H or W, this is indicated by citation of the appropriate sigla. The equivalation with ψ or part of ψ is always given, both for the lemma and for the variant. If such is not noted, it does not occur. Approximate equivalation is signified by the notation "cf ψ". Readings of ψ are not cited in other cases, except in one or two rare instances in which both H and W seem to be corrupt. Certain brief editorial observations are entered in the apparatus and these will not be repeated in the forthcoming Textual Commentary.

Since the text most closely resembles that of H, lemmata identical with that manuscript are left without sigla, unless these are required for indication of the correspondences with ψ. In cases in which the apparatus records an addition, the lemma is the eclectic text and no sigla are given. Naturally the occurrence of such additions in ψ is noted.

Equivalations with ψ are not given in cases where the

equivalation is only apparent and it does not, in fact indicate a textual relationship. These are:

a. Common variations of spelling.

b. Readings included only in the lower apparatus to the diplomatic edition such as the variation of *եթե*/*թե* or declensional variants and corrupt conjugational variants.

c. The addition or omission of final *-ս*, *-դ*, *-ն* demonstrative endings or variation between them.

d. Variation between *կամ*/*եւ կամ*.

Manuscript W has an abbreviation *վսրկ* . This has been taken to represent *վասն այսորիկ*, basing the decision on its equivalations in Ψ. Such cases occur in 6:20C, 33, 7:12, 25, 8:1D, 7, 45, 62N, 63, 63, 9:9, 31, 10:51 and 53.

TABLE 2

Occurrences of *թե*/*եթե* in H and W in Chs. 3-5

H	W	Verses	Total
թե	*թէ*	3:30, 4:7, 8, 12, 19, 5:14B, 35B, 45, 47 50, 50, 51, 55	13
եթե	*եթէ*	3:34, 4:12, 18, 40, 44, 45, 5:11D, 38, 43	9
եթե	*թէ*	4:21, 34, 5:13, 46, 54	5
թե	*եթէ*	4:4, 12, 31, 44, 5:17, 45, 53	7
թե	-	5:45	1

TABLE 3

Variation in the Spelling of Proper Names

Text	H	W	Verses
Աբրաամ	*Աբրաամ*	*Աբրահամ*	3:13, 7:106
Աբրաամու	*Աբրաամու*	*Աբրահամու*	3:17, 5:27, 6:1B, 57, 8:16, 13:40A
Եզրա	*Եզրա*	*Եզր*	7:2
Եզրա	*Եզրա*	*Եզրաս*	14:2
Եզր	*Եզր*	*Եզրաս*	14:48
զԻսաակ	*զԻսաակ*	*զԻսահակ*	3:15

իսաակայ	իսաակա	իսահակայ	3:15
իսաակայ	Սահակա	Սահակայ	6:1B
իսրայելի	իլի·	իղի·	5:35B, 9:30
Մովսէս	Մովսես	Մօվսէս	7:106
Մովսէս	Մուսես	Մօսէս	7:129
Մովսիսի	Մուսիսի	Մովսիսի	3:17, 6:1B
Մովսիսի	Մուսիսի	Մօսիսի	14:3
զՅովսէփ	զՅուսեփ	զՅօսէփ	3:16
Յովսեփայ	Յուսեփա	Յօսեփայ	3:16
Սողոմոն	Սողոմոն	Սողօմոն	7:108
Սողոմոն	Սաղոմոն	Սողօմոն	10:46
զՍողոմոն	զՍաղոմոն	զՍողօմոն	3:24

iii. The Translation

The translation aims to combine accuracy with readability. It always follows the Armenian text given, except in one or two instances where Armenian, being an overly literal translation of the Greek original, is incomprehensible. Such cases and other matters bearing on the textual criticism of the book will be discussed in the forthcoming Textual Commentary.

iv. The Diplomatic Text

Manuscript A was selected to form the text of the diplomatic edition which is the second part of the present work. This was done since it preserves as neutral a text as could be found among the manuscripts, and contains as few unique variants as possible. This brings about an economy in the apparatus and a simplicity in the presentation of the information. The text of A is normally followed throughout exactly. On certain occasions, where A stands against all the other witnesses and is obviously corrupt, the text of the other witnesses is printed. Such cases are marked by pointed brackets in the text, are noted in the apparatus, and occur in: 3:24, 4:26, 6:43, 7:89, 96, 97, 101, 8:23, 26, 28, 9:26, 39, 10:10, 56, 11:1, 12:7, 18 22, 13:11. Abbreviations are resolved and numerals are written out in full.

v. The Apparatuses to the Diplomatic Edition

There are two apparatuses appended to this text. They both present the readings of all the other manuscripts of ψ. The readings of A are recorded where they are rejected from the text. In general, the substantial variants have been recorded in the upper apparatus. Spelling variants, corrections by the first scribe, marginalia and other similar scribal phenomena have been relegated to the lower apparatus. Obvious corruptions occuring in single manuscripts have also been relegated to this apparatus, except in cases in which they have produced another possible reading. Corrections by the first scribe are given in the upper apparatus when either the text as originally written or the correction occur as variants in another manuscript or when they are judged to be of intrinsic importance. The variation of *եթէ* and *թէ* is always recorded in the lower apparatus. Declensional variants are always recorded in the lower apparatus unless they have produced a new word, but conjugational variants are usually recorded in the upper apparatus unless they are obviously corrupt. The omission of the abbreviation mark is not noted unless a new form is produced thereby. Manuscript L normally writes final *ոյ* and *այ* as *ո* and *ա* , and the triphthongs such as *այե* , *ոյե*, etc. as *աե*, *ոե*. Such are not recorded at all, except where the same spelling occurs in another manuscript.

7. Manuscript H and Manuscript A

In view of the important role that these two mansucripts have played in the two texts presented here, certain further details about them are given.

i. Manuscript H

a. Corrections: Three hands may be discerned in addition to the original scribe, who has himself made a number of corrections. The Latin chapter numbers have been written in for each chapter by a second hand, in the margin. They are written as Armenian letters and chapters 3 and 4 have been numbered as 1 and 2 (H^1). A few corrections are to be observed, by a third hand in 6:28, 10:24, 27 (H^2). A fourth hand has added the marginal note to 5:40 (H^3). This is a large, rather crude script, apparently considerably later than the original scribe.

b. Scribal Practice: The manuscript has no verse or paragraph division. The scribe has marked important section or sentence divisions by placing a horizontal line, with the ends tipped up and down, on the left of each column on the left-hand pages and on the right of each column on the right-hand pages.

c. Titling and Marginalia: This manuscript was provided by its scribe with titles and running heads throughout. These are given here.

fol. 254r, col. ii (3:1-32). At the head of the column, in the right margin, within an ornamental frame *Սաղաթիել Եզր* "Salathiel Ezra"; below this frame *շծը ամաւ առաջ քան զծնունդն քրիստոսի աստուծոյ* "558th year before the birth of Christ, God"; lower margin *Եզր* "Ezra".

fol. 254v, col. i (3:32-4:22); col. ii (4:22-5:1). Lower margin left *հարցմունք եզրի եւ ուրիելի* "Questions of Ezra and Uriel"; lower margin center *Սաղաթիել* "Salathiel"; lower margin right *հուրն եւ անձրեւն* "the fire and the rain".

fol. 255r, col. i (5:1-15); col. ii (5:15-36B). Lower margin center *Եզրն* "Ezra"; lower margin right *կրկին հարցմունք եզրի ընդ ուրիել* "Second Questions of Ezra with Uriel".

fol. 255v, col. i (5:36C-53); col. ii (5:53-6:17B). Lower margin center *Եզր* "Ezra".

fol. 256r, col. i (6:17B-41A); col. ii (6:41A-59). Lower margin center *Սաղաթիել* "Salathiel"; lower margin right *գ. կրկին է. աւրեա պաղատի եզրաս* "3. For a Second 7 Days Ezra prays".

fol. 256v, col. i (6:59-7:32); col. ii (7:32-55). Lower margin left *վասն հարղերձելոցն* "Concerning the Future Things"; lower margin center *Եզրա* "Ezra".

fol. 257r, col. i (7:56-98); col. ii (7:98-111). Lower margin center *Եզրա* "Ezra".

fol. 257v, col. i (7:111-8:1A); col. ii (8:1B-19). Lower margin center *Եզր* "Ezra".

fol. 258r, col. i (8:20-53); col. ii (8:55-9:3). Lower margin center *Եզր* "Ezra".

fol. 258v, col. i (9:3-39); col. ii (9:39-10:24). Lower margin left դ.դ է. եզր ուտէ զծաղիկս դաշտին. տեսանէ զկինն սգաւոր "4th 7 (scil. day period). Ezra eats the Flowers of the Field. He sees the Mourning Woman"; lower margin center Եզր "Ezra";
fol. 259r, col. i (10:24-11:2); col. ii (11:2-42). Lower margin center Եզր "Ezra"; lower margin right տեսիլ արծուին եւ առիւծուն "Vision of the Eagle and the Lion".
fol. 259v, col. i (11:42-12:31); col. ii (12:31-13:19). Lower margin left մեկնութիւն տեսլանս "Interpretation of the Vision"; lower margin center Եզր "Ezra"; below this իզ, signifying fasicle no. 26 (end); lower margin right մարդն ծովային "The Man from the Sea".
fol. 260r, col. i (13:9-56); col. ii (13:56-14:34). Lower margin center Եզր "Ezra"; below this իէ, signifying fasicle no. 27 (start).
fol. 260v, col. i (14:31-48). Continues with Hosea.

ii. Manuscript A

a. Marginalia, Verse Divisions, Titling and Sections: This manuscript contains chapter and verse indices for part of the book. These are marked in the space between the two columns of the text. They are best studied in connection with similar numberings found in certain other manuscripts. First, it should be observed that, other than a simple title at the head of the work and running heads, the following manuscripts contain no marginal numerations and no additions to the title: D V L R β. As a title, in addition to the name of the book, other manuscripts read:

որ է ֆո. չերրորդ	A
որ է ֆ դ.	N E Q F J K G

The reading of A is doubtless corrupt and should be restored as որ է ֆռանկաց չորրորդ , or the like, meaning "which is the Fourth Book of the Latins". Similar attempts to correlate the book numbers of I Esdras, Ezra and Nehemiah with the Vulgate numbering can also be observed in some manuscripts.[21]

The chapters are indicated, according to the Vulgate division, by a letter of the Armenian alphabet above which the letter ֆ, i.e. "F" for "Frankish" i.e. Latin, is placed. The following list sets forth the numbers schematically.

Vulgate	Armenian	Manuscript Witnesses
3	1	A N Q F J K G
4	4	A N E Q F J K G
5	5	A N E Q F J K G
6	6	Q^1
7	7	A E Q F J
8-14	8-14	Q^1

It follows that all these numberings derive from an original single system which omitted chapter 6 and chapters 8-14. Q^1 is, together with H, the only witness which numbers the whole twelve chapters.

b. Verses and Sections: Verse numbering, according to the Vulgate division of verses, is found only for chapters 3 and 4. It occurs in manuscripts A N E Q F K G. E is incomplete in its numbering for chapter 3, extending only to vs. 17. The numbers are indicated by Armenian letters, according to the following uniform and Latinized system: ա-թ, 1-9; ıօ-ıթ, 10-19;[22] բօ-բթ, 20-29; etc. The letters are all minuscule. There also occurs a division into paragraphs. These are marked by majuscule Armenian letters, which occur at the following points:

Ch. 3	Ա	3:1	E Q F K G
	Բ	3:5b	E F
Ch. 4	Ա	4:1	E F K G
	Բ	4:7b	E F
	Գ	4:9a	E F
Ch. 5	Ա	5:1	F K G
Ch. 6	Ա	6:1B	G
	Բ	6:1D	G

None of these forms of division is followed exactly here, the chapter and verse division in this edition being based on that in the Latin edition by Violet, to the exclusion of any other considerations. The only departure from his numbering is in the case of extended additional passages, which are divided into verses numbered 1A, 1B, etc.

c. Running Heads: Manuscript A is provided with running heads throughout, found in the center of the top margin of each page, arranged so that the left-hand page of an opening reads Եզրաս

"Ezras" and the right-hand page *երրորդ* "Third".

FOOTNOTES

Chapter 1

[1]J. Zohrabian (ed.), *Աստուածաշունչ Մատեան Հին եւ Նոր Կտակարանաց* [The Scriptures of the Old and New Testaments], (Venice: Mechitarist Press, 1805), "General Introduction", ×5×-×7×. Here he discusses all the manuscripts which he employed. On the manuscripts of IV Ezra see, ibid., "Supplement", p.1, col.1.

[2]This is also the date given by Sarghissian, Venice Catalogue, I, cols. 43-44, no. 4; it was confirmed by the writer by autopsy examination in July, 1966. See note 4, below.

[3]Zohrabian, Scriptures, 13.

[4]Gry, i, xvi. All abbreviated titles are listed below, in full.

[5]Zohrabian, Scriptures, "Introduction", χ5×-×7×.

[6]Yovsep'ianc', 251-299.

[7]Issaverdens, 364-501.

[8]B. Sarghissian, *Ուսումնասիրութիւնք Հին Կտակարանի Անվաւեր Գրոց Վրայ* [Studies on the Apocryphal Books of the Old Testament], (Venice: Mechitarist Press, 1898) 319-429.

[9]M.R. James, Apocrypha Anecdota ("Texts and Studies" V.1; Cambridge: C.U.P., 1897) 158-165.

[10]Box, x.

[11]Violet I, xl; Violet 11, xxiv f.

[12]Gry, i, xiv.

[13]"Sul das vierte Ezrabuch der Dr. Enrico Ewald," Osservazione Sessione Reg. Inst. Longob. Sci. e Lett. 1865; cited by Sarghissian, Studies, 325 n. 5.

[14]H. Ewald, Nachr. Goett. Ges. d. Wiss., 1865, 504-516; cited by Sarghissian, ibid.

[15]Box's comment that Violet published a German translation of the Armenian seems erroneous (p.x).

[16]Michael E. Stone, Concordance and Texts of Armenian IV Ezra ("Oriental Notes and Studies" 11; Jerusalem: Israel Oriental Society, 1971).

[17]The Kurdian manuscript is a Bible of 1638 C.E.; 563 folios; 2 columns; 46 lines; vellum; written in New Julfa (Isfahan); Yakob deacon, copyist; scribe's colophon on fol 562v, poetic colophon by Nerses the Gracious (1198 C.E.) on fol 318v; once in the Library of St. Thomas in Akoulis. All abbreviations used are listed below in lists following Chapter 2 of the Introduction.

[18]This scribe (flor. 1611-1658 C.E.) also wrote Erevan, Matenadaran 186, Bible, 1611 C.E.; Erevan, Matenadaran 291, Gospels, 1628 C.E.; Erevan, Matenadaran 1599, Hymnal, 1626 C.E.; Erevan, Matenadaran 3472, Gospels, 1620 C.E.; Erevan, Matenadaran 4319, Hymnal, 1638 C.E.; Erevan, Matenadaran 8534, Hymnal, 1628 C.E.; Erevan, Matenadaran 7576, Gospels, 1618 C.E.; Erevan, Matenadaran 9799, Hymnal, 1658 C.E.; Erevan, Matenadaran 10375, Gospels, 1621 C.E.; Erevan, Matenadaran 10380, Gospels, 1628 C.E.

[19]This scribe (flor. 1628-1663 C.E.) also wrote Erevan, Matenadaran 189, Bible, 1649 C.E. (with Yovsēp' dpir); Erevan, Matenadaran 191, Bible, 1663 C.E. (? with Yovsēp' dpir); Erevan, Matenadaran 263, Gospels, 1631 C.E. (with Astuacatur); Erevan, Matenadaran 854, Miscellany, 1621 C.E.; Erevan, Matenadaran 2394, Gospels 1656 C.E.; Erevan, Matenadaran 204, Bible, 1660 C.E. (?)(with Yarut'iwn dpir); Erevan, Matenadaran 1503, Menologium, 1663 (with Hayrapet erec' and Astuacatur); Erevan, Matenadaran 6437, Gospels, 1628 C.E. (with Mesrop Xizanc'i and Step'anos); Erevan, Matenadaran 6664, Gospels, 1630 C.E. (with Astuacatur manuk); Erevan, Matenadaran 8571, Gospels, 1641 C.E.

[20]Hayrapet was clearly a prolific and influential painter. His hand has also been noted in Erevan, Matenadaran 6774 and 6787; he may also have been responsible for Erevan, Matenadaran 7224, 7237 and 6765.

[21]Unfortunately the films available to the writer only cover IV Ezra and, in some cases, the start of Nehemiah. On them, the following is to be observed touching on the title: a) not extant in N K G V B M S P C I (*եզրի* D^c); b) Nehemiah *որ է ֆ բ. եզր*"which is the Frankish II Ezra" A Q D^c F J; c) no addition E T. In manuscripts L and R, Esther follows.

[22]This sign, here represented by a single vertical stroke, may be an abbreviation of the letter *ա*.

Chapter 2

IV EZRA IN ARMENIAN LITERATURE

The role of IV Ezra in the tradition of Armenian literature cannot be set forth exhaustively here, but the following parallels and uses are indicative of its widespread and influential impact. They confirm the conclusion, reached above, of the antiquity of the translation which probably goes back to the fifth century.

1. Agathangelos

Agathangelos, *History of the Armenians*, § 267 draws on IV Ezra 5:36.

> Որ արարեր զբարձրութիւն երկնից եւ զթիւս աստեղաց, զջուրս ծովու եւ զաւազ երկրի, զկշիռս լերանց: Որ հանէ զամպս եւ արգելու զհողմս. եւ դարձուցանէ զերեկ, եւ դալարեցուցանէ զչոր զօսացեալս, եւ ժողովէ զան-րեւաշիթս: . . . Որ գիտէ զանցս գնացից երկնաւոր գնտոցն, . . .
>
> He made the height of the heavens and the number of the stars, the waters of the sea and the sand of the earth, the balance of the mountains. He raises up the clouds and restrains the winds, and brings back the evening, and makes green the arid dried-up grass, and gathers the raindrops. . . . He knows the paths of the courses of the heavenly bodies, . . .

This is not quotation, but apparent literary reminiscence and the underlined phrases clearly draw upon IV Ezra, in the same version as the extant Armenian. The text is drawn from the edition of Tiflis, 1909; the translation is by R.W. Thomson, *The Teaching of St. Gregory* ("Harvard Armenian Texts and Studies" 3; Cambridge, MASS: Harvard, 1970) 44-45.

2. John of Jerusalem

The Homily on the Church of John of Jerusalem, §§ 20-21 refers to IV Ezra 5:13, 9:23-24, 26-27, 10:20, 14:24-26, 38-40. This writing, which is apparently genuine, was composed in the late fourth or early fifth century (John's dates are 387-417 C.E.). The date of the Armenian translation is not known, but it occurs in the same manuscript as a seventh-eighth century composition and some have been of the opinion that it is older than this. For details, text and translation see, M. van Esbroeck, "Une Homélie sur l'Eglise attribuée à Jean de Jérusalem," Le Muséon 84 (1973) 283-304. He also suggests that §24 of the Homily refers to IV Ezra 7:77-99, but this does not seem likely.

> *20 քայլեսցուք ի տառս անուշահոտս եւ մարգս աստուածաշունչ հովուացն ուտելով զծաղիկս յաստուածային մատենից: 21 նմանեալ Եզրի որ ի ձեռն սգոյ արտասուաց, հոգիացեալ եւթնուրեայ պահաւքն, զծաղիկս դաշտին, ուտելով հրեշտակահուռն տեսարանաւ. ողբալով զԵրուսաղեմ եւ զԻսրայել, ուստի հրամայէ գրել զտառսն ի գիւտնապահ մատենին ընդանենալ եւ աղբերացեալ արծակի. լցեալ պարգեւաւքն Աստուծոյ:*

> 20 progrediamur in litteras fragrantes, in prata divinorum pastorum, edendo flores ex divinis libris, 21 imitantes Ezram qui per luctum lacrymarum, spiritualizatus septem dierum ieiunia, flores campi edendo angelorum-congregationis visione, plorando Ierusalem et Israel, unde iubet scribere litteras, a libro servante-inventionem accipere, et potatus, mittitur plenus donis Dei.

This is not a citation, but a literary allusion, yet an examination of the language of the section compared with IV Ezra shows nothing which would contradict a dependence on the Armenian version. Moreover, the evidence of the other biblical citations in this writing is that many, but not all of them, are in accordance with the text of the Armenian Bible.

3. Lists of Biblical Books

i. The book is mentioned in all three texts of the list of Mexit'ar of Ayrivank' (c. 1285 C.E.) who in turn drew upon the list of John the Deacon (1044/5-1129 C.E.). In the better textual tradition of the list, the book is entitled "Ezra Salathiel" and it occurs between Esther and Job. It should be observed that Mexit'ar was the copyist of manuscript H in which IV Ezra appears with a similar title. The list may be found in Michael E. Stone, "Armenian Canon Lists III -

The Lists of Mechitar of Ayrivank'," 69 (1976) 289-300.

ii. In the Canon List of Gregory of Tat'ew (1344-1409 C.E.) an entry is found for "three (books of) Ezra." See M. Ter-Movsessian, History of the Armenian Translation of the Bible (St. Petersburg: Pushkin Press, 1902) 261; Michael E. Stone, "Armenian Canon Lists IV - The List of Gregory of Tat'ew," HTR (forthcoming).

iii. The book is mentioned in the poetic list of biblical books by Aṙak'el of Siwnik' (?1356-?1422) as quoted below. The text is drawn from Ter-Movsessian, ibid., 265.

Իսկ երկրորդ կարգն որ սկսանին
երկու Եզրասն եւ առաջին,
որ այլ եւ այլ ժամանակին,
միայն անուամբ համաձայնին:

. . . .

Մին Եզրասն էր Սաղաթիէլ,
որ ծնաւ որդի Զաւրուբաբէլ.
հոգով սրբով լցեալ սայ էր,
զեղծեալ գրեանսըն նորոգէր:

Զի կտակարանքն որ ընդ նոսին,
ի Բաբելովն կորեան նոքին.
սոցա յայտնեաց Ած. հոգին՝
որ զամենայն նորոգեցին:

> But the second order is that which the two Ezras begin and commence, who lived at different times and agree only in name, . . . One Ezra was Salathiel who was born a son to Zerubabel; he was filled with the holy spirit and renewed the destroyed books, for they lost the books which were with them in Babylon, and the spirit of God made known to them all those which were restored.

This list, which clearly refers to IV Ezra 14, thus includes IV Ezra among the biblical books. For the idea of two Ezras, see also the texts from the Menologium, below.

It is of interest that the book is mentioned in just those lists which aim at being widely inclusive and represent the literary realities of the Armenian Church. Indeed, its absence from the majority of Armenian Canon lists make it likely that it had, at most, a deutero-canonical status in the Armenian Church. Yet, the fact that it is found only in manuscripts of the Bible serves to emphasize its intimate association with Armenian biblical literature.

4. The Armenian Menologium

The Armenian Menologium (*Յայսմաւուրք*) has undergone four recensions. The oldest, by Ter Israel (d. 1249 C.E.) has never been published. Ezra appears in all the others and the texts are given below.

i. Recension by Kirakos of Ganjak (composed 1269 C.E.) for 5th of Areg = March 13th. Edited by G. Bayan, Patrologia Orientalis, XXI (Paris: Firmin-Didot, 1930) 158-159.

> *Իսկ միւս Եզրն որ Սաղաթիէլն անուանեցաւ, եւ սա էր ի Բաբելոն, եւ սուգ ունէր վասն աւերածին Սիովնի, որ առաքեաց Տէր զհրեշտակ իւր եւ մխիթարեաց զնա. եւ սա հոգւով Այ. գրեաց զօրէնս եւ զմարգարէս եւ արար նոր գիրս եւ ուսոյց զժողովուրդն, եւ ետես զդարձ գորոյն, եւ վախճանեցաւ եւ թաղեցաւ անդէն:*
>
> But the other Ezra, who was called Salathiel, was in Babylon and was mourning over the destruction of Zion. To him the Lord sent his angel, and he comforted him. And he, through the spirit of God, wrote the Law and the Prophets and made new books and he instructed the people. And he saw the return of the captivity, and he died and was buried there.

Translation from Stone, Proceedings, 67. This recension was incorrectly attributed by Bayan; on this and also on the history of the Armenian Menologium see, J. Mércérian, "Introduction à l'étude des Synaxaires arméniens," Bulletin arménologique (Melanges de l'Université de St Joseph; Beirut: 1953).

ii. Recension of Gregory of Anawarza (composed 1293 C.E.) for 5th of Areg = March 14th. Text identical with the preceding, printed in G. P'eśdémalćian (ed.), *Յայսմաւուրք* (Constantinople: 1834).

iii. Recension of Gregory of Xlat' (composed 1401) for 4th of Areg = March 12th. This recension was printed in Constantinople in 1730. It contains a notice about Ezra and then, the second recension of the Questions of Ezra (see below). The notice about Ezra reads:

> *Իսկ միւս Եզրն՝ որ Սաղաթիէլ կոչեցաւ, եւ նա եւս էր ի Բաբիլոն եւ սուգ ունէր վասն աւերածոյն Երուսաղեմայ. վասն որոյ Տէր առաքեաց զհրեշտակն իւր եւ մխիթարեաց զնա. եւ սուրբ հոգւովն Այ. գրեաց զօրէնս եւ զմարգարէսն, ամենայն զոր եղծեալ եւ ապականեալ էր ձեռամբ անօրինաց ի հուր եւ ի ջուր: Նա արար նոր գիր եւ ուսոյց ժողովրդեանն եւ ետես զդարձ գերելոցն եւ մխիթարեցաւ: Նա ետ պատառել զորովայն յղի կանանց ի սերմանց յայլազգեացն. որոյ հաւանեալ ամենայն ժողովրդեանն արարին ըստ կամաց նորա: Նա մեռաւ յԵրուսաղէմ եւ թաղեցաւ անդ:*
>
> But the other Ezra, who was called Salathiel, was also in Babylon and mourned on account of the destruction of Jerusalem. Because of this the Lord sent his angel and comforted him. And by the holy spirit of God, he wrote the Law and the Prophets, everything which had been destroyed and annihilated by the lands of the lawless in fire and water. He made a new writing and taught the people and saw the return of the exiles and was comforted. He gave the bellies of pregnant gentile women to be cut open, to which the whole people having assented, they did according to his will. He died in Jerusalem and was buried there.

The text of this recension contains certain expansions, compared with that given above. One of these, at least, is due to a confusion. Nonetheless, in the Menologium as a whole the influence of IV Ezra can be clearly detected. Central to this tradition is the view that one should distinguish between Ezra the Scribe and Ezra Salathiel. The same view occurs in the testimony of Aṙak'el of Siwnik', quoted above. It is also implied by the form of reference in the Canon List of Mexit'ar of Ayrivank', noted above.[1]

5. The Questions of Ezra

This is an apocryphal writing based on IV Ezra and relating a dialogue between an angel and Ezra. The dialogue touches on the fate of the souls of men, both immediately after death and at the end of days. After death the sinners are to be imprisoned by demons in the lower atmosphere, while the righteous ascend to the presence of the Divinity, through seven "lodgings". Souls may be released from the hands of Satan by expiatory prayers.

The writing survives in two forms. The first is longer, a single copy of it having survived in a Ritual, Venice, Mechitarist 570, copied in 1208 C.E. The text is incomplete at the end, and a page has fallen out in the middle. These lacunae may be filled in to some extent by consultation of the second, very brief recension which has been preserved in the fourth recension of the Armenian Menologium.[2] There is no basis upon which the date or language of composition may be determined.

The general inspiration of the work has derived from IV Ezra which has provided, not only the dialogue form itself, but also certain of the patterns of the questions posed. So, for example, the idea of the seven lodgings of ascent of the soul in the Questions of Ezra is clearly related to IV Ezra 7:81-98, but more in the way of general idea than of directly literary borrowing. The writing is of significance for seeing the ways in which IV Ezra has been of influence in Armenian literature.[3] This work is best viewed in the general context of the apocryphal literature dependent on IV Ezra, which includes the Greek Esdras Apocalypse,[4] and the Apocalypse of Sedrach.[5] To this literature the extensive special passages preserved by the Armenian version of IV Ezra should also be attributed. In form, subject matter and general inspiration all these works depend on IV Ezra and show the extent of its impact.

6. Other Translations into Armenian

In addition to the Armenian version which is published here, these were two other translations into Armenian, one of which is extant still.

i. The Lost Armenian Version: R.P. Blake published the Georgian text of IV Ezra first in 1926.[6] He was of the view that the Georgian was a translation, not from Greek but from Armenian. He adduces evidence from the translational peculiarities of the Georgian version to support this view.[7] Yet it is patent that the Armenian version which is thus posited can in no way be identified with that which is published here. Its textual affinities and general character differ decisively from it.[8] Nor has any trace of it turned up in Armenian, in the course of the investigations made in connection with the present study. Blake's hope that "it would not indeed be extraordinary if a search among the manuscripts at Jerusalem and at Etchmiadzin should bring it to light" has not proved true so far.

ii. The Version in Oskan's Bible: A second additional translation of IV Ezra into Armenian was included in the first printed Armenian Bible by Oskan Erevanc'i, which was published in Amsterdam in 1666. This translation is made from the text of the Latin Vulgate and was also current in manuscript copies, one of which has also survived. It is written in a late form of Classical Armenian and also includes chapters 1-2 and 15-16 which occur only in the Vulgate. The manuscript copy is a Bible, Erevan, Matenadaran 349, copied by Nahabed Urfayec'i, who was also Catholicos of All the Armenians.[9] This copy was apparently not made directly from Oskan's Bible from which it differs in some respects. The manuscript was copied in 1686 C.E. in Constantinople and Etchmiadzin.

FOOTNOTES

Chapter 2

[1]See further in Stone, Proceedings, 9-10. M.R. James pointed out the existence of this view also in Latin sources in his article "Salathiel qui et Ezras," JTS 18 (1917) 167-169; ibid. 19 (1918) 347 -349; cf. Violet II, xliv-xlvi.

[2]The text of the long recension was published by Yovsep'ianc', 300-303, based upon the Venice manuscript; English translation by Issaverdens, 505-509. See Stone, Proceedings, 65-69; the text of the short recension will be published in Michael E. Stone, "Two Discoveries Relating to the Apocryphal Books of Ezra," Sion (forthcoming, in Modern Armenian). English translations of both versions, with introduction and commentary will be included in the forthcoming volume of Pseudepigrapha edited by J.H. Charlesworth.

[3]The affinities with other Armenian dialogue literature, The Inquiries of Gregory and The Martyrdom of St. Kallistratos pointed out by Sarghissian, Studies, 452-482 further highlight this.

[4]Apud C. von Tischendorf, Apocalypses Apocryphae (Leipzig: 1866) 24-33.

[5]Apud M.R. James, Apocrypha Anecdota ("Texts and Studies" II.3; Cambridge: C.U.P., 1893) 130-137.

[6]R.P. Blake, "The Georgian Version of Fourth Esdras from the Jerusalem Manuscript," HTR 19 (1926) 200-274; see also ibid 27 (1929) 57-105. See now Mveli Agt'k'mis Apokrip'ebis K'ard'uli Versiebi, I (Tblisi: 1970) 327-405; study of this in ibid, II (Tblisi: 1973) 270-308.

[7]HTR, 1926, 305-308.

[8]Ibid., 307.

[9]Eganyan et. al, Erevan Catalogue, I, col. 304.

THE ECLECTIC EDITION
AND
TRANSLATION

ՍԱՂԱԹԻԷԼ ԵԶՐ

3:1 Ես Սաղաթիէլ որ եւ Եզր կոչեցայ, 2 եի ի
Բաբելոնի յամին երեսներորդի գերութեանն Հրեաստանի եւ աւե-
րածոյն Երուսաղեմի: Հիացեալ կայի յանկողնի իմում եւ զմտաւ
ածեի, վասն աւերածոյն Սիոնի եւ վասն շինածոյն Բաբելոնի՝
3 եւ անդէն իսկ ապշեալ լինեի յոգի իմ, եւ սկսայ ասել
ցԲարձրեալն բանս ահագինս, 4 եւ ասացի. Տէր Աստուած իմ,
ոչ դու արարեր զերկինս եւ զերկիր եւ զամենայն որ է ի նոսա:
5 Եւ յետ այնորիկ ստեղծեր անապական ձեռաւք քո զմարդն եւ
փչեցեր ի նա շունչ կենդանի եւ եղեւ . . . առաջի քո: 6 Եւ
եղեր զնա ի դրախտին փափկութեան զոր տնկեաց աջ քո. 7A որում
պատուէր ետուր զի ծանիցէ զՏէրդ, եւ նա անց զայնու եւ պար-
տեցաւ, վասն որոյ յիրաւի որոշեցեր վաղվաղակի վասն նորա զմահ
եւ ամենեցուն որ ի նմանէ ազգք իցեն. 8 որք անցին զաւրի-
նաւք սրբոց քոց հրամանաց: 7B Զի եղեն ազգք եւ ազինք եւ
տոհմք ի նմանէ, որոց ոչ գոյ թիւ: 9 Ածեր ի վերայ նոցա

Title] Դպրութիւն Եզրայ W   2 յամի W | հրէաստանի W
| գերութեանն---հիացեալ] W գերութեանն H om Ψ |
շինուածոյն W = J L R B M S C T   3 ապշեալ] W ափշեալ H
| յոգի իմ] ի սրտի իմում W | եւ 2^{0}] W = Ψ   յետ այնորիկ
H | սկըսայ W | ահագին W   4 ասեմ W = Ψ^{m} | ոչ] W
om H = Ψ   5 քո] H քոյովք W = Ψ | փըչեցեր W | ի
նա] W = Ψ^{m} յերեսս նորա H   6 եղիր W = Ψ   7A որում]
+ եւ W | զպատուէրն W | ծանիցեն W = Ψ | զտէրդ] թէ
քո գործ է W = Ψ | պարտեցաւ] H = T պատրեցաւ W = Ψrel |
վաղվաղակի] W = Ψ om H | ամենեցուն] H = Ψ ամենայնի
W | ազգք] ed ազգ H W = Ψ^{m} 8 զաւրինաւք] H = Ψ
զպատուիրանաւք W | հրամանացդ W   7B ազգք] W = Ψrel
ազգ H = E Q T | ի նմանէ] H = L D* : cf Ψrel om W | գոյ]

SALATHIEL EZRA

3 1 I, Salathiel, who was also called Ezra, 2 was in Babylon in the thirtieth year of the captivity of Judaea and of the destruction of Jerusalem. I was distressed on my bed and I was considering the destruction of Zion and the building of Babylon. 3 And then indeed I was amazed in my heart (or: soul) and began to speak terrible words to the Most High, 4 and I said, "Lord, My God! Did you not make the heavens and the earth and everything which is in them? 5 And after that you created man with your incorruptible hands and you blew into him the breath of life and he became ... before you 6 And you placed him in the paradise of delight which your right hand planted. 7A To him you gave a command, so that he might know the Lord, and he transgressed that and was vanquished. On account of this at once you justly decreed death on him and on all the peoples who were to come forth from him, 8 who transgressed the laws of your holy commandments. 7B For from him there came forth peoples, nations and families without number. 9 You brought the flood upon them and you

զՀրհեղեղն եւ կորուսեր զնոսա: 11 Խնայեցեր ի ծառայն քո
նոյ, եւ վասն նորա յորդիս նորա, եւ ամենայն տամբ իւրով
եգիտ շնորհս առաջի քո, քանզի հաճոյ եղեւ առաջի քո: 12 Եւ
դարձեալ ի զաւակէ նորա բազմացոյց երկիր զմարդիկ, եւ նոքա
նոյնպէս առաջի քո ամբարշտեին աւելի քան զհարսն իւրեանց,
13 եւ յաճախեցան ի գործս անաւրէնութեանն: Ընտրեցեր ի նոսա
այր մի արդար որում անուն Աբրաամ, 14 զոր սիրեցեր, եւ
ցուցեր նմա միայնոյ առ անձինն զվախճան ժամանակաց: 15 Եւ
եդեր ընդ նմա ուխտ բազմացուցանել զզաւակ նորա, իբրեւ
զաստեղս երկնից բազմութեամբ եւ իբրեւ զաւազ առ ափն ծովու
անչափ: Եւ այնպէս ետուր նմա որդի զԻսաակ եւ Իսաակայ՝
զՅակոբ, 16 եւ Յակոբայ այլովքն հանդերձ մետասանիւքն՝
զՅովսէփ, եւ վասն Յովսեփայ տարար զհարսն յԵգիպտոս եւ կերակ-
րեցեր զնոսա ամս բազումս: 17 Եւ յետ այնորիկ հաներ զնոսա
ի ձեռն ծառային քո Մովսիսի եւ տարար զնոսա յանապատ, եւ
կերակրեցեր զնոսա ամս քառասուն: Եւ յետ այնորիկ տարար
զնոսա յերկիրն զոր խոստացար ծառայի քում Աբրաամու: 19 Եւ
ետուր նոցա աւրէնս, եւ ոչ պահեցին: Յետ այնորիկ ետուր նոցա

H = Ψrel զոյր W = T 11 քո 1^0] + ի W | եւ 2^0]
H = C I Z om W = Ψrel | իւրով] + եւ W = Ψ^m
12 ամպարըշտեցան առաջի քո W = Ψ | աւելի] առաւել W |
զհարս W 13 եւ յաճախեցան---անաւրէնութեանն] եւ յետ
նոցա ամպարըշտութեանն W | ընտրեցեր] զտեր W : cf Ψ
preceding յետ այսորիկ H | ի նոսա] W = Ψ om H | մի]
H = Ψ om W | անուն] + էր W = Ψ 14 միայն W = Ψ
15 եդիր W = Ψ | եւ 2^0 3^0] om W 16 այլովքն] W
այլաւքն H | մետասանիւքն] Ψ^m մետասանեաւքն W մետասա-
նաւքն H | զհարսն] + մեր W 17 յանապատն W = Ψ |
զնոսա 3^0] om W | ծառային W = Ψ 19 պահեցին] + եւ

destroyed them. 11 You had mercy upon your servant, Noah, and on his account upon his sons; and together with all his house he found favour before you, because he was pleasing to you. 12 And again the earth caused mankind to increase from his seed, and likewise they acted impiously before you, even more than their fathers; 13 and they constantly acted wickedly. You chose one just man among them, whose name was Abraham. 14 You loved him and you showed him alone, by himself, the end of times. 15 And you made a covenant with him to make his seed increase like the stars of heaven in multitude and like the sand by the shore of the sea without number. And so you gave him a son, Isaac and to Isaac, Jacob. 16 And to Jacob (you gave) Joseph, together with the other eleven, and because of Joseph you led the fathers into Egypt, and you nourished them for many years. 17 And after that you brought them forth by the hands of your servant Moses, and you led them into the wilderness and nourished them for forty years, and after that you led them into the land which you promised to your servant Abraham. 19 And you gave them the Law and they did not observe (it). After that, for many years you gave them judges to judge and instruct

դատաւորս, դատել եւ խրատել զնոսա պահել զաւրէնս քո ամս
բազումս, մինչեւ զՍամուէլ մարգարէ որ կարդաց զանուն քո:
22 Եւ քանզի կայր եւ մնայր ի նոսա ախտն, մերժեցան աւրէնք
քո ի սրտից նոցա, 23 մինչեւ կացուցեր ի վերայ նոցա իշխան՝
զԴաւիթ ծառայ քո, 24 ցոր եւ ասացեր դարձեալ շինել զԵրու-
սաղէմ յանուն քո, եւ ի նմա մատուցանել քեզ պատարագս: Յետ
նորա յարուցեր զորդի նորա զՍողոմոն, որում հրամայեցեր շինել
զտաճարն ի տեսիլ գիշերոյ, եւ ի նմա առնել ամենայն ժողով-
րդեանն աղաւթս եւ մատուցանել պատարագս: 25 Եւ իբրեւ այն
լինէր . . . մեղաւ ժողովուրդն որ ի քաղաքին բնակեալ էր,
27 եւ վասն նորա մատնեցեր զքաղաքն ի ձեռս հեթանոսաց, որ
շուրջ զնովաւ էին: 28 Մինչդեռ եաք յերկրին մերում, ասեի
ես ի սրտի իմում. Միթե լաւագոյն ինչ գործեն որ ի Բաբելոն
բնակեալ են, եւ վասն այնորիկ արհամարհեցաւ Սիոն: 29 Իսկ
իբրեւ եկի ես այսր, տեսի ամբարշտութիւնս բազումս որոց ոչ զոյ

W = Ψ^m | զնոսա] + եւ W | պահել] om W = Ψ | քո 1^0]
+ ուսուցանել W | ամս բազումս] H = Ψ om W | մարգարէ]
H :cf Ψ om W | կարդաց] կարդայր W = Ψ 22 եւ 1^0]
om W = Ψ | կայր եւ մնայր] H = Ψ եւ կայր W | ախտն]
+ եւ W | աւրէնք] H = Ψ^m անաւրէնքն W* eras ան W^c
24 ցոր] H = Ψ^m om W | դարձեալ] H = Ψ om W | շինել
զերուսաղէմ /յանուն քո] W ~ H | եւ 2^0] W = Ψ om H |
ի նմա] H = Ψ^m om W | պատարագս] H = Ψ om W | եւ յետ
W | հրամայեցեր] + նմա W | գիշերւոյ W | առնել ի նմա
աղաւթս W 25 եւ] om W 27 եւ վասն նորա] H = Ψ
վասն որոյ W | մատուցեր W | զժողովուրդն եւ զքաղաքն W
| զնովաւն W = Ψ 28 inc] + եւ W | ես] om W = Ψ |
որք W | բաբելոնի W | եւ] om W 29 իսկ] H :cf Ψ
om W | ամբարըշտութիւնս W | բազումս 1^0] W բազում H
| որ W = Ψ | զոյ] H = Ψ^{rel} զոյր W = T :cf vs 7B |

them to observe your Law until Samuel, the prophet, who called upon your name. 22 And because the infirmity remained in them, your Law departed from their hearts 23 until you set up a ruler over them, David your servant. 24 To him you also said to build Jerusalem again in your name and to offer you sacrifices in it. After him, you raised up his son Solomon, whom you commanded to build the Temple in a night vision; and (you commanded) all the people to say prayers and offer sacrifices in it. 25 And when this took place...the people which dwelt in the city sinned. 27 And because of them you delivered the city into the hands of the heathen who were around it.

28 "While we were in our land, I used to say to myself, 'Is it that the inhabitants of Babylon have acted any better and is Zion spurned because of that?' 29 But when I came here, I saw many impieties without number and

թիւ, եւ ապստամբս բազումս յոյժ եսես անձն իմ, ահա այս
երեսուն ամ է: Վասն այնորիկ զարմացեալ է սիրտ իմ, 30
զմտաւ ածելով թե որպէս ներես անաւրինացս, եւ խնայես յամբա-
րիշտսն, եւ կորուսեր զժողովուրդ քո, եւ խնայեցեր ի թշնամիս
քո: 31 Միթե լաւագոյն ինչ գործեաց Բաբելոն քան զՍիոն, 32
եւ կամ այլ ազգի ոք ծանեաւ զքեզ առաւել քան զԻսրայել, եւ կամ
ո՞ր ազգ հաւատաց ուխտի քում իբրեւ զՅակոբ, 33 որոյ պտուղն
ոչ երեւեցաւ: Շրջելով շրջեցայ ընդ ազգս եւ զտի զնոսա
յղփացեալս, որք ոչ յիշեն զպատուիրանս քո: 34 Արդ՝ եթե
կշռելով կշռեսցես ի կշիռս զմեր անաւրենութիւնս եւ զհեթանոս-
սաց, գտցի ի կշիռս կշռոցն թե յոր կոյս հակէ: 35 Ե՞րբ ոչ
մեղան բնակիչք երկրիս այսորիկ առաջի քո. ո՞ր ազգ պահեաց
զպատուիրանս քո: 36 Թերեւս նուազ արս գտանիցես, ազգ եւ ոչ
ուրեք:

4:1 Եւ յետ խորհելոյն իմոյ զայս, առաքեցաւ առ իս հրեշ-
տակ մի որում անուն էր նորա Ուրիէլ. 2 խաւսել սկսաւ ընդ

ապըստամբս W | յոյժ] H = Ψ follows իմ 1^{0} W | անձն] W = Ψ
ակն H | ահա այս] ∿ W = Ψ | է սիրտ իմ] H = Ψ եղէ ի
սրտի իմում W 30 ածելով] H = Ψ ածեալ W | անաւրի-
նացն W | զժողովուրդս W = Ψ 31 Բաբելոն (Բաբիլոն H)
քան զՍիոն] H = Ψ Սիոն քան զԲաբելոն W 32 կամ 1^{0}]
W = Ψ om H | զքեզ] W = T om H = Ψrel 33 ազգս]
+ ամենայն W | գիտի W | յըղփացեալս W | յիշեն] H = G
յիշեցին W = E 34 եթե---կշիռս] after զհեթանոսաց W |
կշռելով] om W = Ψ | կըշռես W | կըշիռս 1^{0} W | ի կշիռս
կշռոցն] կըշիռն W 35 որ---քո 2^{0}] om W : hmt
36 թերեւս] + ուրէք W = Ψ | նուազ] նը ∇ազ W | արս]
W արք H | գտանիցես] H = Ψ գտանիցի W | ազգ]
+ քան զմեզ W | եւ] H = Ψ om W
1 առ իս] om H* above ln H^0 | նորա] H = Ψrel om W

behold, during these thirty years my soul has
seen very many disobedient men. Therefore, my
heart is astounded, 30 when I consider how you
tolerate the lawless and are merciful to the
impious, and (how) you destroyed your people and
were merciful to your enemies. 31 Is it that
Babylon did anything better than Zion? 32 Or
has some foreign nation known you more than Is-
rael? Which nation has believed in your cove-
nant like Jacob, 33 whose fruit has not been
revealed? I travelled extensively among the na-
tions and I found those who do not remember your
commandments to be satiated. 34 Now, if you
were to weigh our wickedness and the heathen's,
in the weight of the pans it would be discovered
to which side it (scil. the balance) inclines.
35 When did the inhabitants of this earth not
sin before you? What people observed your com-
mandments? 36 Perhaps you will find a few men,
but nowhere a (whole) people."

4 1 And after I had considered this, an angel
was sent to me whose name was Uriel. 2 He began
to speak to me and said, "Your heart has been

իս եւ ասէ. Ապշելով ապշեալ է սիրտ քո յայս կեանս առ ի կամել
քեզ հասու լինել ճանապարհի Բարձրելոյն: 3 Եւ ասացի.
Աղաչեմ զքեզ խելամուտ արա զիս: Ետ պատասխանի եւ ասէ ցիս.
Առաքեցայ առակս երիս դնել առաջի քո, եւ ճանապարհս երիս
ցուցանել քեզ, 4 յորոց թե զմինն ասիցես ինձ, եւ ես քեզ
պատմեցից վասն որոյ փափաքեալն ես գիտել: 5 Ետու պատասխանի
եւ ասեմ. Ասա տէր իմ: Եւ ասաց ցիս. Երթ կշռեա դու ինձ
զկշիռս հրոյ, եւ կամ զծանրութիւն հողմոյ, եւ կամ ընդ կրունկն
դարձո ինձ զաւրն անցեալ: 6 Ետու պատասխանի եւ ասացի. Ո՞վ
ի մարդկանէ կարէ զայդ առնել զի ես արարից: 7 Եւ ասէ ցիս.
Ապա թե էր իմ հարցեալ զքեզ, քանի՞ շտեմարանք են ի սիրտս
ծովու, եւ կամ քանի՞ առաջք են երակաց խորոց, կամ քանի՞
շաւիղք են ի վերայ հաստատութեանն, կամ քանի՞ ելք են դժոխոց,
կամ քանի՞ մուտք են դրախտին՝ 8 ապա թե ասիցես ինձ. Ի ծով
ոչ իջի, եւ ոչ ի սկզբանն եղէ ընդ անդունդս, եւ ոչ ելի ի
վերոյ քան զերկինս, եւ ոչ իջի ի դրունս դժոխոց, եւ ոչ մտի ի

= A* T 2 ի կեանս յայս W | կամել] W = Ψ^{m} կամելո H | ճանապանհի W : cpt 3 արա զիս խելամուտ W | երիս 2^{0}] Ψ երիս եկի H W 4 վասն] + space 2 lett H | փափաքեալն ես] H :cf Ψ փափազիս W 5 իմ] H = Ψ om W | ասաց] H = Ψ ասէ W | եւ 3^{0}] H = Ψ om W | հողմոց W | ընդ կրունկն] H = Ψ om W | դարձոյ W | ինձ 2^{0}] W om H = Ψ 6 ետու պատասխանի եւ] H = Ψ եւ ես W | ով] + ե eras H + ոք W | կարող է W | զայդ] W = Ψ om H | զի] + եւ W 7 եւ ասէ ցիս ապա] H :cf Ψ ապա ասէ W | զքեզ] + թէ W | առաջք] H W^{c} = Ψ առաջի, W* | են 2^{0}] W երեւին H = Ψ | երակացն W | կամ 2^{0}] եւ կամ W | քանի 3^{0}] H = Ψ որքան W | շաւեղք H | ի վերայ] H = Ψ om W | հաստատութեան W | կամ 3^{0}] om W | կամ 4^{0}] եւ կամ W | մուտ է W 8 սկզբանն] սկզբանէ W = Ψ | ընդ անդունդս] H = Ψ յանդունդս W | ի 3^{0}] H = Ψ om W :haplgr

greatly amazed at this life in your desire to understand the way of the Most High." 3 And I said, "I beseech you, make me understand." He answered and said to me, "I was sent to set three similitudes before you and to show you three ways. 4 If you will tell me one of them, I will relate to you those things about which you desired to know."

5 I replied and said, "Speak my lord!"

And he said to me, "Go, weigh the weight of fire for me or the heaviness of the wind, or bring me back the day which has passed."

6 I replied and said, "Who of men can do this, that I should do (it)?"

7 And he said to me, "But if I had asked you how many chambers are there in the heart of the sea, or how many heads are there of the channels of the deep, or how many paths are there above the firmament, or how many exits are there of hell, or how many entrances are there to paradise; 8 then you would say to me, 'I have not descended into the sea, nor in the beginning have I been in the deep, nor have I ascended above the heavens, nor have I descended to the portals of hell, nor

դրախտն. 9 այժմ, ոչ հարցից քեզ զայդ՝ այլ վասն հրոյ եւ
հողմոյ եւ տուընջեան, որոց սովորն ես, եւ յորոց ոչ կարես
հեռի լինել: 10 Զի զոր ինչ ընդ քեզն սնեալ են ոչ կարես
ճանաչել, 11 զիա՞րդ կարես այնչափ ճանապարհաց Բարձրելոյն
հասու լինել, քանզի անհաս է ճանապարհ Բարձրելոյն: Ապականա-
ցան ես եւ յապականացու կեանս բնակեալ ես, ոչ կարես ճանաչել
զճանապարհս անապականին: 12 Եւու պատասխանի եւ ասեմ ցնա.
Լաւագոյն էր մեզ եթե չեաք ծնեալ քան թե կեցեալք ամբարշտու-
թեամբ, եւ ի տանջանս մտանեալք, եւ չիմանալ թե ընդէր զայթագ-
դիմք: 13 Եւ պատասխանի եւ ասէ ցիս. Լուր առակին. գնաց չո-
զաւ անտառն փայտից դաշտին, խորհեցաւ եւ ասէ ընդ ընկերս իւր.
14 Եկայք երթիցուք տացուք պատերազմ ընդ ծովու զի հեռացեալ
մերժեսցի առաջի մեր եւ արասցուք ի նմա այլ անտառ: 15
Դարձեալ ալիք ծովուն խորհեցան երթալ կռուել ընդ անտառս
դաշտին պատրաստել իւրեանց այլ տեղի. 16 որոց եղեւ խոր-

9 հողմոց W = ψ^m | տըւընջեան W | սովոր W | կարես]
H = ψ կամիս W 10 զոր ինչ] H :cf ψ որք W | քեզ W
| սնեալ են] W = T :cf ψrel ե H + եւ W | կարես] H = ψ
կամես W 11 կարիցես W | անչափ W | ճանապարհաց]
H = ψrel ճանապարհի W :cf T | բարձելոյն 1^0 2^0 W |
յապականացու] H :cf K յապականելի W = ψrel | ես 2^0] W = ψ
om H | ոչ կարես] H = ψ վասն որոյ ոչ կարիցես W
12 ցնա] H = ψ om W | լաւ W | կեցեալք] ed կացեալք
H կեցեալ W = ψ | ամբարըշտութեամբ W | մտանեալք]
մտանել W :cf ψ | զայթակղիմք H 13 եւ ասէ] om H*
above ln H^0 | ցիս] H = ψ om W | առակիս W | չոգաւ]
om W | անտառի փայտն առ դաշտին W :cf ψ | խորհեցաւ]
H = ψ om W | ցընկերս W = ψ 14 երթիցուք] H = ψ
om W | զի---մեր] H = ψ զի մերժեսցի եւ հեռասցի ի մէնջ
W | եւ] զի W = ψ | անտառս W = ψ 15 այլ] W = ψ

have I entered paradise.' 9 Now, I did not ask you this, but about fire and wind and the day, to which you are accustomed and from which you cannot be separated. 10 For those things which have been nurtured with you, you are unable to know; 11 how then can you understand the very great ways of the Most High, for the way of the Most High is beyond understanding? You are corruptible and inhabit a corruptible life, you cannot know the ways of the incorruptible." 12 I replied and said to him, "It would be better for us if we had not been born than, having lived in impiety and having been delivered over into suffering, not even to know why we suffer."

13 He replied and said to me, "Hear a parable! The forest of the trees of the field went forth; it made a plan and said to its fellows, 14 'Come, let us go and make war against the sea so that it draws back before us and let us make another forest in it.' 15 Again, the waves of the sea planned to go to fight with the forests of the field, to prepare another place for themselves. 16 Their plan was in vain: fire came and

հուրդն ի նանիր, եկն հուր եւ այրեաց զանտառն. 17 նոյնպէս
եւ աւազ եկաց ընդդէմ եւ արգել զալիսն: 18 Արդ՝ եթե եիր
դատաւոր, զ՞ո ի սոցանէ արդարացուցանեիր, կամ դարձեալ զ՞ո
պարտաւորեիր: 19 Ասացի թե Զերկոսեանն, զի ի նանիր խոր-
հուրդ խորհեցան, քանզի երկիր տուաւ անտառաց, իսկ տեղի ծովու
աւազոյն զդէմ ունել ալեացն: 20 Եւ ասաց ցիս. Բարիոք
դատեցար, ընդէ՞ր զոր ասացի ցքեզ ընտրեցեր ոչ: 21 Որպէս
երկիր տուաւ անտառաց, եւ տեղի աւազոյ ալեացն, այնպէս եւ որ
յերկրի են տուաւ զերկրաւորս գիտել, եւ որ յերկինս՝ զերկնա-
ւորս ճանաչել: 22 Եւ ասացի ես. Խնդրեմ ի քէն, տէր, իսկ
ընդէ՞ր տուան ինձ միտք այնպիսի, զայնպիսիսն ածել զմտաւ.
23 Զի ոչինչ յարգուտ է ինձ հարցանել որ ի վեր է քան
զամենայն, այլ լաւ է զայն գիտել որ ընդ մեզ անցանեն հանա-
պազ վիշտքն: Արդ՝ ընդէ՞ր Իսրայէլ մատնեցաւ ի ձեռս հեթանո-
սաց, եւ զոր Աստուած սիրէր զժողովուրդն մատնեցաւ ի ձեռս
ամբարշտացն, եւ մոռացան աւրէնք հարցն մերոց, եւ գրեալ

om H 16 եկն] W = Ψ եւ H 17 եկաց ընդդէմ աւազ W
| ընդէմ H 18 սոցանէ] նոցանէ W = Ψ | կամ] եւ կամ
W | պարտաւորեիր] W = Ψrel պատւեիր H = I Z 19 զերկո-
սեան W | զնանիր խորհուրդս W | իսկ] եւ W | աւազոյ
ծովուն W = Ψ 20 ասէ W | բարւոք W | ընդէր]
ընտրեցեր W | ասացի ցքեզ] ed ասացից քեզ H W | ոչ
ընդրեցեր W :cf Ψ 21 տուաւ 2^0] տուեալ է W :cf Ψ |
որ 2^0] որք W | զերկնաւորն W = Ψ^m 22 ասացի ես]
H = Ψrel ∿ W = T | տէր] H = Ψ om W | տուան...միտք]
H = Ψ տուաւ...միտս W 23 յաւգուտ է] H = Ψ լաւ
տուաւ W | հանապազ անցանեն W = Ψ^m | ժողովուրդ W |
մատնեցաւ 2^0] W = Ψ մատնեաց H | ամբարըշտաց W |
մոռացան] W = Ψ մոռացեալ H | աւրէնքն W | գրեալ]
W = Ψ զերեալ H | կտակարանք] + եւ H | ուրէք W

consumed the forest. 17 Similarly also, sand intervened and held the waves back. 18 Now if you were a judge, which of them would you acquit or alternatively, which of them would you condemn?"

19 I said, "Both of them, for in vain did they make a plan, since the earth was given to the forests, and a place to the sea, for the sand to hold the waves at bay."

20 And he said to me, "You have judged well. Why then did you not discern that which I said to you? 21 Just as the earth was given to the forests, and a place of sand to the waves, so knowledge of earthly matters was given to those who are upon the earth and cognizance of the heavenly, to those in the heavens."

22 And I said, "I ask you, lord, why then was such a mind given to me, to consider things such as these? 23 For it profits me not to ask what is above all, but it is good to know this -- the calamities which we experience daily. Now, why is Israel delivered into the hands of heathen and the people which God loved delivered into the hands of the wicked, and the Law of our fathers forgotten and the written covenants nowhere to be found?

կտակարանք ոչ ուրեք զտանին: 24 Եւ կեամք աստ իբրեւ
զմարախ, որոց ոչ գոն աւրէնք, եւ ոչ հրամանք, եւ ոչ կտակա-
րանք, եւ գնամք յաշխարհէս չեղեալք արժանիք ողորմութեան:
25 Զին՞չ եւս աւելի ընկալցուք մեք, յորս կոչեցաւ անուն
նորա ի մեզ: 26 Ետ պատասխանի եւ ասէ ցիս. Այժմ մինչդեռ
աստէն իսկ ես տեսցես, եւ մաւտ երթեալ զարմացիս քանզի փութայ
այս աշխարհ անցանել, 27 առ ի չհանդարտել բառնալ զիւրոյ
ժամանակի զչար, վասն զի մարդիկ աշխարհիս այսորիկ լի են ամե-
նայն անաւրենութեամբ: 28-9 Վասն որոյ եւ անցցեն ի վերայ
նոցա կալք. զի եթե ոչ նախ եկեսցեն ի վերայ նոցա հունձք, եւ
ոչ արդարոցն հասցէ որ բարութեան պտուղն է: 30 Աղէ, ած
զմտաւ զի թե սակաւ յանցումնն Ադամայ այնչափ չար գործեաց,
աճեցեալ յայնմհետէ չարն ի վերայ երկրի, որպիս՞ի կորուստ
որք անաւրինինն պատրաստիցէ: 33 Պատասխանի ետու եւ ասեմ.
մինչեւ ցեր՞բ իցէ այս: 34 Եւ ասէ ցիս. Չես իմաստնագոյն
քան զԲարձրեալն, եթե արասցես վաղվաղակի հասանել զկատարածն,

24 զմարախ] H = Ψ զմարդս W | չեղեալ արժանի W |
արժանիք] ք above ln H^0 25 աւելի] H = Ψm արժանի W |
մեք] H = Ψ om W | յորս] + եւ W 26 ցիս] H = Ψ
om W | եւ 2^0] W om H = Ψ | մաւտ] անդ W :cf Ψ |
անցանել] H = Ψ հասուցանել W 27 զժամանակի W |
զչարն W 28-9 եւ 1^0] om W | անցցե H | ի վերայ
նոցա 1^0] H = Ψ ընդ նա W | նախ] H = Ψ om W | ի
վերայ նոցա 2^0] Ψ om H ի վերայ նորա W | բարութեան]
H :cf Ψ սրբութեան W 30 ած զմտաւ] H = Ψrel ∿ W = R
| զի թե] զթե H* ի marg H^0 | յանցումն W | չար]
H = Ψ om W | յայսմհետէ W | չարին W | որք] H = Ψ
om W | անաւրինին W 33 պատասխանի ետու] H = Ψ ∿ W
34 եւ 1^0] + նա W | ցիս] W = Ψ om H | հասանել] Ψ
հասուցանել H om W | զկատարած W | բարձրեալն---ի (vs

24 And we live here like locusts which have no Law, nor commandments nor covenants, and we depart this world without having become worthy of mercy. 25 What still further shall we receive, we over whom his name is pronounced?"

26 He answered and said to me, "Now, while you are indeed here you shall see and having come close you shall be amazed, for this world is hastening to pass away, 27 Since it is not able to bear the evil of its time because the men of this world (or: age) are full of every wickedness. 28-9 Therefore, too, the threshing floor (or: threshing) will pass over them; for if the harvest will not first come upon them, neither will that which is the fruit of goodness reach the righteous. 30 Come, consider! If the little transgression of Adam perpetrated that much evil, having increased evil thenceforth upon the earth, what sort of destruction shall it prepare (for those) who act wickedly?"

33. I replied and said, "How long will this be?" 34 And he said to me, "You are not wiser than the Most High if you would make the end arrive immediately, for you hasten because of yourself

զի դու փութաս վասն քո միայն, իսկ Բարձրեալն երկայնամտէ
վասն բազմաց, 35 քանզի վասն նորա խնդրեցին ի Բարձրելոյն
անձինք արդարոցն, եւ ասեն. Մինչեւ յե՞րբ եմք աստ. ե՞րբ
եկեսցեն վարձք ժամանակի մերոյ: 36 Ետ պատասխանի նոցա Տէր
եւ ասէ. Համբերեցէք մինչեւ լցցին սահմանեալ ժամանակքն.
37 Քանզի չափով չափեաց զժամանակս, եւ կշռով կշռեաց զյաւի-
տեանս, եւ թուով թուեաց զժամս. մի շարժեսցէ եւ մի զարթուսցէ
մինչեւ հասցէ սահմանեալ ժամն: 38 Ետու պատասխանի եւ
ասացի. Խնդրեմ ի քէն Տէր, 39 բազում զթութիւն է
Բարձրելո՞յն զի համբերէ վասն մեր անաւրինացս, առ ի չածել
զկատարածն. այլ երկայնամտէ վասն մեր, արգելուլ զարդարս առ ի
վայելել նոցա ի բարիս, զոր խոստացեալ է նոցա: 40 Ետ պատաս-
խանի եւ ասէ. Այդպէս իսկ է որպէս իմացարդ, բայց եկեսցէ ի
ժամու իւրում· զի որպէս կին մարդ յղի ոչ կարէ յառաջ քան
զսահմանեալ ժամանակն ծնանել, եթե ոչ իններորդ ամիսն լցցի,
42 եւ որպէս կինն փութայ հասանել ժամանակին ապրել յերկանց
եւ ի վշտէ ծննդեանն, նոյնպէս եւ շտեմարանք երկրի փութան
հատուցանել զպտուղն որ հաւատացեալ է նմա: 43 Արդ, յորժամ

35)] om H :hmarkt | բարձրեալն] Ψ բարձրեալ W
35 խնդրեցին] W խնդրեսցին Ψ | բարձրելոյն] H = Ψ
տեառնէ W | եւ] W = Ψ om H | յերբ] H = Ψ ցերբ W |
եկեսցեն] + հասցեն W :cf Ψ | ժամանակիս W 36 ժամանակն
W = Ψ 37 կշռով (կշըռով W)] W = Ψ կշռելով H |
եւ 2^{0}] om W | թըւեաց W | զժամս] W զաւուրս H + զի
H | շարժեսցի W 38 ասեմ W = Ψ | տէր] H = Ψ om W
39 զի] H = Ψ եւ W | անաւրինաց W | զարդարսն W |
ի 3^{0}] om W :cf Ψ 40 այդէս W :cpt | իմացարդ] ասացերդ
W = Ψ | յղի] այլ W | լըցցի W 42 կին W = Ψ |
ժամանակին հասանել եւ W | յերկանց եւ] H = Ψ^{m} om W |
վըշտէ W | ծնընդեանն W ծնդից H :cpt | հաւատացեալ է]

alone, but the Most High is long suffering because of many. 35 For, concerning that, the souls of the just asked the Most High and said, 'How long shall we be here? When will the reward of our time come?' 36 The Lord answered them and said, 'Be patient until the appointed times will be filled.' 37 For he has measured the times in a measure and has weighed the eternities on a scale and has counted the hours by number: he will not move nor will he arouse until the appointed hour arrives."

38 I replied and said, "I beg of you, lord! 39 Is it (due to) the Most High's abundant mercy that he is patient for the sake of us wicked ones, not bringing the end; but is he long suffering for our sake, delaying the just so that they do not enjoy the good things which he has promised them?"

40 He replied and said, "It is indeed thus, as you have understood; but it will come in its time. For just as a pregnant woman cannot give birth before the appointed time, if the ninth month is not completed, 42 and just as the woman hastens to reach the time to be delivered from the pangs and the travail of the birth, so the chambers of the earth too, hasten to restore the fruit which was entrusted to it. 43 Accordingly, when

եկեսցէ ժամանակն, տեսցես եւ ծանիցես վասն որոյ ցանկացեալ
ես գիտել: 44 Եւ խնդրեցի ի նմանէ եւ ասեմ. Աղաչեմ զքեզ
տէր, եթե զտի շնորհս առաջի քո, եւ թե արժանի եմ, 45 Յայտ-
նեա ինձ վասն ժամանակին, եթե աւելի անցեալ իցէ եւ կամ կայցէ:
47 Եւ ասէ ցիս. Կաց յաջակողման եւ ցուցից քեզ զկերպարանս
առակի: 48 Եւ կացի, եւ եցոյց ինձ հնոց բորբոքեալ. եւ եղեւ
յորժամ վախճանեցաւ բոցն ելանէր ծուխ: 49 Եւ յետ վայրկենի
միոջ եկն ամպ ջրալից եւ արկ անձրեւ սաստիկ յոյժ, եւ յետ
անցանելոյ անձրեւուն՝ ցաւղ: 50 Եւ ասէ ցիս. Ի միտ առ
զայդ, զի որպէս յաճախէ հուրն քան զծուխն, եւ անձրեւն՝ քան
զցաւղն, այնպէս յաճախէ անցեալ ժամանակին մասն: 51 Դարձեալ
աղաչեցի զնա եւ ասեմ. Ո՞ ի մէնջ կենդանի իցէ արդեաւք, եւ
կամ ո՞ ի մէնջ իցէ յաւուրսն յայնս, եւ կամ զի՞նչ նշան իցէ
ժամանակացն այնոցիկ: 52 Ետ պատասխանի եւ ասէ ցիս. Վասն
նշանացն կարեմ քեզ ասել, իսկ վասն կենաց ձերոց ոչ առաքեցայ
ասել քեզ:

5:1 Լուր վասն նշանացն. ահա աւուրք գան եւ յաւուրսն
յայնս զարմասցին մարդիկ զարմանալիս մեծամեծս. ղաւղեսցէ եւ

տըւեալ են W 43 տեսցեն եւ ծանիցեն W | ցանկացեալն են W 44 աղաչեն զքեզ / տէր] H = Ψ ∿ W 45 եթե] W = Ψrel եւ եթե H = E Q | աւելի] H = Ψ^m om W | կայցէ] H = R կացցէ W = Ψrel 47 յաջակողմն կոյս W = Ψ | եւ 2^0] W = Ψ մինչեւ H | զկերպարանս] W = Ψrel կերպա- րանս H = C I Z 48 եւ1^0] H = Ψ om W | յորժամ] H = Ψ իբրեւ W | բոցն] + եւ W = Ψ | ծուխն W 49 ամբ H | արկ] H = Ψ om W 50 ասաց W = Ψ | զայդ զի] զայս W = Ψ | ժամանակին մասն] ∿ W = Ψ 51 ո1^0] H = Ψ ով W | մէնջ1^0] մէջ W* | արդաւք H 52 կարեմ քեզ] H = Ψ կարեմք W

1 ահա] ահայ ահա H ահաւասիկ W = Ψ | յայնս] H = Ψ

the time comes you will see and recognize that concerning which you wished to know."

44 And I asked him and said, "I beseech you, lord, if I have found favour before you and if I am worthy, 45 reveal to me concerning the time, whether the greater part has passed or is (yet) to be."

47 And he said to me, "Stand at the right-hand side and I will show you the form of a parable."

48 And I stood up and he showed me a burning furnace; and it came to pass that when the flame was ended, smoke went forth. 49 And after a moment there came a cloud full of water and it poured down very fierce rain, and after the passing of the rain --dew.

50 And he said to me, "Consider that, for just as the fire is greater than the smoke and the rain than the dew, so the portion of the time which has passed is greater."

51 Again I beseeched him and said, "Who of us, then, will be alive? Who of us will be in those days? What sign will there be of those times?"

52 He replied and said to me, "I can tell you about the signs, but I was not sent to tell you about your life."

5   1 "Hear concerning the signs! Behold, days are coming and in those days men shall be amazed at very great wonders and the truth of

յուղղութենէ հաւատոց ճշմարտութիւն. 2 Եւ յետ բազմանալոյ
ամբարշտութեանն, եղիցին ոմանք ի վերայ երկրի խաւսել կամա-
կորս բանիւք ստութեան, եւ առասպելովք այլայլելովք, ոմանք
մոլորեալք ի կեղծաւորութեան սրբութեամբ պաշտաման ըմբռնեալք
յանձուձկալութեան: 3 Եւ եղիցի անհանգիստ եւ անճանապարհ
անապատ այս երկիր, նախ յառաջ . . . զոր դուք տեսանես:
4 Թե տացէ Աստուած տեսցես զարմանալիս. յետ երրորդ տեսլեանն,
եղիցի երկիր ամբոխեալ, եւ երեւեսցի յանկարծակի արեգակն ի
գիշերի եւ լուսին ի տուընջեան, 5 եւ ի փայտէ արիւն
կաթեսցէ, եւ ի քարէ բարբառ լուիցի, եւ ժողովուրդք ընդ ժողո-
վուրդս ընդհարցին, 6A եւ բռնասցին նշանագործք, եւ զաւրաս-
ցին առասպելարկուք: 6B Եւ ի ժամանակին յայնմիկ ծով բազում
անգամ ի տեղիս տեղիս փոփոխեսցի, եւ վիհք եղիցին, եւ աւղք
փոխեսցին, եւ թռչունք երկնից տեղափոխ եղիցին. 7 եւ
Սողոմայեցւոց ծովն ձկունս եռացուսցէ, 8 եւ հուր բազում
անգամ առաքեսցի, եւ նշան ի կանանց ծնցի, 9 եւ ի ջուրս
քաղցունս աղութիւն գտցի, եւ մարտիցեն մարդիկ ընդ միմեանս,

յայնոսիկ W | եւ 2°] om W = Ψ | ճշմարտութիւնն W
2 ամբարըշտութիւնն W* ամբարըշտութեանն W° + եւ H |
վերա W | ստութեամբ W = Ψ | այլայլովք W 3 եղիցին
W | անճանապարհ] + եւ W = Ψ 4 յետ երրորդ (երրոր W)]
W = Ψ^{m} յերրորդ H | տըւընջեան W 5 լուիցի] W :cf Ψ
լսիցի H | հարցին W = Ψ 6A բռնասցին] W = Ψ^{m} ըմբռ-
նեսցին H

նեսցին H 6B անկամ W | փոփոխեսցին W | եւ աւղք
փոխեսցին] W° = Ψ^{m} փոփես. W* om H | տեղափոխիցին W :cf
Ψ^{m} 7 սողոմացւոց W 8 անգամ (անկամ H)] H = Ψ
om W 9 ջուրք քաղցունք յաղութիւն գտցի H | մարդիք H

faith shall hide from uprightness. 2 And after the increase of impiety, there will be certain men upon the earth who speak perverse things with lying words and with varied fabrications: certain ones having erred in hypocrisy through the sanctity of worship, having seized upon incontinence. 3 And this earth (or: land), which you see formerly... will become a wilderness, without rest and pathless. 4 If God will permit, you will see wonders. After the third vision, the earth shall be disturbed and suddenly the sun shall appear by night, and the moon by day. 5 And blood shall drip from wood, and speech shall be heard from stone, and peoples shall fight with peoples; 6A and workers of signs shall hold power, and tellers of tales shall be mighty; 6B and at that time, the sea shall often be moved in various places, and there shall be abysses, and the atmospheres shall be changed; and the birds of heaven shall change their places, 7 and the sea of Sodom shall swarm with fish; 8 and fire shall be sent forth often, and a sign (or: portent) shall be born of women, 9 and in sweet waters saltiness shall be found; and men shall fight with one another, sons with fathers and fathers with sons,

որդիք ընդ հարս եւ հարք ընդ որդիս, մարք եւ դստերք հակառակ
ընդ միմեանս, եղբարք ընդ եղբարս, սիրելիք ընդ ծանաւթս,
ազգք ընդ ազգս, ժողովուրդք ընդ ժողովուրդս, քահանայք ընդ
քահանայս եւ պաշտաւնեայք ընդ պաշտաւնեայս. եւ թաքուցեն
զարդար պատուիրանն Բարձրելոյն եւ զաւրացի ի նոսա ստու-
թիւնն եւ մերժեսցի իմաստութիւն ի սրբոց: 10 Եւ յետ այնո-
րիկ խնդրեսցեն եւ ոչ գտցեն, զի բազմացի ատելութիւնն եւ
յաճախեսցի ստութիւնն եւ հպարտասցին հարք նոցա եւ նուազեսցին
ուղիղք: 11A Եւ հարցէ երկիր զմերձաւոր իւր եւ ասասցէ.
Միթե ոք գնացէ ի վերայ քո որ ունէր զհաւատս եւ խաւսէր
զճշմարտութիւն, 11B Կամ գործէր զարդարութիւն կամ ատէր
զանաւրենութիւն կամ ի կողմ անկանէր ճշմարտութեանն, կամ
առնէր զողորմութիւն կամ ատեայր զյափշտակութիւն, 11C կամ
խնդրէր զԲարձրեալն ամենայն սրտիւ իւրով, կամ սիրէր ոք
սրբութեամբ զընկեր իւր: 11D Տացէ նա պատասխանի եւ ասասցէ
եթե Ոչ ոք գտանի առ իս այնպիսի: 12A Ընդ այն ժամանակս
ակն կալցին մարդիկ առնուլ ինչ ի Բարձրելոյն, խնդրեսցեն եւ

| եղբարս] + եւ W | ազգք] W = J ազգ H = Ψrel |
ազգս] + եւ W | եւ պաշտաւնեայք ընդ պաշտաւնեայս] W om
H = Ψ | պատուիրան W | ստութիւն W | եւ 8^0] W = Ψ om
H 10 խնդրեսցեն] H = Ψ խնդրեսցի W | գտցեն] գտցի
W = Ψ | ատելութիւն W | յաճախեսցէ W = Ψ | ստութիւն W
11A զմերձաւոր] W զմերձաւորս H = Ψ | ասաց H | միթե]
W = Ψ եթե մի H | գնաց W | զհաւատս] զ above ln H^0
11B անզանէր H | ճշմարտութեան W | կամ 5^0] եւ կամ W |
զյափշտակութիւն] զյաքշտ. H զյափըշտ. W 11C կամ 1^0 2^0]
եւ կամ W | ընկեր զընկեր W = Ψm 11D նա] om W = Ψ |
ասիցէ W | առ իս] W = Ψ om H | այնպես H 12A ըստ
այնմ ժամանակաց W = Ψm | ակն] W = Ψrel մի ակն H = T

mothers and daughters opposed to one another, brothers with brothers, friends with acquaintances, nations with nations, peoples with peoples, priests with priests and ministrants with ministrants; and they shall hide the just commandment of the Most High, and falsehood shall be mighty in them, and wisdom shall depart from the saints.

10 And after that, they will seek and they will not find, for hatred shall increase and falsehood shall be frequent, and their fathers shall be arrogant and the upright shall be few. 11A And a land will ask its neighbour and say, 'Has anyone gone over you who held to the faith and spoke the truth, 11B or did justice, or hated wickedness, or has belonged to the portion of the truth, or has done mercy, or has hated rapine, 11C or has sought the Most High with all his heart; or did anyone love his friend in holiness?' 11D It will answer and say, 'No one of that sort is found on me.' 12A At those times men shall hope to receive something from the Most High; they shall seek and they shall

ոչ առցեն, 12B վաստակեցին աշխատանաւք եւ ոչ հանգիցեն,
ճնշեցին եւ ոչ վայելեսցեն ի գործս ձեռաց իւրեանց, զնասցեն
եւ ոչ ուղղեսցի ճանապարհ իւրեանց: 12C Ըմբռնեսցին ի վախ-
ճան ժամանակի ի ցաւոց եւ ի տրտմութենէ եւ ի հեծութենէ.
քանզի ոչ միայն փոխեցին զաւրէնս, այլ եւ զնոյն զԲարձրեալն
ի վերայ երկրի ⸢որչափ ի նոցանէ էր⸣: 12D Վասն այնորիկ
եկեսցէ ի վերայ նոցա չար, եւ թագաւորեսցէ յայտնի Բարձրեալն
եւ եկեսցէ եւ փոխեսցէ զնոսա եւ ցուցցէ յիւրմէ զփառս Բարձ-
րեալն ի նոսա 12E յորժամ հատուցէ նոցա զտանջանսն. որպէս
եւ խորհեցանն ամբարտաւանութեամբ եւ անարգեսցէ զնոսա նոյնպէս:
13 Զայս նշանս հրամայեցաւ ինձ ասել քեզ. եթէ դարձեալ միւս
անգամ պահաւք եւ արտասուաւք խնդրեսցես ի Բարձրելոյն իբրեւ
աւուրս եւթն, լուիցես քան զայս եւս մեծամեծս: 14A Եւ
իբրեւ զարթեայ լուեալ զայս ի մտի ունէի. յերիւղի եղէ եւ
եղծան կերպարանք մարմնոյ իմոյ եւ զաւրութիւն իմ հեռացաւ
յինէն եւ մերձեցաւ անձն իմ ի նուազել: 14B Ածի զմտաւ թե

12B աշխատանաւք] H = Ψ աշխատութեամբ W | ոչ 3^{0}] om H*
marg H^{0} | ուղղեսցի] յաջողեսցին W | ճանապարհ] ճանա-
պարհք W = Ψ 12C ի վախճանի ժամանակաց W :cf Ψ | ի
ցաւոց] + ի ցաւոց W :dittog | եւ ի 1^{0} ---հեծութենէ] ի
հեծմանց եւ ի տրտմութենէ W | զբարձրեալն] H = Ψ բար-
ձրեալն W | որչափ] H = Ψ ոչ չափ W | նոցանէն W
12D այնորիկ] H = Ψrel այսորիկ W = β | յայտնի] H = Ψrel
ի վերայ նոցա W = A | եւ 3^{0}] om W = Ψ | բարձրեալն զփառս
իւր նոսա W 12E յորժամ] յայնժամ W = Ψ | նոցա] W = Ψ
om H | խորհեցան W 13 նշան W | ասել] H = Ψ
առնել W | միւս անգամ (անկամ H)] H = Ψ միանգամ W |
պահովք H | յաւուրս եաւթն W 14A եւ 1^{0}] W = Ψ om H |
լըւեալ W | յերկեղի H | նուազել] H = Ψ նըւաղել W
14B inc] + եւ W = T | ի նոսա] W = Ψ om H | տանջանսն

not receive; 12B they shall toil labouriously and they shall not rest; they shall be oppressed and shall not enjoy the works of their own hands; they shall walk and their path shall not be straight. 12C They shall be seized at the end of time by pains and by grief and by mourning, for not only did they change the Law, but also the Most High himself, upon the earth (four corrupt words) 12D Because of that, evil will come upon them and the Most High will reign manifestly and he will come and will change them; and the Most High will show glory from himself in them 12E when he will requite them with punishment. Just as they thought arrogantly, so will he dishonour them. 13 I was commanded to say these signs to you. If again, once more, you petition the Most High with fasting and tears for about seven days, you shall hear even greater things than these."

    14A And when I awoke, having heard this, I thought about (it). I became afraid and the nature of my body was weakened, my strength departed from me and my soul was close to fainting. 14B I considered that none of us can be saved, and we die

ոչ ոք կարէ ի մէնջ ապրել եւ մեռանիմք իբրեւ զանասունս, յորս
ոչ գոյ ի նոսա իմաստութիւն, եւ տանջիմք ի տանջանս յաւիտենից:
Զայս իմ յոյժ զմտաւ ածելով, հոգայի: 15 Եկն դարձեալ Ուրիէլ
հրեշտակ եւ զաւրացոյց զիս եւ հաստատեաց կացոյց զիս ի վերայ
ոտից իմոց եւ ասէ ցիս. Մի տրտմիր, զի ցուցաւ քեզ յառաջ
քան զժամանակն զոր առնելոց է Բարձրեալն յաւուրս վախճանի.
զտեր շնորհս յԱստուծոյ: 16 Եւ եղեւ յետ այսորիկ, եկն առ
իս Փաղաղիէլ որ էր առաջնորդ ժողովրդեանն եւ ասաց ցիս.
Ընդէ՞ր այդպէս տգեղացաւ երեսաց քոց զեղ. 17 ոչ գիտես թե
Իսրայէլ քեզ յանձնէ, յայսմ աշխարհի պանդխտութեանս մերոյ:
18 Յոտն կաց երազ եւ ճաշակեա հաց զի մի վախճանեսցիս եւ
թողուցուս զմեզ որպէս հովիւ զհաւտ իւր ի ձեռս գայլոց չարաց:
19 Եւ ասացի ցնա. Ի բաց երթ յինէն եւ մի մերձենար յիս
մինչեւ ցեւթն աւր. եւ գնաց յինէն ըստ բանին: 20 Եւ ես,
լալով եւ ողբալով եւ պատմելով զմեղս իմ, պահեցի զեւթն աւրն,
որպէս եւ հրամայեաց ինձ հրեշտակն: 21 Եւ եղեւ յետ լնլոյ
եւթն աւուրցն, դարձեալ խորհուրդք սրտի իմոյ ստիպեին զիս
յոյժ: 22 Եւ ընկալաւ սիրտ իմ հոգի իմաստութեան եւ սկսայ
ասել առաջի Բարձրելոյն զբանս զայս, 23 եւ ասացի. Ով Տէր,

W | իմ] W = Ψ իսկ H 15 հրեշտակն W | զիս 1^0 --- կացոյց] om W :hmarkt | կացոյց] + space 3 lett H | վախճանի] + եւ W 16 ցիս] + փաղաղիէլ H W | տգեղա-ցաւ] W = Ψ տգեղացան H | զեղ երեսաց քոց W :cf Ψ 17 իսրայէլ] W = Ψ^m ելս H | աշխարհե H 18 երազ] արագ W | վախճանեսցիս] H = Ψ վախճանիցիս W | 19 եւ 1^0] + ես W = Ψ | ցեաւթն W 20 զեաւթն W | հրեշտակն] + տեառն W 21 լնլոյ] լընլոյ W* լընելոյ W^0 | եաւթն W | իմոյ] + առաւել ոչ H | յոյժ] H = Ψ om W 22 իմաստութեանն W | սկըսայ W 23 արարեր]

like animals in which there is no wisdom, and
we are tortured in eternal torments. When I
considered this intensely, I was worried. 15
The angel Uriel came again and strengthened me;
he set me up and stood me on my feet and said to
me, "Do not be sad, for that which the Most High
will do in the days of the end has been shown to
you before its time. You have found grace from
God."

16 And it came to pass after this,
P'aŧaŧiel who was the leader of people came to
me and said to me, "Why has the beauty of your
face become thus disfigured? 17 Do you not know
that He entrusts Israel to you in this land of
our sojourning? 18 Stand up quickly and eat
bread, lest you die and leave us, like a shep-
herd (who leaves) his flock in the power of evil
wolves."

19 And I said to him, "Go away from me
and do not approach me for seven days!"

And he went from me according to this pro-
nouncement. 20 And I, weeping and lamenting
and relating my sins, fasted for seven days even
as the angel had commanded me.

21 And it came to pass after the seven
days were completed, again the thoughts of my
heart greatly spurred me on. 22 And my heart
received a spirit of understanding and I began
to say these words before the Most High, 23
and I said, "O Lord! You are he, who, by the

դու ես որ կամաւք Բարձրելոյն զամենայն արարեր եւ պատրաստե-
ցեր եւ իմաստութեամբ քով զամենայն վարես եւ հաստուցանես,
իւրաքանչիւր ըստ ճանապարհաց իւրոց: Դու Տէր, յամենայն
նիւթոց փայտից ընտրեցեր քեզ զորթ ծառ, 24B յամենայն ծաղ-
կանց՝ զշուշան ծաղիկ, 26 եւ յամենայն թռչնոց՝ զաղաւնի եւ
յամենայն չորքոտանեաց՝ զոչխար 25 եւ յամենայն բազմութենէ
ջուրց՝ զյորդանան գետ եւ յամենայն քաղաքաց՝ զՍիոն քաղաք
24A եւ յամենայն բնակութեանց երկրի՝ զերկիրն սրբութեան։
27 եւ յամենայն ժողովրդենէ ընտրեցեր քեզ զզաւակն Աբրաամու,
եւ յամենայնէ ընտրեալ առ ի քէն աւրէնք, զոր շնորհեցեր ցան-
կալի քո ժողովրդեան: 28 Եւ արդ, Տէր իմ երկայնամիտ, որ ոչ
յիշես զմեղս, ընդէ՞ր մատնեցեր զժողովուրդ քո ի ձեռս պիղծ եւ
ամբարիշտ ազգի, յորս անուանեալ է անուն քո եւ զոր սիրեցեր
զզաւակ այսպէս ցրուեցեր ընդ հեթանոսս 29 եւ կոխան եղեւ
իբրեւ զհող երկրի ի ներքոյ ոտից նոցա: 30 Եւ ատելով ատե-
ցեր զժողովուրդ քո վասն չար գործոց նոցա, պարտ էր նոցա ի

H = Ψ արար W | վարես զամենայն W | իւրաքանչիւր---իւրոց] H = Ψ ամենեցուն ըստ իւրաքանչիւր ճանապարհաց իւրոց W | փայտի W | ծառ զորթ W 24B inc] + եւ W = Ψ 26 եւ 1^0 2^0] W = Ψ om H 25 ի բազմութեան W :cf Ψ^m | ջրոց] ed ջրոցն T ջուրց rel | զյորդան W | եւ 2^0] W = T om H = Ψrel 24A եւ] W = Ψ om H | երկրի] W = Ψ^m om H | սրբութեան] H = Ψ^m բարութեան W 27 քեզ] om W = Ψ | ընտրեալ] + են W | քո] om W = Ψ | ժողովրդեանն W 28 ձեռս] + ի...ս W :dittog | պեղծ W | ամբարիշտ] H = Ψ անաւրէն W | քո2^0] + ի նոսա W | զզաւակ] H = Ψ զզաւակն իսրայեղի W | ցրուեցեր] W = Ψ ցրուեցան H 29 եղեւ] W եղեն H | զհող] H = Ψ զխոտ W 30 զժողովուրդս W | վասն] over eras W^0 |

will of the Most High, made and prepared everything, and by your wisdom you conduct everything and you requite each according to his ways. You, Lord, out of all the woods of trees chose for yourself the vine, 24B out of all flowers -- the lily, 26 out of all birds--the dove, out of all quadrupeds -- the sheep, 25 out of all the multitude of waters -- the Jordan river, out of all cities -- the city of Zion, 24A out of all the dwellings of the earth -- the land of sanctity; 27 and out of all the people, you chose for yourself the seed of Abraham and the Law, chosen by you above (or: of) everything, which you bestowed upon your beloved people. 28 And now, my Lord, longsuffering one who do not remember sins, why did you deliver your people upon whom your name is named, into the power of an abominable and impious nation and (why) did you thus scatter the seed which you loved among the heathens; 29 and it was trampled underfoot like the dust of the earth, beneath their feet? 30 (If) you indeed hated your people because of the evil of their deeds, they ought to have been punished at your hands."

ծեռաց քոց խրատել: 31 Եւ եղեւ յորժամ ընդ նմա խաւսեի
զայս ամենայն, առաքեցաւ առ իս հրեշտակն որ յառաջն խաւսեցաւ
ընդ իս յանցեալ գիշերին, 32 եւ ասէ ցիս. Լուր ինձ եւ
ունկնդիր լեր, հայեաց եւ յաւելից ասել առաջի քո: 33 Եւ ես
ետու պատասխանի եւ ասեմ. Խաւսեաց տէր իմ, զի լուիցէ ծառայ
քո: Եւ ասէ ցիս. Ընդէ՞ր այդպէս զարմացեալ է սիրտ քո մինչ
պատահել զայդպիսի բանս ասել առաջի Բարձրելոյն. միթե դու
առաւել քան զԲարձրեալն սիրեցեր զԻսրայէլ: 34 Եւ ասացի.
Ոչ տէր, այլ առ վշտի խաւսեցայ, քանզի պահանջեն յինէն հանա-
պազ երիկամունք իմ, եւ խնդրեն հասու լինել շաւղաց Բարձրե-
լոյն, եւ քննել զմասն մի ի դատաստանաց նորա: 35A Եւ ասաց
ցիս. Որ ինչ ի վեր է քան զքեզ մի քններ, եւ զծածկեալն
յորդւոց մարդկանէ մի զններ, եւ որ ինչ ասացաւ քեզ՝ զայն
պահեա առ քեզ, եւ մի քններ զճանապարհս Բարձրելոյն զի մի
վրիպիցիս ի նմանէ, զի ոչ է քեզ պիտոյ վասն զաղտնեացն:
35B Եւ ասացի. Ապա ընդէ՞ր ծնայ, եւ ոչ եղեւ ինձ զերեզման
արգանդ մաւրն իմոյ, զի ոչ տեսեալ եի զկորուստն Յակոբայ եւ
զմահն Իսրայելի, եւ զլիութիւն հեթանոսաց, որք ոչ ճանաչեին

խրատիլ H W 31 յորժամ] իբրեւ W = Ψ | ընդ նմա / խաւսեի] ~ W = Ψ 32 ինձ] Ψ om H W 33 խաւսեաց] Ψ^m խաւսեսցի H W | ասէ] ասաց W | զարմացեալ է] H : cf Ψ զարհուրեցաւ W | մինչ պատահել] խորհել W = Ψ + քեզ W | բանս ասել] խորհուրդ W :cf Ψ | բարձրելոյն] աստուծոյ W | դու] H = Ψ om W | սիրեցեր] + դու W 34 վըշտի W | հանապազ] H = Ψ om W | ի] W = Ψrel om H = R C I Z 35A զծածկեալն] Ψ զծածկեալս H զկարծեալս W | մարդկանէ] H = T ի մարդկանէ W = Ψrel | զըններ W | որ 2°] զոր W | պահեա] պ over զ H° | վրիպեսցիս W | քեզ պիտոյ] ~ W = Ψ 35B մօր W | ոչ զմահն W | որք] որ W = Ψ | ճանաչեն W = Ψ | բռնադատիր

31 And it came to pass, as I was speaking all this with him, the angel who had spoken with me before, on the previous night, was sent to me. 32 And he said to me, "Listen to me and be attentive, observe and I shall speak further before you."

33 And I answered and said, "Speak, my lord, so that your servant may hear!" And he said to me, "Why is your heart so astounded as to come to say such words before the Most High? Did you love Israel more than the Most High?"

34 And I said, "No, lord, but I spoke in affliction, because my reins continually importune me and seek to understand the paths of the Most High, and to investigate one portion of his judgements."

35A And he said to me, "Do not investigate that which is above you, and do not examine that which is concealed from the children of men, and keep to yourself whatever is said to you, and do not investigate the paths of the Most High lest you stray from him, for you have no need of the hidden things."

35B And I said, "Then why was I born and (why) was my mother's womb not my tomb? For I would not have seen the destruction of Jacob and the death of Israel, and the fullness of the heathen who did not know God?" And he said to me, "Do not struggle

զԱստուած: Եւ ասաց ցիս. Մի բռնադատեր զիտել զանզէտսն. ահա
հարցից ցքեզ բանս մի, թե ասասցես ինձ: Եւ ասացի. Ասա ինձ:
36A Եւ ասէ. Ասա ինձ զթիւ ծնելոցն եւ մեռելոցն, եւ որ ենն
եւ որ լինելոցն իցեն, եւ որ մեռանելոցն իցեն: Պատմեա ինձ
զլայնութիւն ծովու եւ զբազմութիւն ձկանց, կամ զբարձրութիւնս
երկնից, կամ զգունդս աստեղաց, կամ զընթացս արեգական, կամ զգնա-
ցըս աստեղաց, կամ զկերպարանս հաստատութեան, կամ զընդարձակու-
թիւն երկրի, կամ զթանձրութիւն հողոյ: 36B Համարեա դու ինձ զթիւ
մազոյ մարմնոյ քո, կամ զքթթելական քո, կամ զլսելոյ զաւրութիւն,
կամ զտեսման բազմութիւն, զհոտոտելեաց պատրաստութիւն, կամ
զձեռաց շաւշափմունս, կամ զխաղալ երակաց. 36C կամ զոտից
զտցես զհետս, կամ շնչոյ զտեսիլ եւ զչափ, կամ զկերպարան,
կամ զգոյն, կամ զիմաստութեան զբոյն, կամ զթռչնոց զիմաս-
տութիւն, 36D կամ զընտրութիւն զեռնոց որ ի ցամաքի եւ որ
ի ջուրս միմեանց թշնամի են, զընթացս առանց ոտից, կամ զշնչել
հողմոյ: Եւ ամփոփեա դու ինձ զտարած եւ զփլո զշիթս անձրե-
ւաց, եւ ղալարեցո զցամաքեալ ծաղիկս: 37 Բաց դու ինձ

W = Ψ^m | քեզ W = Ψ | բանս] ս above eras H^0 բան W = Ψ
36A եւ որ ենն---մեռանելոցն իցեն] om W = Ψ | պատմեա] եւ
պատմեա դու W | զբարձրութիւն W = Ψ^m | կամ 2^0 4^0 6^0] եւ
կամ W | զըկերպարանս W | զընդյարձակութիւն W | զթան-
ձրութիւն] ն 1^0 above ln H^0 | հողոյ] H = Ψ հողմոյ W
36B քո 1^0] քոյ W | զքըթթել W | բազմութիւն] W զբազ-
մութիւն H | կամ 4^0 6^0] եւ կամ W | կամ զձեռաց շաւշափ-
մունս] W :cf Ψ om H 36C կամ 1^0 2^0 6^0] եւ կամ W |
շնչոյ] H = C I Z :cf Ψrel զաչաց W | զկերպարանս W = Ψ |
կամ զգոյն] H :cf Ψ եւ զգոյնս W | զհաւուց թռչնոց W = Ψ
36D կամ 1^0] եւ կամ W | թշնամիք W | են] + եւ W |
հողմոյ W | եւ 2^0] W = Ψ om H + կամ W | զփլուր W
| զշիթս] H = Ψ շիթս W | ղալարացոյ W :cf Ψ |
ծաղիկս] W = Ψ ծաղիկ H 37 շտեմարանս W = Ψ | մատոյ

to know those things which are unknown. Behold! Let me ask you (some) things, perhaps you can tell me (them)." And I said, "Tell me!"

36A And he said, "Tell me the number of those who are going to be born and going to die, and of those who are and who are going to be and who are going to die! Relate to me the breadth of the sea and the multitude of the fish, or the heights of the heavens, or the hosts of stars, or the circuits of the sun, or the orbits of the stars, or the forms of the firmament, or the breadth of the earth, or the weight of dust! 36B Reckon for me the number of the hairs of your body, or the blinking of your eye, or the power of hearing, or the multitude of sight, or the preparation of smell, or the touches of hands, or the running of veins! 36C Or will you find the imprints of feet, or the appearance and measure of breath, or its form, or its colour, or the nest of wisdom, or the wisdom of birds, 36D or the variety of creeping things which are on dry land and which are in the waters, which are hostile to one another, the runnings without feet; or the blowing of the winds? And gather for me the dispersed and scattered drops of rain, and make green the flowers which have withered. 37 Open for me

զաղխեալ զշտեմարանս երկրի եւ մատո ինձ որ ի նոսա արգելեալ
եւ փակեալ կան հողմք, կամ ցոյց ինձ զկերպարանս հողմոյ, կամ
զտեսիլ հոգւոց, եւ յայնժամ հասու լինիցիս շաւղաց Բարձրելոյն
եւ ծանիցես զընտրութիւն ճանապարհաց նորա: 38 Եւ զարմացեալ
եի ընդ բանսս այսոսիկ, եւ ասացի. Ով տէր տէր, եւ ո՞վ կարէ ի
մարդկանէ զայդ առնել կամ գիտել, եթե ոչ այն որ ընդ մարդկան
չէ իւր բնակութիւն: 40 Եւ ասաց ցիս. Որպէս ոչ կարես մի ի
նոցանէ առնել ինչ կամ ասել, նոյնպէս ոչ կարասցես զիմաստու-
թիւն Բարձրելոյն քննել, կամ գիտել զընտրութիւն ճանապարհաց
նորա, կամ զտանել զդատաստանս նորա, եւ զվախճան սիրոյ նորա
զոր խոստացաւ տալ սիրելեաց իւրոց, կամ առ ի նմանէ զքարիսն,
զոր ակն ոչ ետես եւ ունկն ոչ լուաւ եւ ի սիրտ մարդոյ ոչ
անկաւ եւ ոչ զմտաւ երբեք ած մարդ, զոր պատրաստեաց Աստուած
սիրելեաց իւրոց: 41 Պատասխանի ետու եւ ասեմ. Ահա զայս
որպէս ասացեր ցիս, որ սրբութեամբն ծառայեցին, եւ որք լինիցին
նմա հաճոյք, խոստացեալ է. մեք զի՞նչ գործեսցուք մեղաւորքս,
զի անաւրինեցաք յառաջ քան զգիտել զայս, եւ ահա երթամք անդր

W | որ 1^0] զոր W | նոսա] նմա W = Ψ | հողմք] ո above
ln H^0 | կամ 1^0 2^0] եւ կամ W = Ψ | հողմոյ] H = Ψrel
հողմոց W = L | զհոգւոց զտեսիլս W :cf Ψ | շաղացն բար-
ձրելոյ W | ճանապարհաց] H = Ψ շաւղաց W 38 եւ 1^0]
+ ես W | բանսս] բանս ընդ W | զայդ] զայս W |
զիտել կամ առնել W = Ψ 40 եւ 1^0] W = Ψ om H | ասաց]
ասէ W = Ψ | առնել ինչ] ∾ W = Ψ | կամ 2^0] եւ W = Ψ |
զընտրութիւն] զաւրութիւն W :cf Ψ | եւ 2^0] կամ W = Ψ |
իւրոց] + այս է եզրի ասացեալ որ պօղոս վկայ բերէ marg H^3:
cf 1 Cor 2:9 | կամ 4^0] եւ կամ W = Ψ | նմանէն W |
զքարիսն] զքարիս W | աստուած] H = Ψ̣ om W 41 ցիս]
ց over զ W^0 | սրբութեամբ նմա ծառացան W | որք] ոյք

the closed chambers of the earth and bring close to me the winds which are enclosed and shut up in them, or show me the form of a wind, or the appearance of souls, and then you shall understand the paths of the Most High and you shall know the variety of his ways.

38 And I was amazed at these words and I said, "O, lord, lord! Who of men can do or know that, if not he whose dwelling is not with men?"

40 And he said to me, "Just as you cannot do or say one of them, so you will be unable to investigate the wisdom of the Most High, or to know the variety of his ways, or to find out his judgements and the end of his love which he has promised to give to his beloved ones, or the good things from him which eye has not seen and ear has not heard and have not occurred to man and man has never considered, which God has prepared for his beloved ones."

41 I replied and said, "Behold, as you said to me, this has been promised to those who served with sanctity and those who will be pleasing to him. What shall we sinners do, for we acted wickedly before knowing this and, behold, we are going thither empty and devoid?"

ունայնք եւ սոսկք: 42 Եւ ասաց ցիս. Պսակի նման են իրաւ-
ունք նորա. որպէս ոչ նուազէ ի հեղգութենէ նորա, նոյնպէս ոչ
յառաջանայ յարագութենէ նորա: 43 Դարձեալ յաւելի եւ ասացի
ցնա. Ոչ կարէ առնել արդեաւք որք անցինն եւ որք կանն եւ որք
լինելոց են միանգամայն, զի վաղվաղակի անցցէ այս աշխարհ եւ
եկեսցէ ղատաստան, եւ իւրաքանչիւր ոք գիտասցէ եթե զինչ պատ-
րաստեալ է նմա: 44 Ետ պատասխանի հրեշտակն եւ ասաց ցիս.
Գիտեմ զի որոշեաց Բարձրեալն ըստ ժամանակի եւ ի ժամանակի
առնել որ լինելոց իցէ, եւ ոչ կարեն փութալ արարածք որպէս
սահմանեալն է ի Բարձրելոյն, քանզի եւ ոչ իսկ յանձն առնոյր
ամենայն միանգամայն: 45 Եւ ես ետու պատասխանի թե Զիա՞րդ
ասաց Բարձրեալն ղարձուցանել զամենայն մարդկեղէն արարածս. զի
թե ասաց թե զամենայն յարուսցէ զորս եւ զտցէ յայնմ ժամանակի,
զկենդանիս մեռելովք համդերձ, եւ յորժամ յարիցեն եւ զումա-
րեսցէ զամենեսեան եւ ընկալցի զամենեսեան յայն աշխարհ եւ
համբերիցէ, ընդէ՞ր այժմ այս աշխարհս ոչ կարաց ունել զամենե-

W | սոսկք] H = Ψ^m ոսկք W 42 ասաց] ասէ W = Ψ |
հեղգութենէ] H = Ψ զոհութենէ W | յարագութենէ] H = Ψ
յարդարութենէ W 43 կարէր W | արղաւք H | եւ որք
կանն] H = Ψ om W | են] իցեն W = Ψ 44 ասաց] ասէ
W = Ψ | ցիս] W = Ψ om H | ի ժամանակի] H = Ψ ըստ
ժամու W | զոր W | լինելոց] H = Ψ առնելոցն W |
սահմանեալ W | է] էր W = L | ի 2^0] om W = Ψ | իսկ
յանձն] ~ W = Ψ^m | զամենայն W = Ψ 45 ղարձոցանել W |
մարդկեղեն W | թե3^0] om W = Ψ | զամենայն 2^0] + միան-
գամայն W = Ψ | զորս] H = R զոր W = Ψrel | զկենդանիսն
W | մեռելօքն W | զումարեսցէ] նորոգեսցէ W = Ψ |
զամենեսեան 1^0] H = Ψ զամենայն W | համբերիցէ] H = D^0 L^0
R β համբարիցէ W = Ψrel | աշխարհս] աշխարհ W = Ψ |

42 And he said to me, "His judgement is like a crown. Just as it is not diminished by its slowness, so it does not advance by its swiftness."

43 Once more, again I said to him, "Indeed, can he not make those who have passed away and those who are and those who will be, at one time, so that this world may pass away without delay and judgement may come, and each man may learn what is prepared for him?"

44 The angel replied and said to me "I know that, according to the time the Most High has determined also to make that which is going to be in (its) time, and the creatures cannot hasten, just as has been fixed by the Most High; for it (scil. the earth) cannot sustain all at the one time."

45 And I replied, "How did the Most High say that he would restore all human creatures? For if he said that he will raise up, at that time, all whom he will find -- the living together with the dead -- and when they will rise up, he will gather them all together and receive them all into that world, and it will sustain (them), why now could this world not hold them all at one time?"

սեան միանգամայն: 46 Եւ ասաց ցիս. Հարց դու զարգանդ կնոջ
եւ ասա ցնա զի Եթե ծնանելոց իցես տասն, ընդէ՞ր զամենայն
միանգամայն ոչ ծնանիս, այլ մի ըստ միոջէ: 47 Եւ ասացի ցնա
թե Ոչ կարասցէ զայս առնել: 48 Ետ պատասխանի եւ ասէ ցիս.
նոյնպէս եւ երկիր ոչ կարէ զայս առնել, քանզի արգանդի նման է
եւ որոշեալ ժամանակաց, եւ հրամայեալ է ի հնազանդութեան կալ,
49 զի որպէս մանուկն ոչ կարէ ծնանել եւ ոչ յորժամ պառաւ է
կարէ ծնանել, նոյնպէս եւ ոչ երկիր յառաջ քան զժամանակն կարէ
առնել: 50 Ետու պատասխանի եւ ասեմ ցնա. Որովհետեւ զտի
շնորհս առաջի քո, հարցից ցքեզ քան միւս եւս, զի թե արդարեւ
արգանդ է երկիր եւ ի նմանէ եմք, այժմ մանուկ էր թե ծեր:
51 Եւ ասէ ցիս. Հարց զծնողն 52 եւ ասա թե Ընդէ՞ր զորս
ծնարն ոչ են նմանք առաջնոցն, այլ նուազք հասակաւ են եւ
տկարք զաւրութեամբ: 53 Եւ ասասցէ ցքեզ արգանդն թե Այլ
զաւրութիւն է որ ի մանկութեանն ծնանին եւ այլ որ ի ծերու-
թեանն: 54 Իմացիր եւ դու եթե եւ տկար էք քան զառաջինսն,
55 եւ որ յետ ձեր լինելոց են քան զձեզ, իբրու թե ահա ի
ծերութեան իցէ երկիր եւ անցեալ իցէ մանկութիւն իւր: 56
Ետու պատասխանի եւ ասեմ ցհրեշտակն. Խնդրեմ ի քէն տէր, մի

միանկամայն H 46 ասաց] ասէ W | զամենայն] զամենե-
սին W :cf Ψ 49 եւ ոչ յորժամ---ծնանել] Ψ om H W :hmt
| նոյնպէս] H = Ψ om W | ժամանակ W 50 ցնա] H = Ψ
om W | զքեզ W | մեւս W | արդարեւ om W | է] H = Ψ
էր W | այժմ] յայնժամ W = Ψ | մանուկ էր թե ծեր] W = Ψ
ծեր եթե մանուկ H 52 ծնար W 54 եւ դու] W = Ψ om
H | եւ 2°] om W = Ψ | տկարք W = Ψ | էք] + դուք H = Ψ
55 ձեր] H = Ψ ձեզ W | են] իցեն W | ահա] om W = Ψ
| մանզութիւն H մանկութիւնն W 56 տէր] Ψ om H W |

46 And he said to me, "Ask a woman's womb and say to it, 'If you have to bear ten (children), why do you not bear them all together, but one after the other?'"

47 And I said to him, "It will be unable to do this."

48 He answered and said to me, "Thus, too, the earth cannot do this, for it is like a womb and (its) times (are) determined and it has been commanded to be obedient. 49 For, just as a child cannot give birth, nor when she is an old woman can she give birth, so too the earth cannot act before the time."

50 I replied and said to him, "Since I have found grace before you, let me ask you one more thing. For, if indeed the earth is a womb and we are from it, now was it young or old?"

51 And he said to me, "Ask her who gives birth 52 and say, 'Why are those whom you bore (latterly) unlike the former ones, but lesser in stature and weaker in strength?' 53 And the womb will say to you, 'Those who are born in youth are (of) one strength and those who (are born) in old age of another.' 54 Consider too, that you are weaker than the former ones 55 and those who will be after you (will be weaker) than you as if, indeed, the earth were in old age and its youth had passed."

56 I replied and said to the angel, "I ask of you, lord, do not turn away (your) face from me, who

զերեսս դարձուցանիցես յինէն, որ հարցանեմս ցքեզ վասն բազմաց,
այլ հրամայեա եւս ուսանել ինձ ի քէն վասն որոյ կամիմ
հարցանել:

6:1A Եւ ասէ ցիս. Հարց որում ցանկայ անձն քո եւ ես
պատմեցից քեզ զորս պարտ է գիտել քեզ: 1B Եւ ես ասեմ. Աղա-
չեմ զքեզ, լուր ինձ երկայնամտութեամբ. հարքն մեր հաւատացին
երկայնամտութեամբ քանզի յայտնի ցուցանէր զինքն նոցա, Ենովքայ,
Նոյի, Աբրաամու, Իսաակայ, Յակոբայ, Մովսիսի, Ահարոնի, եւ
ամենայն սրբոց նորա: 1C Եւ յետ սոցա ամենեցուն, ունէր
ժողովուրդն զգիրս աւրինացն եւ ի նոցանէն ուսանեին առնել զկամս
Բարձրելոյն: 1D Իսկ այժմ ոչ Բարձրեալն յայտնի խաւսի եւ
սուրբքն փոխեցան անտի եւ կտակարանքն այրեցան. որպէ՞ս այս
անխրատ ժողովուրդ գիտասցէ զկամս Բարձրելոյն: 1E Ետ պատաս-
խանի եւ ասէ ցիս. Բարձրեալն եկեսցէ եւ արասցէ եւ ուսուսցէ,
բայց ժողովուրդս այս խստապարանոց է եւ անթլփատ ամենայնիւ եւ
թերահաւատ մինչ ի վախճան, զի եկեսցէ ի վերայ նոցա չար:
1F Եւ ասացի ցնա. Որպէ՞ս եկեսցէ Բարձրեալն կամ եր՞բ լինիցի
զալուստ նորա: 1G Եւ ասէ. Նախ յառաջ եկեսցէ յետ սակաւ

զերեսս դարձուցանիցես] ~ W = Ψ | եւս] om W = Ψ | ուսանել
ինձ] ~ W = Ψ | որոց W = Ψ | կամիմ] H = A K կամիմս W
= L R
1A ցանկայ] ցանկացեալ է W = Ψ | զորս] զամենայն որպէս
W | պարտն W | գիտել քեզ] ~ W = Ψ 1B ես] om W |
հարքն---երկայնամտութեամբ] om W :hmt 1C ամենեցունց W
| գիրս աւրինաց W | նոցանէ W 1D այրեցան] + եւ W
| որպէս] after ժողովուրդ W 1E մինչ ի վախճան]
մինչեւ ցվախճան W = Ψ^{m} 1F կամ] եւ կամ W = Ψ | լիցի
W = Ψ^{m} 1G ի] om W :haplgr 1H inc] + եւ W = Ψ |

am asking you about many things, but command me further to learn from you that concerning which I wish to ask."

6   1A And he said to me, "Ask what your soul desires and I will tell you those things which it is right for you to know."

1B And I said, "I beseech you, hear me patiently! Our fathers believed patiently, because he showed himself to them manifestly -- to Enoch, Noah, Abraham, Isaac, Jacob, Moses, Aaron, and all his holy ones. 1C And after all them, the people had the book of the Law and from it they learned to do the will of the Most High. 1D But now the Most High does not speak manifestly, and the holy ones have been removed from here, and the covenants have been burned: how shall this undisciplined people know the will of the Most High?"

1E He replied and said to me, "The Most High will come and act and teach, but this people is stiffnecked and uncircumcised in everything and of little faith until the end, for evil will come upon them."

1F And I said to him, "How will the Most High come, or when will his coming be?" 1G And he said, "First of all, he will come after a little time in

ժամանակի ի կերպարանս որդւոյ մարդոյ եւ ուսուցէ զծածկեալսն.
եւ անարգեսցեն զնա եւ ուրասցին եւ արասցեն իւրեանց չար: Եւ
յետ այնորիկ բազմասցին անաւրենութիւնք. 1H Մոլորեցուսցէ
զնոսա հոգին մոլորութեան հարթել զլերինս բարկութեամբ եւ
առնել նշանս որպէս թե զոմանս ի սրբոց մոլորեցուցանել:
1I Յետ այնորիկ դարձեալ Բարձրեալն եկեսցէ ի տեսիլ մեծ փա-
ռաց, եւ դադարեցուսցէ զհոգին մոլորութեան եւ թագաւորեսցէ նա
եւ հաստուսցէ սրբոց սրբութիւն եւ ամբարշտաց զանաւրենութիւն:
1J Յայնժամ ամենայն անաւրէն ազգք ժողովրդեան կոծեսցին եւ
ոչինչ աւգուտ լինիցի նոցա, քանզի ուրացան ի նմանէ: 1K Ահա
պատմեցի քեզ խորհուրդ ամենայն, եղիցի քեզ իբր կնիք: Վասն
այսորիկ ահա պատուիրեմ քեզ ունել ի մտի մինչեւ ի լնուլ ժամա-
նակացն. 1L քանզի պատրաստեաց Բարձրեալն յառաջ քան զլինել
բնակութեան երկրի, եւ յառաջ քան զկշռել զելս աշխարհիս այսո-
րիկ, եւ յառաջ քան զլինել բազմութեան աւդոց, 2 եւ յառաջ
քան զգոչել ձայնի որոտման, եւ յառաջ քան զլուսաւորական կարգս
աստեղաց, եւ յառաջ քան զհաստատել զյատակս դրախտին, 3 եւ
յառաջ քան զերեւել զեղեցկութեան նորա, եւ յառաջ քան զհզաւ-

հոգին] ոգին W | թե] + եւ W = Ψ | սրբոցն W
1I inc] + եւ W = Ψ | դարձեալ] om W = Ψ | դադարեցուսցէ]
H = Ψ^m կարկեսցէ W | սրբոցն W | ամպարըշտացն W
1J inc] + եւ W = Ψ | ազգք] W = Ψrel ազգ H = E C I Z
1K զխորհուրդս W = Ψ | իբրեւ զկնիք W = Ψ | այսորիկ]
որոյ W | պատուիրեմ քեզ] պատուիրեմք W | ունել]
+ քեզ W = Ψ^m 1L պատրաստէ W | յառաջ 1^0] ջ over ք
H^0 | երկիր] ր 2^0 over ք H^0 | յառաջ 2^0] նախ W |
աւդոց] ոգւոց W 2 յառաջ 1^0] վաղ W | զգոչել] W = Ψ^m
զլինել H | որոտմանց W = Ψ | եւ 2^0] om W | յառաջ 3^0]
նախ W 3 եւ 1^0] om W | յառաջ 2^0] նախ W | սաստ-

the form of a son of man, and he will teach hidden things: and they will dishonour him and they will be rejected and they will do themselves evil. And after that, acts of wickedness will increase; 1H the spirit of error will lead them astray, to flatten the mountains with anger and to work signs so as to lead astray certain of the holy ones. 1I After that, the Most High shall come again in a vision of great glory and he shall put an end to the spirit of error and he shall rule, and he shall requite the holiness of the holy ones and the wickedness of the impious. 1J Then all wicked families of the people shall lament and it will avail them nothing, because they were rejected by him. 1K Behold! I have told you every secret: let it be as a seal for you! Therefore, I command you to consider (it) until the times are completed. 1L Because the Most High prepared (it) before the existence of the dwelling of the earth, and before the weighing of the exits of this world, and before the existence of the multitude of the breezes, 2 and before the sounding of the noise of thunder, and before the shining orders of stars, and before the establishment of the pavements of the garden, 3 and before the appearance of its beauty, and before the strengthening of the power of earthquake,

88 ՍԱՂԱԹԻԷԼ ԵԶՐ 6:3–17B

րանալ սաստկութեանն շարժման, եւ յառաջ քան զգումարել զանթիւ
զունդս հրեշտակացն, 4 եւ յառաջ քան զբարձրանալ հաստատու-
թեան երկնից, եւ յառաջ քան զհիմն հաստատութեան ցամաքի, 5
եւ յառաջ քան զմտաւ ածել զաշխարհս զայս, եւ յառաջ քան
զկնքելն զվարձս հատուցմանն, որք զճշմարտութիւն հաւատոցն
պահեցին: 11 Ետու պատասխանի եւ ասեմ. Որովհետեւ զտի շնորհս
առաջի քո, 12 ցոյց ինձ զնշանն որ լինելոց է ի վախճան ժամա-
նակի: 13A Եւ ասէ ցիս. Որովհետեւ խուզես եւ քննես զճանա-
պարհս Բարձրելոյն, արի կաց ի վերայ ոտից քոց: 17A Եւ
յարեայ կացի, եւ ասէ ցիս. 13B Եթե լուիցես զձայն զոչման,
14 եւ եթե շարժեսցի տեղին յորում դու կայցես, 15 մի
երկնչիցիս, զի ի գլուխ ելանելոց է առ ի նմանէ բանն.
16 Դողասցէ երկիր եւ շարժեսցի առ ի խաւսել ընդ քեզ: Եւ
յետ խաւսելոյն իմոյ զայն, ահա փառքն Տեառն լուսաւորեին
զտեղին յորում կայի. 17B եւ անդէն ձայն եղեւ խաւսման, եւ
բարբառ նորա իբրեւ զձայն ամբոխի յոյժ եւ կամ որպէս ջրոց
հոսանաց բազմաց հեղեղատեալ ընդ զառիվայրս, եւ ասէ ցիս.

կութեանն շարժման] հաստատութեան նորա շարժմանց W :cf Ψ | եւ 3^{0}] om W | զգումարել] W զգումարելն H | հրեշտա-կաց W 4 յառաջ 1^{0}] նախ W | հաստատութեանն W | եւ 2^{0}] om W 5 յառաջ 1^{0}] նախ W | յառաջ 2^{0}] W = Ψ om H | զկնքել W | զճշմարիտ W | պահեցին] H = L պահիցեն W = Ψrel 12 զնշանն] W = Ψ զնշանսն H | վախճան] վաղ W | ժամանակաց W = Ψ 13A զճանապարհս բարձրելոյն] W = Ψ զայս H 14 դուն W | կայցես] W = Ψ նստիցիս H 15 երկընչիցիս W 16 զայն] զայս W = Ψ | լուսաւորեցին W | կայի] կային W = Ψ
17B անդէն] H = Ψm անդրէն W = K | խաւսման] խաւսելոյ W = Ψ | ջրոց] ed ջուրց H W | ընդ զառիվայրս] զառի-վայր ընթանայցեն W :cf Ψ | ցիս] սից W :cpt 18 ահա-

and before the gathering of the unnumbered cohorts of angels, 4 and before the elevation of the firmament of the heavens, and before the foundation of the firmament of dry land, 5 and before the consideration of this world, and before the sealing of the reward of recompense (of those) who observed the truth of faith."

11 I replied and said, "Since I have found grace before you, 12 show me the sign which is going to take place at the end of time!"

13A And he said to me, "Since you enquire into and investigate the ways of the Most High, arise, stand on your feet!"

17A And I arose (and) stood up, and he said to me, 13B "If you hear the sound of a cry, 14 and if the place upon which you are standing shakes, 15 do not fear; for his word is about to come to its fulfillment. 16 The earth will tremble and shake while you are being spoken with." And after I (sic!) had said that, behold, the glory of the Lord illuminated the place on which I was standing.

17B And then there was the sound of speech, and its voice was like the sound of a great multitude or like that of the waters of many streams cascading down a slope, and it said to me, 18 "Behold!

18 Ահաւասիկ եկեսցեն աւուրք յորժամ կամեցայց այց առնել
ընակչաց երկրի: 19 Տեսից զանիրաւութիւն անիրաւացն եւ
զանաւրենութիւն անաւրինացն եւ զուրացութիւն ուրացողացն եւ
որ զայթագղեցուցին զժողովուրդ իմ: Եւ յորժամ լցցին տառա-
պանք ծառայից իմոց, 20A եւ յորժամ կամիմ մերձեցուցանել
զվախճան այսր կենաց ձերոց, այս նշան եղիցի. սիրեսցի ստու-
թիւն եւ ծնցի նախանձ, զրզռեսցի անաւրենութիւն եւ ատեսցի
արդարութիւն, յաճախեսցի անժուժկալութիւն եւ խափանեսցի
զգաստութիւն, աճեսցէ պատերազմ եւ նուազեսցի խաղաղութիւն,
20B արհամարհեսցի ողորմութիւն եւ փառաւորեսցի ագահութիւն,
յաճախեսցին տառապանք սրբոց իմոց եւ բազմասցի ամբարշտացն
ամբարտաւանութիւն: 20C Վասն այսորիկ եղիցի ի տեղիս տեղիս
սով եւ շարժումն եւ ընկղմութիւն, եւ եղիցի նշան յերկնից եւ
ահաւիրք յաւդս երեւեսցին, եւ յերկրի նշանք ի բազում տեղիս:
21 Մանկունք տարեւորք խաւսեսցին եւ որ յղիքն իցեն ծնցին
⌜շնորհս⌝ եւ կեցցէ եւ զարգասցի: 22 Եւ յանկարծակի տեղիք
սերմանեալք առանց սերման ունայն գտցին. 24 եւ յարիցեն

ւասիկ] W = Ψ om H | եկեսցեն աւուրք] H = Ψ ~ W
19 զուրացութիւն] H = Ψ զուրացութիւնս W | ուրացողաց
H | զայթագղեցուցանէին W = Ψ | լըցին W^0 over illeg word
20A այսր] W = $Ψ^m$ այսմ H | յաճախեսցի] H = T յաճախեսցէ
W = $Ψ^m$ | սգաստութիւն H 20B ագահութիւն] + եւ W = Ψ |
յաճախեսցին] H = Ψrel յաճախեսցեն W = R P C Z | բազմասցի]
բարձրասցի W :cf Ψ 20C ընկղմութիւն] ed :cf Ψ ընկղմե-
ղութիւն H ընկըղմելութիւն W | ի յերկնից W | ահաւիրք]
հուր յաճախ W = Ψ + ի W | երեւեսցի W = Ψ | յերկրի]
+ եղիցին W = Ψ | բազումք ի տեղիս տեղիս W = $Ψ^m$
21 inc] + եւ W = Ψ | մանզունք H | խաւսեսցին] W = Ψ
մեռցին H | որ] H = $Ψ^m$ որք W = M S | յըղիքն W |
ծնցին] W = Ψ մի գտցեն H 22 գտցին] H = $Ψ^m$ գտանիցին

Days will come when I shall wish to visit the inhabitants of earth. 19 I shall see the injustice of the unjust, and the wickedness of the wicked, and the apostacy of the apostates, and those who made my people stumble. And when the suffering of my servants will be full 20A and when I wish to bring near the end of this life of yours, this sign shall take place: Falsehood shall be beloved and envy shall be born, wickedness shall be roused and justice shall be hated, incontinence shall increase and modesty shall be withheld, war shall grow and peace shall diminish, 20B mercy shall be despised and avarice shall be glorified, the suffering of my holy ones shall be increased and the pride of the wicked shall be multiplied. 20C Because of this there will be famine and earthquake and flood in various places, and there will be a sign in the heavens and fearsome things shall appear in the atmosphere, and on earth, signs in many places; 21 one-year-old children shall speak, and those who will be pregnant shall bear ⌈grace⌉ and it shall live and grow; 22 and suddenly sown places shall be found empty, without seed, 24 and cities shall rise

քաղաքք ի վերայ քաղաքաց եւ աւրէնք ի վերայ աւրինաց. որդիք
զհարս սպանցեն եւ եղբարք՝ զեղբարս, ազգք՝ զազգս, սիրելիք՝
զսիրելիս, տոհմք՝ զտոհմս. եւ եկեսցէ զաղտնի ապստամբութիւն,
զալով եկեսցէ յանուն իմ նոր նորոգմամբ անճառելի փառաց իմոց
եւ զաւրութեան եւ զբազումս զայթագղեցուսցէ եւ զաւրասցի եւ
որք հաւատան ի նա հնազանդեցուսցէ: Եւ յետ այնր նշանացեղի-
ցի եւ այս ի բազում քաղաքս եւ ի գեւղս եւ ի զաւառս, ղաղա-
րեսցեն ջուրք եւ մի գնասցեն յաւուրց այնմիկ եւ ի ժամս երիս:
20D Եւ յետ կատարելոյ նշանացս այսոցիկ ի վերայ երեսաց
երկնից զիրք բացցին եւ յայնժամ երեւեսցին փառք իմ: 26 Եւ
տեսցեն առ իս զթռուցեալսն ի բարձունս, զամենայն սուրբս իմ.
եւ ամենայն որ զտանի արժանաւոր ինձ, սա կեցցէ եւ փառաւորես-
ցի եւ լուսաւորեսցի առաւել քան զարեզակն. յայնժամ դարձցին
սիրտք բնակչաց աշխարհիս այսորիկ յայլ բարս. 27 եւ ջնջեսցի
եւ բարձցի չարն եւ անցցէ նենգութիւնն եւ յամաւթ լիցի թերա-
հաւատութիւնն, 28 եւ ծաղկեսցեն հաւատք, յայտնեսցի ճշմար-
տութիւնն որ կայր եւ մնայր մինչեւ ցայժմ առանց պտղոյ յայս-
չափ ամս, կորիցէ ստութիւն եւ երեւեսցի անապականութիւն եւ

W 24 սպանանիցեն W = Ψ | ազգք] D V B M S P T Z ազգ rel | զազգս] + եւ W | տոհմ զտոհմ W | զաղտնի] յայտնի W = Ψ | անուն W = Ψ | անճառ W = Ψ | զայթակղե-ցուսցէ H | չհաւատան W = Ψ | եւ 10^{0}] om W = Ψ | գեղս H զեաւղս W | զաւառս] + եւ W = Ψ | յաւուրսն յայնոսիկ W = Ψ^{m} | եւ 14^{0}] մինչեւ W = Ψ | ժամանակս W = Ψ
20D նշանացն այնոցիկ W | երկնից] երկրի W = Ψ 26 եւ զամենայն W | իմ] om W | արժանաւոր] արդար արժանի W = Ψ | սա կեցցէ] եկեսցէ W = Ψ 27 ջընջեսցի W | բարձրասցի W* բարձցի W^{0} | նենգութիւն W | թերահաւա-տութիւն W 28 ծաղկեսցեն] H = Ψrel ծաղկեսցին W = T | ճշմարտութիւն W | պտղոյ] W = Ψ պտղոց H | յայսչափ]

up against cities and laws against laws; sons shall kill fathers, brothers - brothers, peoples - peoples, beloved ones - beloved ones, families - families; and

Rebellion shall come secretly, he shall surely come in my name, with a new mutation of my indescribable glory and power; and he shall corrupt many and become mighty, and he shall subject those who believe in him. And after these signs, this (or: a wind) too shall be in many cities and in villages and in provinces, the waters shall stop and shall not go from those days even for three hours.20D And after the completion of these signs, books shall be opened upon the face of the heavens, and then my glory shall appear; 26 and they shall see those who fly to me on high, all my holy ones; and everyone who is found worthy of me shall live and shall be glorified and shall be brighter than the sun. Then the hearts of the inhabitants of the world shall be turned to a different wont; 27 and evil shall be destroyed and taken away, and deceit shall pass away, and faithlessness shall be ashamed, 28 and faith shall flower; the truth shall be revealed which until now remained without fruit for so many years, falsehood shall perish, and incorruptibility shall appear and corruptibility shall

վախճանեսցի ապականութիւն. եւ այնպէս եկեսցէ հասցէ կատարած
աշխարհիս: 29 Եւ զայս իբրեւ ասաց ցիս, իբրեւ զտեսիլ
փայլատակման երեւեցան մեզ փառքն Աստուծոյ եւ տեղին յորում
կայի շարժեցաւ սակաւ մի եւ սկսայ խռովել եւ ոչ կարացի հան-
դուրժել փառացն եւ ըմբռնեաց զիս երկիւղ: Եւ եկն հրեշտակն
եւ զաւրացոյց զիս 30 եւ ասաց ցիս. Մի երկնչիր եւ մի զար-
հուրիր, երանի է քեզ 32 զի գտեր շնորհս ի Հզաւրէն. գիտացի
զուղղութիւն սրտի քո եւ զսրբութիւն անձին քո, զոր ունեիր ի
մանկութենէ քումմէ, 33 եւ վասն այնորիկ արժանի եղեր բար-
բառոյն Աստուծոյ եւ խորհրդոյ ընդ երկար ժամանակաց: 31
Պահեա դու այլ եւս եւթն աւուրս եւ յայտնեսցի քեզ աւելի եւս
քան զայս: 35 Եւ եղեւ յետ այսորիկ պահեցի ⌜եւս⌝ այլ եւս
աւուրս եւթն, 36 եւ դարձեալ խռովէր սիրտ իմ եւ սկսայ ասել
առաջի Բարձրելոյն, 38 եւ ասեմ. Տէր Աստուած իմ, դու
արարեր զերկինս եւ զերկիր եւ զամենայն որ ի նոսա. 40 Դու
հրամայեցեր ծագել լուսոյ, որոշեցեր ի խաւարէ եւ կոչեցեր զնա
տիւ. եւ որ խանէր 41A ընդ բազմութեան ջրոց եւ ընդ երկրի
դու բաժանեցեր եւ որոշեցեր զերկիր ուրոյն մեկուսի. մասն մի

երկեղ H 30 ասէ W 32 ի հզաւրէն] W = Ψ յաստուծոյ H | քոյ 1^0 2^0 W | մանզութենէ H 33 այսորիկ W = R | խորհըրդոց W = Ψ | երկար] W = Ψ յերկար H 31 աւուրս եաւթն W = Ψ | աւելի] H = Ψ^m առաւել W 35 եւս այլ եւս աւուրս եւթն] զեաւթն աւրն W = Ψ 36 սիրտ իմ խռովեցաւ W :cf Ψ | սկսա W 38 եւ ասեմ] W = Ψ om H 40 լուսոյ] + եւ W 40-41A եւ որ ընդ բազմութիւն ջուրցն խաներ ընդ երկրի W 41A մեկուսի] + եւ W | H = Ψ^m զայսչափ H* այսչափ W = R β| անապանութիւն H* ակ marg H^2 | եւ 4^0] om W = Ψ | աշխարհի H 29 զտեսիլ փայլատակման] H :cf Ψ զփայլակն W | մեզ] H :cf Ψ om W | շարժէր փոքր մի W :cf Ψ | խռովել] om W : lacuna |

come to an end; and thus the end of this world shall arrive."

29 And when he had said this to me, the glory of God appeared to us like a vision of brightness. And the place on which I was standing shook a little, and I began to be disturbed and I was unable to bear the glory and fear seized me. And the angel came and strengthened me 30 and said to me, "Fear not and be not afraid. You are blessed 32 for you have found grace from the Almighty. I have known the uprightness of your heart and the sanctity of your soul, which you have had from your youth. 33 And because of that, you were worthy of the word of God and of the secret of lengthy times. 31 Fast yet another seven days, and even more than this shall be revealed to you."

35 And it came to pass after this, I fasted yet another seven days. 36 And again my heart was disturbed and I began to say before the Most High 38 and I said, "Lord, my God, you made the heavens and the earth and everything which is in them, 40 you commanded light to shine, you separated (it) from darkness and you called it day. And that which was mixed 41A with the multitude of waters and with the earth you divided; and you distinguished the earth, separately. One part of the waters you set apart in the lower

96 ՍԱՂԱԹԻԷԼ ԵԶՐ 6:41A-44

ջրոց յանդունդս ներքինս որոշեցեր եւ հաստատեցեր զերկիր ի
վերայ նորա, եւ մասն մի ի վերոյ քան զերկինս կացուցեր, որոյ
ի ներքոյ ի նմանութիւն ծեղուան ծգեցեր եւ սահմանեցեր զհաս-
տատութիւնն: 41B Եւ որ մնացեալ էր ժողովս ջրոցն աւազով
պարսպեցեր եւ արգելեցեր, քանզի յառաջ եին խառն ընդ միմեանս,
յորոյ վերայ հոգին շրջէր եւ խաւար ունէր եւ չեւ եւս երեւէր
երկիր, քանզի բարբառ մարդոյ չեւ եւս էր: Հրամայեցեր մատ-
չել ճառագայթից լուսոյ, որով երեւեսցին գործք քո զարմանա-
լիք. այս յառաջնում աւուրն: 42 Իսկ յերկրորդում աւուրն
զհաստատութիւն երկնից անջրպետեցեր եւ բարձրացուցեր ի բար-
ձունս եւ հրամայեցեր ջրոցն ներքնոց մասին միոյ անջրպետել
ի միմեանց, զի մասն մի նորա ի վեր վիճակեսցի եւ մասն մի ի
խոնարհ մնասցէ: 43 Դարձեալ յերրորդում աւուրն որ մնաց
զերկիր հաստատեցեր, բղխել ի նմանէ զբանջար սերմանց եւ զծաղ-
իկ խոտոյ եւ տունկ ծառոյ պաղաբեր: 44 Եւ բղխեաց երկիր ազգի

ջրոց2^0] ի ջրոցն W | եւ հաստատեցեր] հաստատել W = Ψ | զերկիր] զ over գ W^0 | ներքոյ նմանութիւն ծեղուան ծգե-ցեր եւ հաստատեցեր զհաստատութիւնն W :cf Ψ 41B մնացեալն W | ջրոցն] ed ջուրցն H ջուրց W | պարըսպեցեր W | արգելեր W = Ψ | խառնակ W = Ψ | յորոյ վերայ] W = Ψ յորոց H | խաւար ուներ եւ հոգին շրջեր H | ունէր] + անչափ W = Ψ | երեւէր] էր W = Ψ | ճառայգայթից W | այս յառաջնում աւուրն] om W = Ψ 42 զհաստատութիւնն W | ջուրցն H | ներքնոց] W = Ψ վերնոց H | միմեանց] W = Ψ միմեանս H | վիճակեսցի] անջրպետեսցի W = Ψ | մի 2^0] + նորա W = Ψ 43 inc] + եւ W = Ψ | յերրորդում] W^0 = Ψrel երրորդ H յերկրորդում W* = A | բխել H բըղխել W | նմաէ W :cpt | սերմանեաց W | զծաղիկս խոտոց W = Ψ | զտուկս ծառոց պտղաբերս W :cf Ψ 44 բխեաց H | երկիր] om W = Ψ | ազգի ազգի] H = J R C I T զազգի

depths and fixed the earth upon it, and the other part you established above the heavens below which, like a ceiling, you stretched and delimited the firmament. 41B And you circumvallated the gathering of the waters which remained and held (it) back with sand; for previously they were a mixture with one another, over which the spirit was moving and which was dark; and the earth had not yet appeared because the word of man did not yet exist. You commanded the rays of light to come forth, by which your wondrous acts might be seen. This (was) on the first day.

42 "But on the second day you separated the firmament of the heavens and elevated it on high and you commanded the lower waters that one part should separate from another, so that one part of them might take up its lot above and the other part might remain below.

43 "Again, on the third day (in?) that which remained, you established the earth, to bring forth from it herbs for grain and flowers of grass and plants of fruit-bearing trees. 44 And the earth brought forth a diverse multitude, grain as the

ազգի բազմութիւնն, սերմանս ի կերակուր զաւրութեան եւ զհոտ
անոյշ ի քաղցրութիւն քմաց եւ զպտուղ ծառոյ յանոյշ ճաշակս:
45 Ի չորրորդում աւուրն հրամայեցեր արեգական լինել եւ
լուսաւորել եւ սնուցանել զաճումն եւ զբղխումն երկրի· նոյն-
պէս եւ լուսինն լուսաւորել զխաւար գիշերոյ եւ մեկնել փոփոխ-
մունս ժամուց եւ ընթացս ժամանակաց: 47 Իսկ ի հինգերոր-
դում աւուրն ասացեր բղխել երկրի զեռունս կայտառ շունչ կեն-
դանի եւ զթռչունս ազգի ազգի, եւ եղեւ բազմութիւն կերպարա-
նաց կարգեալ գեղեցիկ գունովք եւ ազգի ազգի տեսլեամբք առ
ընտրութիւն: 48 Նոյնպէս եւ ծով բղխեաց զբազմութիւն ձկանց,
զմեծամեծս ի նոցանէ վայելել կերակրով յազման եւ զմանունս
ի քաղցրութիւնական երթալոյ: 53 Եւ դարձեալ ի վեցերորդում
աւուրն բանիւ հրամանի քո բղխեաց երկիր զչորքոտանիս,
զսողունս եւ զթռչունս: 54A Եւ յետ սոցա զտէրն տերունական
ձեռաւք ստեղծեր զմարդն, եւ նման քաղաքի տնկեցեր զդրախտն եւ

ազգի W = Ψrel | բազմութիւնն] W :cf Ψ om H | սերմանիս W :cf Ψ | զօրութեանց W = Ψ | զհոտս W = Ψ | անուշ H | զպտուղս ծառոց W = Ψ | յանուշ H | ճաշակս] W = Ψrel ճաշակաց H = S 45 inc] + եւ W = Ψ | չորրորդում] H = Ψ չարաղիմ W | արեգականն W | եւ1^{0}] ի W | լուսաւորել 1^{0}---լուսինն] om H :hmt | զփոփոխմունս W = Ψ | ընթացս] H = T զընթացս W = Ψrel 47 բխել H բըխել W | բղխել երկրի] ~ W = Ψ | զեռունս] W = Ψ զեռուն H | թռչունս W = Ψ | ազգի ազգիս W = Ψ | եղեւ] + ի H | բազմու-թիւնն W | տեսլեամբ W 48 նոյնպէս] H = D* V β այն-պէս A սոյնպէս W = Ψrel | բխեաց H բըղխեաց W | բազմութիւն W = Ψ | վայելել] H = R ի վայելել W = Ψrel | զմանունս] H = Ψ^{m} զքաղցունս W |ական] W ակն H 53 եւ1^{0}] W = Ψ om H | վեցերորդումն W | հրամանաւ քով W = Ψ | բխեաց H բըղխեաց W 54A զտէրն] W = Ψrel տէրն H = M S | ստեղծեր] W = Ψ^{m} ստեղծ H | ի նման W

nourishment of strength and fragrant smells for the sweetness of the palate and the fruit of the trees for sweet eating.

45 "On the fourth day you commanded the sun to exist and to illuminate and to nourish the growth and that put forth by the earth; likewise, also to illuminate the darkness of night and to distinguish the changes of hours and the successions of times.

47 "But on the fifth day you said to the earth to bring forth the crawling animals (which possess) a breath of life, and the various kinds of birds. And a multitude of forms became ordered, arranged by beautiful colours and by various sorts of appearances, for variety. 48 In the same way the sea too brought forth the multitude of fish, the large ones among them to serve as satiation by being eaten and the small ones for the eye's pleasure in their movement.

53 "And again, on the sixth day, by the word of your command the earth brought forth the quadrupeds, the reptiles and the birds. 54A And after these, with a lordly hand, you created their master, man; and you planted Paradise like a city and you

եղիր զնա ի ներքս: 54B Եւ որպէս ոք որդւոյ իւրում զամե-
նայն ինչ առաջի արարեր ի վայել նմա եւ ի քաղցրութեան եւ ի
փափաքման, այնպէս ամենայն կերպարանաւք զարդարեցեր զդրախտն
եւ իբրեւ ժառանգորդի ի ձեռս ետուր որ ի հողոյ ստեղծեր եւ
շնչով կենդանացուցեր: 54C Եւ ի կողից նորա զկինն ստեղ-
ծեր բնակել ընդ նմա, խաւսակից լինել նմա, յարգաստէր ազգի
մարդկան. զարդարեցեր զնա կամաւք մարդկան, իշխան եւ թագա-
ւոր ամենայն իրի որ ի քէն եղեալ եին ի վերայ երկրի կացու-
ցեր զնա: 54D Այլ եւ յերկրաւոր սպասուէ ոչ արարեր զնա
կարաւտ, եւ իբրեւ զգիր պատուոյ եւ ընտրութեան ետուր նմա
զպատուիրանն, զոր ընկեց ի ձեռաց: Ել ի դրախտէն փափկութեան,
աւտարացաւ յանապականութենէն, արժանի եղեւ աշխատութեան,
հրամանաւ ի մահու ձեռս մատնեցաւ. հող էր եւ ի հող դարձաւ
եւ ի նմանէ ամենեքեան սերմանեցաք: 55 Զայս ամենայն ասացի
առաջի քո, 56 զի ասացեր զհեթանոսաց թե ոչինչ են եւ յոչինչ
համարեցին եւ նմանեալ են փշրեալ ապակւոյ եւ շթոց անաւգուտ
անձրեւի: 57 Զիա՞րդ իշխեն հեթանոսք ժողովրդեան քում

W = Ψrel | ժառանկորդ որդիս H :dittog | զոր W = Ψ
54C զկին նորա W = Ψ | բնակիլ H | նմա1^{0}] + եւ W = Ψ |
լինել նմա յարգաստէր] յարգահատել W = Ψ | մարդկան 1^{0}]
+ եւ W = T | մարդկան 2^{0}] ազատութեան եւ յօժարութեան W = Ψ
| ամենայն իրի] ի վերայ ամենայնի W = Ψ 54D սպասուէն
W | զգիր] H = E զգիրս W = Ψrel | ընտրութեան] H = Ψ
զօրութեան W | զպատուիրանն] W = Ψ զպատուիրանս H |
եւ ել W = Ψ | եւ արժանի W = Ψ | եւ հրամանաւ W | մահու
ի ձեռս W | ամենեքեան մեք մարդիք W = Ψ 56 հեթանոսաց
H | ոչինչ են] չեն ինչ W = Ψ^{m} | անձրեւաց յանօգուտ W
= Ψ^{m} 57 զաւակի ծառայի] ծառայի T զծառայի W = Ψrel
= Ψ | տընկեցեր W 54Bոք] W = Ψ om H | վայելել
W = Ψ | նմա] om W | փափազման W եւ4^{0}] H = A om

placed him within. 54B And like someone for his
son, you produced everything for enjoyment for
him, both in sweetness and in pleasure. So you
decorated Paradise with all forms and you gave it
as a heritage into the hands of him whom you created
from dust and vivified by breath. 54C And from his
ribs you created the woman to dwell with him, to be
a companion for him, a fabricator of the race of men.
You adorned him with human will; you set him up as
ruler and king of everything which, through you,
had come into existence upon the earth. 54D But
you did not make him needful of any earthly instru-
ment and like a glorious and choice writing you
gave him the commandment, which he cast from (his)
hands. He went forth from the Paradise of delight;
he was alienated from incorruptibility; he became
deserving of toil; by a command he was delivered
into the hands of death. He was dust and he
returned to dust and from him we were all begotten.

55 "I have said all this before you, 56 for
you said concerning the heathen that they are nothing
and will be reckoned as nothing and are likened
to shattered glass and to useless drops of rain.
57 How do the heathen rule over your chosen people

ընտրելոյ եւ զաւակի ծառայի քում Աբրաամու կոխել զզաւակ
58 ժողովրդեան քո, զոր կոչեցեր ընտրեալ, զոր սեպհականեցեր
եւ անուանեցեր քեզ, որում խոստացար տալ վիճակ ժառանգութեան
զերկիրն բարի եւ զաւետեաց. մատնեցեր ի ձեռս անպիտան հեթա-
նոսաց զժողովուրդն եւ զերկիրն խոստմանց, 59 զի եթե
ժողովրդեան քում խոստացար տալ, զիա՞րդ հեթանոսք, որք ոչ
ընկալան զաւետիսն, առին զնա ի վիճակ ժառանգութեան, եւ մեք
ի պանդխտութեան զերի վարեալք հնազանդիմք ընդ նոքաւք եւ
իշխեն հեթանոսք ի վերայ մեր:

7:1 Եւ եղեւ իբրեւ կատարեցի զբանս զայսոսիկ, առաքե-
ցաւ առ իս հրեշտակն այն որ յառաջ խաւսեցաւ ընդ իս, 2 եւ ասէ
ցիս. Եզրա, արի եւ լուր զոր խաւսելոցս եմ ընդ քեզ: 3 Յոտն
կացի եւ ասեմ. Խաւսեաց: Եւ ասէ ցիս. Ծով եթե կացցէ
յընդարձակի տեղւոջ 4 եւ մուտ իւր իցէ նեղ, զի իցէ նա խոր
եւ նեղ գետոյ նման. 5 թե ոք կամիցի մտանել ի ծովն եւ
տիրել ի վերայ նորա, ապաքէն թե ոչ նախ ընդ նեղն անցանիցէ,
զիա՞րդ կարիցէ մտանել ի լայնութիւն նորա: 6 Եւ կամ ղար-

58 ժողովրդեան] եւ զժողովուրդ W = Ψ | զոր] + ընտրեցեր
եւ W = Ψ | զոր 2^{0} ---քեզ] W om H | վիճակ] H = C P I Z
ի վիճակ W = rel | ժառանգութեան---վիճակ (vs 59)] om W :
hmt 59 զի եթե] զոր H | զիարդ] Ψ արդ H |
զաւետիսն] զաւրէնս Ψ | պանդըխտութեան W | վարեալք]
W = Ψ վարիմք H | հեթանոսք 2^{0}] om W = Ψ
1 յառաջն W = Ψ 2 ցիս] W = Ψ om H 3 յոտն կացի]
H :cf Ψ om W | կայցէ W = Ψ | յընդարձակի] Ψ^{m} ընդ
յարձակի H յընդարձակ W 4 մուտն W | իւր] W = Ψ
om H | իցէ 2^{0}] եղիցի W = Ψ 5 ապքէն W* | անցանիցէ]
+ ոչ կարէ տիրել ի վերայ նորա եթե ոչ նախ ընդ նեղն անցանի-
ցէ W | ի 3^{0}] W = Ψ ընդ H 6 ամենայն զարղաւք եւ]

and the seed of your servant Abraham, to trample the seed 58 of your people whom you called chosen, whom you took as your own and named for yourself, to whom you promised to give a portion of inheritance, the good land of promise? You delivered the people and the promised land into the hands of reprobate heathen. 59 For, if you promised to give (it) to your people, how have the heathen, who did not receive the promise, taken it as a portion of inheritance and, led into exile in sojourning, we are subject to them; and the heathen rule over us?"

7 1 And it came to pass when I finished these words, that angel who had previously spoken with me was sent to me 2 and he said to me, "Ezra, rise up and hear what I am going to speak with you!"

3 I stood up and said, "Speak!" And he said to me, "If there was a sea in a broad place 4 and its entrance was narrow, for it was deep and like a narrow river, 5 if someone wanted to enter the sea and to rule over it, then if he did not first pass through the narrow, how could he enter its broadness? 6 Or again, (if there was) a town

ծեալ յաւան քաղաք մի զարղարեալ եւ գեղեցկացուցեալ ամենայն
զարղաւք եւ ամենայն բարեաւք, 7 եւ մուտ նորա իցէ նեղ եւ
նուրբ եւ դժուարտեղիք, իբրեւ թե յաջմէ կողմանէ հուր եւ ի
ձախմէ կողմանէ ջուր խոր յոյժ, 8 եւ ճանապարհ մի միայն
անցանիցէ ընդ մէջ հրոյն եւ ջրոյն, մինչ այլում ումեք ոչ
լինել տեղի բայց միայն շաւիղ ոտից մարդոյ. 9 թե տալով
տացի քաղաքն այն ի ժառանգութիւն մարդոյ, եւ եթե որ կամիցի
զնա ժառանգել ոչ անցցէ ընդ նեղն, ոչ կարէ ըմբռնել զժառան-
գութիւնն: 10 Եւ ես ասացի թե Այդ այդպէս է: Ետ պատաս-
խանի եւ ասէ ցիս. Ըստ սմին աւրինակի տացի Իսրայելի մասն
ժառանգութեան, 11 զի վասն մարդկան արար Աստուած զաշխարհս
զայս, եւ ելից զսա ամենայն բարութեամբ, եւ ետ նոցա աւրէնս
որով վարժեսցին եւ թագաւորեսցեն թագաւորութիւն բարի եւ
զգաստ եւ ամբիծ. իսկ նոքա ոչ պահեցին այլ մերժեցին զնա եւ
Բարձրեալն եղ ի մտի մերժել զնոսա որ ապստամբ եղենն ի նմանէ:
12 Վասն այնորիկ մուտք աշխարհիս այսորիկ նեղ են եւ դժուա-

om W = Ψ | բարեւք H բարեոք W 7 իբրեւ] իբրու W
= Ψ^{m} | կողմանէ 1^{0}] H = L կողմանէ իցէ W = Ψrel |
ձախմէ] W = Ψ ձախու H 8 ընդ մէջն անցանիցէ W = Ψ |
մի մինչ W :cf Ψ | ոչ] om W = Ψ | ոտին W = Ψ
9 թե---եւ] om W = Ψ :hmt | եթե] + ոչ W = Ψ | կամիցէ
W | անցանիցէ W = Ψ | ոչ] om W | ըմբռնել W
10 ասացի ես W | այդ] om W = Ψ :haplgr or dittog | սմին]
նմին W = Ψ 11 եւ ետ նոցա] H = Ψ ետ մարդկան W |
վարժեսցին] վարեսցին W = Ψ | թագաւորեսցեն] -եսցեն over
eras W^{0} | սզաստ եւ անբիծ H | բարձրեալ W | որ] H
= Ψrel որպէս W = L R | ապըստամբ W | եղեն W |
նմանէն W 12 այնորիկ] H = R այսորիկ W = Ψrel |
մուտ W = Ψ | աշխարհիս] W = Ψ | ճանապարհացս H | նեղ]
W խիստ H = Ψ | դժուարին] W = Ψ դժուարինք H |

decorated and beautified with all decorations and all good things 7 and its entrance was narrow and thin and rough, as if (there was) fire on the right side and very deep water on the left side, 8 and only one path passed between the fire and the water, so that there was not room for anyone else, but only a path for a man's feet; 9 if that city will be indeed given to a man as an inheritance, unless he who should wish to inherit it passes through the narrow (place), he cannot take up the inheritance."

10 And I said, "That is the case." He replied and said to me, "Similarly, a portion of inheritance will be given to Israel. 11 For God made this world for the sake of men, and he filled it with every produce and he gave them the Law by which they might be educated and rule a good and modest and blameless kingdom; but they did not observe (it), but abandoned it (or: him) and the Most High decided to abandon those who had revolted against him (or: it). 12 Because of that, the entrances of this world are narrow and

րին, խիստ եւ լի տառապանաւք: 13 Զի թե նախ մտցեն ընդ նեղ
եւ ընդ նուրբ շաւիղ աշխարհիս այսորիկ 14 եւ մտեալք չեր-
կայնամտիցեն , ոչ ընկալցին զպատրաստեալ նոցա զբարիսն, որ
յառաջ քան զայս աշխարհս: 15 Բայց դու մի շփոթիր զի մահ-
կանացու ես 16 եւ մի խռովիր զի ապականելոց ես, այլ հպեալ
առ մաւտաւորդ դիր ի սրտի քում եւ որ առ յապայ լինելոց է:
17 Եւ ասացի. Ապա ուրեմն արդարք ժառանգեսցեն զբարիս եւ
վասն այնորիկ բարիոք համբերեն անցանել ընդ նեղ եւ ընդ
նուրբ ճանապարհն: 18 Իսկ որք տկարքն են եւ սրբութեամբ
զկեանս իւրեանց ոչ կեցին եւ զփորձ նեղութեանց ոչ զիտեն, ի
մշտնջենաւոր բարութեանցն հեռացան: 19 Եւ ասէ ցիս. Եւ ես
քեզ ասեմ. ոչ ես դու լաւ քան զԲարձրեալն եւ ոչ քաղցր
իբրեւ զԱստուած եւ ոչ մարդասէր քան զնա: 20 Կորիցեն որ
անցանեն զպատուիրանաւն Տեառն քան թե արհամարհեսցին աւրէնքն
Աստուծոյ: 21 Պատուիրելով պատուիրեաց Աստուած մարդկան
եթե զի՞նչ արասցեն եւ կեցցեն եւ թե զի՞նչ պահեսցեն եւ մի

խիստ] W om H = Ψ | լի] + են H 14 չերկայնմտիցեն
W | բարիսն W = Ψ | քան զաշխարհս էր W = Ψ^m
15 շփոյթիր W 16 հպեա W = Ψ | առ1^0] ի W | մաւտա-
ւորն W + եւ W = Ψ | սրտի] om W | եւ2^0] om W = Ψ |
որ] զոր ինչ W | յապայն W | է] իցէ W = Ψ 17 եւ1^0]
+ ես W = Ψ | ուրեմն] W = Ψ om H | ժառանգեսցեն] H
= B T ժառանգեն W = Ψrel | այսիկ W | բարւոք W |
անցանել] մտանել W = Ψ | նուրբ] + eras 2 lett H
18 որք] H = D* V G β որ W = Ψrel | կեցին] անցուցանեն
W = Ψ | նեղութեան W = Ψ | զիտէին W = Ψ | մըշտըն ∇ ջե-
նաւոր W 19 ասեմ] + եթէ W = Ψ | ոչ2^0] om H |
քաղցր] ղ over ն W^0 | իբրեւ] քան W = Ψ | քան2^0]
H = E D* L* C P^0 I Z T իբրեւ W = Ψ^m 20 կորիցեն]

difficult, hard and full of suffering. 13 For if they will first enter upon the narrow and thin path of this world, 14 and having entered, they are not longsuffering, they will not receive the good things which have been prepared for them, which existed before this world. 15 But you, be not disturbed because you are mortal, 16 and be not upset because you are corruptible, but having attained that which is close, consider also that which will be in the future."

17 And I said, "Then, therefore, the just will inherit the good things and on that account they sustain well the passage through the narrow and thin path. 18 But have those who are weak and did not live their lives with holiness and know not the trial of afflictions become distant from eternal goodnesses?"

19 And he said to me, "I also say to you. You are not better than the Most High nor as sweet as God nor more loving of man than he. 20 Let those who transgress the commandment of the Lord perish rather than the Law of God be despised. 21 The Most High assuredly commanded men what they should do to live and what they should observe not to be punished.

տանջեցին: 22 Իսկ նոքա յամենայնէ հրաժարեցին եւ ի վերայ
այսր ամենայնի ասացին թե Ոչ Բարձրեալ է եւ ոչ հատուցումն
բարեաց եւ չարեաց գործոց. զճանապարհս իւրեանց խոտորեցին
24 եւ զաւրէնս նորա մերժեցին եւ զհրամանս նորա անարգեցին
եւ ուրացան զուխտն նորա եւ ի բանից սրբոց նորա թերահաւա-
տեցին եւ զընտրեալս նորա արհամարհեցին: 25 Վասն այսորիկ
լուր դու Եզր, ունայնութիւն ունայնից եւ լիութիւն լիոց:
26 Ահա եկեսցէ ժամանակ յորում եղիցի նշանն որ յառաջ ասացաւ
քեզ, յայտնեսցի եւ քաղաքն որ այժմ ոչ երեւի եւ ամենայն
ծունր ի վերայ երկրի սողեսցի. 27 Եւ ամենայն որ զտցի
ամբիծ տեսցէ զփառս Բարձրելոյն: 28 Յայնժամ երեւեսցի
աւծեալն Աստուծոյ յայտնի մարդկան եւ ուրախ արասցէ զմնացեալ-
սն ի հաւատս եւ ի համբերութեան: 32 Եւ ամենեքին կանգնես-
ցին որ թաղեալն են յերկրի ձայնիւ Տեառն 33 եւ կացցեն
առաջի Հզաւրին ի դատաստան եւ եկեսցեն հասցեն կեանքն որ ոչ
երեւին. 34 եւ անցցէ ապականութիւն եւ ղաղարեսցէ ողորմու-
թիւն եւ պարապեսցին զթութիւնք եւ խափանեսցին դրունք ապաշ-
խարութեան. յինքն ամփոփեսցի երկայնմտութիւն եւ՝ հաւատք
ցուցցեն զպտուղ իւրեանց. 35 եւ զհետ գործոցն վարձք իւր

+ յոյժ H 21 եւ2°] om W = Ψ | պահիցեն W 22 իսկ--հրաժարեցին] H = Ψ om W :hmt | ասացին] W = Ψ ասացի H | բարձրեալն W | եւ3°] + ոչ H :dittog 24 զուխտ W | եւ զընտրեալս նորա արհամարհեցին] W = Ψ om H :hmt 25 ունայնութիւն] W = Ψm ունայն H 26 նշանն] W նշան H | յառաջն W | եւ1°] om W = Ψ 28 համբերութեան] W = Ψ համբերութիւն H 32 ամենեքեան W | կանգնեսցին] after յերկրի W | թաղեալ W 33 հզաւրին ի դատաստան] հզաւր դատաւորին W = Ψ | հասցեն] + նոցա H 34 պարապեսցին] H = G պարապեսցեն W = Ψrel | զպտուղ] H = Ψrel զպտուղս W = T 35 գործոց W | արդարութիւնն ծաղկեսցէ

22 But they renounced everything and in addition to all this, they said that the Most High does not exist nor does the requital of good and of evil deeds. They perverted their paths 24 and they abandoned his Law and they despised his commandments and they rejected his covenant and they disbelieved his holy words and they dishonoured his elect ones. 25 Because of this, hear Ezra! Emptiness to the empty and fullness to the full!

26 "Behold, a time will come when that sign which was predicted to you will come to pass, and the city which is now unseen will be revealed, and every knee will crawl upon the earth, 27 and everyone who will be found blameless shall see the glory of the Most High. 28 Then God's anointed will appear manifestly to men and he will make those happy who persisted in faith and in patience. 32 And through the voice of God all those who were buried in the earth shall arise 33 and stand before the Almighty for judgement. And the life which is unseen shall arrive, 34 and corruptibility will pass away and compassion will come to an end, and mercies will become superfluous and the gates of penitence will be blocked; long-suffering will be gathered to itself and faith will show its fruit. 35 And after deeds -- their rewards; and justice will

եւ արդարութիւն ծաղկեսցի: 36 Եւ յայնժամ երեւեսցի տեղի
հանգստեան սրբոցն եւ ճշմարիտ դրախտն փափկութեան, եւ դէմ
յանդիման սոցին բովք հրոյ եւ տանջանք յաւիտենից եւ որդնն
անմահ զոր պատրաստեալ է անաւրինաց եւ ամբարշտաց: 37 Եւ
յայնժամ ասիցէ Բարձրեալն ցարդարսն. Տեսէք զտեղին հանգս-
տեան ձերոյ, զոր պատրաստեալն էր ձեզ ի սկզբանէ արարածոց,
եւ մտէք այսուհետեւ, հանգերուք եւ խայտացէք իբրեւ զորթս
արձակեալս ի կապոյ: Ասացէ ցամբարիշտսն եւ ցանաւրէնսն.
Տեսջիք եւ իմասջիք զիս, որում ոչ ծառայեցէք եւ կամ յում՞է
ուրացայք եւ կամ զոյ՞ր աւրէնս արհամարհեցէք. 38 հայեցա-
րուք որ առաջի կայ ձեզ զպատրաստեալն արդարոց փափկութիւն,
եւ ձեզ ամբարշտացդ զհուրն եւ զտանջանսն յաւիտենից: 39
Եղիցի աւրն դատաստանի այնպէս. ոչ արեգակն կայցէ լուսատու,
եւ ոչ լուսին լուսաւոր, եւ ոչ աստեղք պայծառացեալք,
40 եւ ոչ ամպք հովանաւորք, եւ ոչ որոտումն նշանաւոր ժամա-
նակաց, եւ ոչ հողմն զովացիկ, եւ ոչ ջուր ի ծառաւ հանգստեան,

W = Ψ^{m} 36 սոցին] W = Ψ^{m} om H | որդն W | ամբարշ-
տացն եւ անաւրինաց W :cf Ψ 37 եւ 1^0] W = Ψ om H |
զտեղիս W | եւ 2^0] om W = Ψ | այսուհետեւ] H = S
այսուհետեւ եւ W = Ψrel | հանկերուք H | ասացէ] H = Ψ
յայնժամ ասիցէ եւ W | ցամբարիշտսն] H = T ցամբարիշտն
W = Ψ^{m} | տեսջիք եւ] W = Ψ om եւ H | ոչն W | ծառայե-
ցէք] W = Ψ^{m} ծառայեցիք H | յումէ] յորմէ W = Ψ^{m} |
ուրացայքն W | արհամարհեցէք] W = Ψ արհամարհիցէք H
38 հայեցարուք] W = Ψ հայեցեք H | պատրաստեալ արդարոցն
W = Ψ | ամբարըշտացդ W | զհուրն] հուր W = G* + անշէջ
H | տանջանք W = Ψ 39 inc] + եւ W = Ψ | այսպէս]
այսպիսի W = Ψm | լուսաւոր---պայծառացեալք] om W :hmt
40 ամքք H | հոսանաւորք H* վ marg H^0 | հանգըստեան W

flower. 36 And then the place of the rest for the holy will be revealed and the true paradise of delight, and opposite them furnaces of fire and eternal tortures and the undying worm which has been prepared for the lawless and the wicked. 37 And then the Most High will say to the righteous, 'See the place of your rest which was prepared for you from the beginning of creation and enter henceforth, be at rest and caper like calves which have been released from bonds!' He will say to the impious and the wicked, 'Look and comprehend me, whom you did not serve or whom you rejected or whose Law you despised. 38 Look at what there is before you, the delight prepared for the righteous, and for you wicked, the fire and the eternal tortures.' 39 The day of judgement will be thus: The sun will not be giver of light, nor the shining moon, nor the twinkling stars, 40 nor shade-giving clouds, nor thunder significative of the times, nor the refreshing wind, nor water for quenching thirst, nor sweetly-

եւ ոչ հողմ քաղցրախառն. ոչ երեկոյ ի հանգիստ վաստակոց, եւ
ոչ գիշեր ի դադար աշխատութեանց, եւ ոչ առողջութիւն գործոյ
յաւժարութեան. ոչ հասարակ աւր ի ճաշակումն կերակրոյ, եւ ոչ
ծմեռն ի գործ երկրի պատրաստութեան. 41 ոչ զառուն ի ծնունդ
երկրի եւ ծառոց, ոչ յամառն տաւթ եւ ոչ աշուն ի խնամ ածել
պտղոց ի խոնաւոյ, ոչ կարկուտ ի բռնութենէ աւդոյ, ոչ հուր
յապականութիւն վիշապաց, ոչ անձրեւ յաճումն ծառոց, ոչ ցաւղ
ի մխիթարութիւն տնկոց, 42 ոչ առաւաւտ որ նշանակէ զլոյս
տուընջեան, ոչ դամբար գիշերոյ եւ խաւարի յայտնիչ, բայց
միայն պսակ փառաց արդարոց եւ ուրախութիւն. իսկ ամբարշտացն
հուրն անշէջ եւ աղջամուղջն յաւիտենից եւ տանջանք մշտնջենա-
ւորք: 44 Այս է դատաստանն: 45 Ետու պատասխանի հոգւոց
հանելով եւ ասեմ ցնա. Երանի է նոցա որ սակաւ ժամանակս
համբերեցին վասն բարձրութեան փառացն եւ եղուկ եմք զի առ
սակաւ ժամանակս արարաք զկամս մարմնոց մերոց եւ ի տանջանսն
յաւիտենից մատնիմք եւ յանշէջ հուրն տանջիմք հանապազ: Լաւ
էր թե չեաք իսկ ծնեալ: 46 Ո՞վ է ի մսեղէն կենդանեաց որ

| հողմ քաղցրախառն] W = Ψ հողմք քաղցրախառնք H + եւ W | դադարել W = Ψ | առողջութիւն---յաւժարութեան] յաջո-ղութիւն գործոց ի յօժարութիւն W = A B T :cf Ψrel + եւ W = Ψ | կերակրոյ եւ] կերակրոց W = Ψ^{m} | գործ] ծ over illeg let H^{0} 41 inc] + եւ W | եւ1^{0}] պարարտութեան W = Ψ | յամառն] W = Ψ ամառն H | պտղոյ հոնաւոյ W | աւդոց W = Ψ + եւ W = Ψ | ծառոց 2^{0}] + եւ W | ցաւր] om W 42 առաւոտ H | տըւընջեան W + եւ W = Ψ | եւ 1^{0} 2^{0}] om W = Ψ | արդարոցն W | ամբարըշտաց W | միշտընջենաւորք W 45 հոգոց W | ցնա] om W = Ψ | բարձրութեանն W | եմք] մեք W = Ψ^{m} | տանջանս W | մատնիմք] մտանեմք W = Ψ 46 է1^{0}] om W = Ψ | մսեղէն] մարդկեղէն W = Ψ | կենդանեացս W | որ1^{0}] om W = Ψ |

mixing air; not evening for rest from toils, nor night for cessation of labours, nor health for satisfaction of labour; not midday for eating of food, nor winter for the labour of preparation of the earth; 41 not spring for the birth of earth and trees, not summer heat, not autumn to care for fruit from dampness, not hail from the violence of the air, not fire for the destruction of dragons, not rain for the growth of trees, not dew for the comfort of plants, 42 not morning which signals the light of day, not lamp of night and revealer of darkness, but only a crown of glory and joy for the just, while for the wicked the undying fire and eternal darkness and unending torment. 44 This is the judgement."

45 I answered sighing and said to him, "Blessed are those who endure for a short time on account of the glories of exaltation and wretched are we because for a little time we did the will of our bodies and we are given over into the eternal torments and we are punished continually in the undying fire. It were better had we not been born! 46 Who is there of fleshly creatures who

ոչ մեղաւ, կամ ո՞վ է ի ծնելոց որ ոչ անց զհրամանաւ նորա:
47 Որպէս տեսանեմս սակաւուց է այն աշխարհ յուրախութիւն եւ
բազմաց ի տանջանս. 48 Զի ամենեքեան առ հասարակ անաւրե-
նութեամբ թաթաւեալ եմք. գնացաք զճանապարհս կորստեան եւ
զշաւիղս մահու, եւ հեռացաք ի ճշմարտութենէն կենաց: 49 Ետ
պատասխանի եւ ասէ ցիս. 51 Դու ասացեր թե սակաւք են
արդարք եւ բազումք են ամբարիշտք. արդ լուր առ այս. 52
ականս պատուականս թե ունիցիս, ապաքէն զամենայն ինչ ըստ
նոցա արժանաւորութեանն պատրաստիցես եւ զնիւթսն, միթե որ
ինչ անարժան իցէ նոցա նման համարիցիս, եւ կամ նման կապարոյ,
կամ խեցւոյ, եւ կամ այլում իմիք նման: 53 Եւ ասացի. Ոչ:
54 Եւ ասէ ցիս. Ասա դու ցերկիր, 55 ընդէ՞ր որպէս զխեցին
շատ ծնանիս, նոյնպէս եւ զոսկին ոչ բղխես: 56 Նա պատաս-
խանի տացէ քեզ եւ ասասցէ. Քանզի յաճախ է խեցին քան զերկաթն
եւ երկաթն քան զկապարն եւ կապարն քան զանագն եւ անագն քան
զպղինձն եւ պղինձն քան զարծաթն եւ արծաթն քան զոսկին եւ
ոսկին քան զականս պատուականս: 57 Ընտրեա այսուհետեւ եւ
տես թե ո՞ր պատուական եւ ցանկալի է: 58 Եւ ասացի. Ո՞վ ոք
ոչ գիտէ եթե սակաւն եւ նուազն է ցանկալի: 59 Եւ ասէ ցիս.

եւ կամ W | է2⁰] om W = Ψ | ծնելոցն W 47 այն] W
= Ψ այս H | աշխարհն W 48 թաւթաւեալ H | եմք]
+ եւ W | կորըստեան W | զշաւեղս H 51 բազումք] W
= Ψ բազում H | են] om W | եւ արդ W = Ψ 52 պատրա-
ստես W | եւ1⁰] om W = Ψ | արժանն W :cf C | կամ2⁰]
եւ կամ W | այլ W = Ψ | իմիք] W = Ψ ումեք ինչ H
55 բխես H W 56 նա] H = I Z եւ նա W = Ψrel | եւ եր-
կաթն քան զկապարն] Ψ om H W | զանարգն W 57 եւ1⁰]
H = Ψrel om W = S :haplgr | է] after պատուական W = Ψ
58 ոք] ք over չ W⁰ 59 ցիս] + թէ W = Ψ | եւ

has not sinned or who is there of those who are born who has not transgressed his commandment? 47 As I see, for few that world is for joy and for many for torments. 48 For all of us in common are contaminated with wickedness. We have walked in the paths of destruction and the ways of death and we have become distant from the truth of life."

49 He answered and said to me, 51 "You said that the just are few and the impious are many. Now listen to this!

52 "If you had precious stones, then, according to their value, you would range everything and (all) materials. Would you reckon what is worthless to be like them, or like lead, or dust, or like some other thing?"

53 And I said, "No!"

54 And he said to me, "Say to the earth, 55 'Why, just as you give birth to much dust, do you not put forth gold in the same way?' 56 It will answer you and say, 'Because dust is commoner than iron, and iron than lead, and lead than tin, and tin than copper, and copper than silver, and silver than gold, and gold than precious stones.' 57 Choose, therefore and see which is precious and desirable."

58 And I said, "Who does not know that the lesser and the rarer is desirable?"

59 And he said to me, "Just as the rarer

որպէս մարդկան թուի նուազն եւ սակաւն ցանկալի, 60 նոյն-
պէս Բարձրելոյն սակաւ արդարք պատուական են, եւ ուրախ լինի
ի վերայ սակաւուցն որ փառաւորեցին զանուն նորա ի վերայ
երկրի եւ ի ձեռն նոցա անուն նորա աւրհնի եւ գովի. վասն
այսորիկ ծաղկեցին արդարք եւ փառաւորեցին առաջի Աստուծոյ.
61 իսկ բազմամբոխն անխրատ մրրկի նմանեցի եւ պատրաստեալ է
հրոյն բորբոքելոյ եւ եղիցին երեսք նոցա յամաւթս եւ յանար-
գանս: 62 Եւ զայս մինչ խաւսէր ընդ իս, ես յոգւոց հանեի
եւ խռովեի եւ նուաղէր յիս հոգի իմ եւ ասեի. Ով երկիր,
ընդէ՞ր ծնար զմարդ, 64 զի ի տանջանս յաւիտենից մատնեցի.
65 վասն այսորիկ սգասցէ ազգ մարդկան եւ ցնծասցեն զազանք
վայրի, կոծեսցին ամենայն ծնունդք բանաւորաց եւ ուրախ լիցի
ամենայն չորքոտանի: 66 Յոյժ լաւ է նոցա քան մեզ, զի ոչ
յարութեան ակն ունին եւ ոչ դատաստանաց մնան: 67 Մեզ զինչ
աւգուտ է թե ի դատաստանս յառնեմք եւ ի տանջանս անդադարս:
69 Երանի է թե չէր մեզ յարութիւն, զի ի տանջանացն յաւիտե-
նից ապրեաք: 70 Եւ զայս մինչդեռ զմտաւ ածեի, ասէ ցիս. Ի

սակաւն] պատուական եւ W = Ψ 60 նոյնպէս] + եւ W = Ψ | արդարք] H = Ψ արդք W | փառորեցին W | աւրհնի] H = Ψ ահի W | արդարքն 2^0 W 61 մըրրիկի W | նմանեսցէ W = Ψ | է] W = Ψ om H | եւ2^0] H = T om W = Ψrel | յամաւթ W = Ψm 62 մինչ] մինչդեռ W = Ψ | ընդ իս] W = Ψ ցիս H | յոգոց W | խռովեցաւ W | նուաղեցաւ W | ասացի W | երկիր] Ψ երկիր երկիր H W | զմարդն W 64 մատնեցաւ W = Ψ 65 ազգ մարդկան] W = Ψm մարդ H | ցնծասցեն] T ծնծասցէ H ցնծան W ցնծայ Ψ rel | զազանք] T զազան H = Ψ rel զաղանք W | վարի W* + եւ W = Ψ | լիցին W = Ψm | չորքոտանիք W = Ψm 66 դատաստանաց մնան] H = Ψ ∿ W 67 դատաստան W = Ψ | յառնեմք] մտանեմք W = Ψ 69 ի] om W = Ψ | տանջանացն յաւիտենից] ∿ W = Ψ 70 ածեի] + եւ նա W :cf Ψ |

and the lesser seems desirable to men, 60 so a few righteous are precious to the Most High and he rejoices over the few who glorified his name upon earth and by whom his name is praised and extolled. Therefore, the righteous will flourish and will be glorified before God, 61 but the foolish multitude is like a vapour and is readied for the flaming fire, and their faces will be shamed and dishonoured."

62 And while he spoke of this with me, I was sighing and was disturbed and I felt weak, and I said, "Oh, earth! Why did you bear man, 64 for he will be given over into eternal torments? 65 Therefore, let the race of men mourn and let the beasts of the field rejoice; let all offspring of rational beings wail and let every quadruped be happy! 66 It is much better for them than for us, for they do not hope for resurrection nor do they await judgements. 67 Of what profit is it for us if we rise up for judgements and for unending torments? 69 Would that there were no resurrection for us, for then we would be saved from eternal torments."

70 And while I was considering this, he said to me, "From the beginning of creation, before the

սկզբանէ արարածոյ, յառաջ քան զլինել մարդկան ի վերայ երե-
սաց երկրի, յառաջագէտն Բարձրեալ յառաջագոյն պատրաստեաց
զտեղի փափկութեան եւ զտանջանաց: 71 Իմա այսուհետեւ 72
զի ունեին աւրէնս որով կարեին ապրել եւ ոչ պահեցին, այլ
արհամարհեցին: 73 Զի՞նչ պատասխանի ունիցին տալ յաւուրն
վախճանի. 74 զի այնչափ ժամանակս երկայնամտեաց Բարձրեալն,
եւ նոքա արհամարհելովն կորուսին զանձինս իւրեանց: 75
Ետու պատասխանի եւ ասեմ ցհրեշտակն. Խնդրեմ ի քէն տէր, ասա
ինձ թե յետ մահու, յորժամ պահանջէ ի մէնջ զիւրաքանչիւր
զոգիս մեր, երթայցեմք ի տեղի տանջանացն թե յանդորրութեան
լինիցիմք. յայսմհետէ տանջիմք թե յաւուր դատաստանին: 76 Ետ
պատասխանի եւ ասէ. Ասացից եւ զայս քեզ, դու մի հաշուիր
զքեզ ընդ մահապարտսն, 77 զի քեզ եւ նմանողաց քոց պատրաս-
տեալ է զանձն լի բարութեամբք, որ ոչ յայտնեսցի քեզ մինչեւ
ի վախճան ժամանակի: 78 Լուր այսուհետեւ վասն որոյ հար-
ցերդ, այսպիսի է բանն, զի յորժամ հրաման մահու ելանէ,
յառաջ քան զմարդոյ ոգին հանելոյ, անդէն վաղվաղակի բաժանի
շունչն ի մարմնոյն եւ երթայ ի տեղի որոշման իւրոյ. 89 Եւ
եթե իցէ լի գործովք բարեաւք եւ պահեալ զհրամանս Բարձրելոյն

զմարդն ի վերայ երեսաց երկրի լինելոյ H :cf Ψ | յառաջա-
գէտն] տ over another let W 73 եւ զինչ W 74 ժաման∇
կս W | բաձեալն W 75 ցհրեշտակն] + տեառն W = Ψm |
տեառն---տէր] over eras W^c | տէր] W = Ψrel om H = M S |
զիւրաքանչեւր W | ոգիս H | տանջանաց W | լինիցիմք մինչեւ
ցաւր դատաստանին եթե յայսմհետէ մտանիցեմք W :cf Ψ 76 մահա-
պարտս W 77 զի] H = Ψ om W | զանձն] W = Ψm զանձք
H | բարեաւք W = Ψ | յայտնեսցին W = Ψ | ժամանակաց W = Ψ
78 այսպիսի] ի2^0 above ln H^0 այսպէս W = Ψ 78 յորժամ]
W = Ψ om H | զմարդոյն W = Ψ | ոգիս W = Ψm 89 գոր-
ծաւք H | զհրամանս] զպատուիրանս W = Ψ | ընակութեան

existence of man upon the face of the earth, the prescient Most High prepared in advance the place of delight and that of torment. 71 Understand, therefore, 72 that they had the Law through which they might be delivered and they did not observe (it) but despised (it). 73 What answer will they have, to give on the day of the end? 74 For the Most High was long-suffering for such a long time and they, by despising, destroyed their own souls."

75 I answered and said to the angel, "I beg of you, lord, tell me whether after death, when he requires of each of us our soul, we shall go to the place of torments or shall we be at rest; shall we be punished forthwith or on the day of judgement?"

76 He answered and said, "I shall tell you this too. Do not reckon yourself with those worthy of death, 77 for a treasury full of goodnesses has been prepared for you and those like you, which will not be revealed to you until the end of time. 78 Listen, therefore! Concerning that about which you enquired, such is the pronouncement. When a commandment of death issues forth, before a man gives up the ghost, then at once the spirit is separated from the body and goes to the place of its determination. 89 And if he is full of good deeds and, having observed the commandments of the Most High even at the

եւ յորում ժամանակի էր յապականական բնակութեան, մարմնով
ծառայեաց ամբծութեամբ ի հաստատութեան յամենայն ժամու վշտաց,
91 նա ուրախ լինի եւ ցնծայ ի հանգստեանն յեւթնեկեան ճանա-
պարհին: 92 Առաջին ճանապարհն, բազում ճգնութեամբ աշխա-
տեցաւ առ ամենայն մեղս: 93 Երկրորդ ճանապարհն, տեսեալ
զպատրաստական մեղացն տանջանս: 94 Երրորդ ճանապարհն,
վկայութեանն զոր վկայեաց նմա Աստուած, թե մեծ հաւատովք
պահեաց որ տուան նմա աւրէնքն: 95 Չորրորդ ճանապարհն
յորում յայտնի նմա պատրաստեալ բարիքն եւ թե որպէս ընդ հրեշ-
տակս ի բազում խաղաղութեան սպասաւորեալ պահի: 96 Հինգե-
րորդ ճանապարհն, փառաւոր է ուրախութեամբ զի մերկացաւ
զապականութիւն եւ այնուհետեւ ընդ հրեշտակս հաշուի ժառանգել
զանվախճան լոյսն: 97 Վեցերորդ ճանապարհն յորում ցուցանի
թե որպէս երեսքն իւր լուսաւորին իբրեւ զարեգակն եւ ոչ
այնուհետեւ ապականութեամբ մթանան: 98 Եւթներորդ ճանապարհն
որ է քան զամենայն ճանապարս ի վեր, յորում պարծի վստահու-
թեամբ եւ համարձակութեամբ ոչ ամաչելով, այլ ցնծալով փութայ
տեսանել զերեսս Աստուծոյ, որպէս ծառայեաց ամբծութեամբ ի

մարմնով] ի բնական մարմնոյն բնութեան W :cf Ψ | վըշտաց W 91 ցնծայ եւ ուրախ լինի W = Ψ | հանգըստեանն W | յեաւթնեկեան W 92 ճանապարհն] + որ W = Ψ | աշխատութեամբն ճգնեցաւ W = Ψ 93 երկորդ W | ճանապա ∇հն W | զմեղացն զտանջանսն W = Ψm 94 վկայեաց] վկայէ W = Ψ | տուան] H = Ψ տուաւ W 95 յայտնին W = Ψm | պատրաստեալ] + նմա W | եւ թե] եթէ W = Ψ | պահի] W = Ψ պահին H 96 փառաւորեալ W = Ψ 97 երեսք W | իւր] W = Ψ om H | լուսաւորին] H = Ψ լուսաւորեն W | մըթանան W 98 եաւթներորդ W | ի վեր է քան զամենայն ճանապարհս W = Ψm | վըստահութեամբ W | եւ համարձակութեամբ] W = Ψ համարձակութեան H | ամաչելով] + եւ կամ

time in which he was in the corruptible dwelling, he served immaculately with the body in constancy during all the time of toils, 91 he will be joyous and rejoice in the rest in the sevenfold path: 92 the first path: with great toil he laboured against all sins; 93 the second path: having seen the tortures prepared for sins; 94 the third path, of the testimony which God gave on his behalf, that with great faith he observed the Law which was given to him; 95 the fourth path, in which the prepared good things are revealed to him and how he is preserved in great peace, having ministered with the angels; 96 the fifth path, (in which) he is glorious with joy for he has been stripped of corruptibility and thenceforth is reckoned with angels, to inherit the endless light; 97 the sixth path, in which he is shown how his face shines like the sun and is not darkened thenceforth by corruptibility; 98 the seventh path, which (is) higher than all the paths, in which he is bright with assuredness and not shamed through boldness, but rejoicing he hastens to see the countenance of God, as he served without blemish during his life, by which he will be

կենդանութեանն, որով եւ փառաւորելոցն է եւ ընդունելոց է
զվարձս հատուցմանն: 99 Այս են ճանապարհք հոգւոց արդարոց:
79 Իսկ ամբարշտացն հոգիք եւ ոյք ոչ պահեցին զպատուիրանս
Բարձրելոյն եւ արհամարհեցին զաւրէնս նորա եւ զարշեցան ի
ծառայից նորա, 80 նոքա ոչ մտցեն ի յաւիտենական տեղի հան-
գստեանն, այլ վաղվաղակի որոշեալք ի մարմնոյն ոգիքն տրտմու-
թեամբ եւ վշտաւք ընդ եւթն ճանապարհ մտցեն ի տանջանսն յաւի-
տենից: 81 Առաջին ճանապարհն, զի թողին զաւրէնսն եւ
փոխեցին զաւրէնս եւ զհաւատս Բարձրելոյն: 82 Երկրորդ
ճանապարհն, զի ոչ կամեցան դառնալ եւ ապաշխարել մինչդեռ
յայսմ աշխարհի եին: 83 Երրորդ ճանապարհն յորում նեղին
տեսանելով զարդարոցն հանգիստ եւ զիւրեանց տանջանս: 84 Չոր-
րորդ ճանապարհն որ կայ եւ մնայ նոցա ի վախճան ժամանակի
մշտնջենաւոր հուրն: 85 Հինգերորդ ճանապարհն յորում
տեսանեն զայլոց ոգիս հաճոյս Բարձրելոյն, եւ պահպանեալ ի
հրեշտակաց ի սպասաւորութեան եւ ի խաղաղութեան յոյժ:
86 Վեցերորդ ճանապարհն որով տեսանեն յայսմհետէ զպատրաս-
տեալ արքայութիւնն սրբոց եւ զիւրեանց ամենեւին զկորուստն:

պատկառելով W = Ψm | փառաւորելոցն է] W = Ψ փառաւորեցաւ
H | հատուցման W 99 հոգւոցն W 79 ամբարըշտացն W
| ոյք] որք W = Ψm 80 ի] W om H :cf Ψ | յաւիտեան
W = Ψ | հանգըստեան W | ի մարմնոյն / ոգիքն] ~ W :cf Ψ |
վըշտաւք W | եաւթն W | մտցեն2^0] W = Ψ մտցե H
81 զաւրէնս եւ զհաւատս] զհրամանս W = Ψm 83 նեղին]
W = Ψ ելին H | տեսանելով] W = Ψ տեսանել H | տանջա-
նսն W 84 նոցա] om W = Ψ | ժամանակի] ժամանակաց ի
W = Ψ | մըշտընջենաւոր W 85 ոգիս] հանգիստն W = Ψ |
հաճոյ W = ψ | ի 1^0] H = Ψ om W | ի խաղաղութեան] յամբ-
ծութեանն W = Ψm 86 որով] որ W = Ψ | յայնմհետէ W = Ψ
| արքայութիւն W | զիտեանց] + անծանցն W = Ψ

honoured too and also will receive the reward of recompense. 99 These are the paths of the souls of the righteous.

79 "But the souls of the impious and those who did not observe the commandments of the Most High and despised his Law and detested his servants 80 shall not enter the place of eternal rest, but the souls, as soon as they have been separated from the body, shall enter with sadness and toils upon seven paths to eternal torments: 81 The first path - because they abandoned the Law and changed the Law and the faith of the Most High; 82 the second path - because they did not wish to turn and repent while they were in this world; 83 the third path, in which they are afflicted by seeing the rest of the righteous and their own torments; 84 the fourth path, the eternal fire which awaits them at the end of time; 85 the fifth path, in which they see the souls of the others who are pleasing to the Most High and preserved by angels in ministry and in exceeding peace; 86 The sixth path, by means of which they see henceforth the prepared kingdom of the holy ones and their own complete destruction; 87 the

87 Եւթներորդ ճանապարհն որ է քան զամենայն ճանապարհսն ի
վեր, յորում հաշին եւ մաշին ամաւթով եւ անարգանաւք որ
պաշարեալ են երկիւղիւ իբրեւ տեսանեն զճանապարհս Բարձրելոյն,
որոյ առաջի մեղան կենդանիք ի մարմնի եւ առաջի արդարոցն
տանջելոց են: 100 Ետու պատասխանի եւ ասացի. Տացի ժամանակ
հոգւոց առ ի տեսանել թե որպէս տանջիցին յետ հրաժարելոյ նոցա
ի մարմնոյ աստի: 101 Եւ ասէ ցիս. Տացի ժամանակ, ոչ անդոր-
րութեան այլ տանջանաց, զի ի տեղիս խոշտանկանաց արգելեալ են
մեղաւորաց ոգիք եւ պահին ի տանջանաւոր հրեշտակաց մինչեւ
յաւրն յանդիմանութեանն եւ դատաստանաց եւ հատուցման բարւոյ
եւ չարի: 102 Ասացի եւ ես. Խնդրեմ ի քէն, ներեա ինձ եւ
զայս հարցանել. արդ յաւուրն դատաստանի կարիցեն հրաժարեցուցա-
նել արդարքն զամբարիշտսն եւ կամ յաղաչանս մտանել վասն նոցա,
103 որպէս հարք վասն որդւոց եւ կամ որդիք վասն հարց, եւ
կամ եղբարք վասն եղբարց, եւ կամ ազգ վասն ազգի, եւ կամ
սիրելիք վասն սիրելեաց: 104 Ետ պատասխանի եւ ասէ ցիս.
Մի ոք խաբեսցի յայսմ, զի յաւուրն դատաստանի անաչառութիւն
լինի եւ ամենայն ճշմարտութիւն կնքեսցի. զի զոր աւրինակ ոչ

87 եաւթներորդ W | ճանապարհս W | որ 2^{0}] եւ W = Ψ | են 1^{0}] + իմաստութեամբ եւ W = Ψ^{m} | երկեղիւ H | կենդանիքն W 100 ասեմ W = Ψ | հոգոց W | աստի] անտի W = Ψ 101 ցիս] W = Ψ om H | արգելեալ] ել above ln H^{0} | մեղաւորացն W | տանջանաւոր] տանջանս անաւոր W = Ψ | հատուցման] W = Ψ հատուցմանց H 102 եւ ես ասացի W | հարցանել] + եւ W = Ψ | հրաժարեցուցանել արդարքն] ~ W = Ψ | յաղաչանս մտանել] ~ W = Ψ 103 որպէս] + թէ W | եւ կամ 2^{0}] կամ W | եւ կամ ազգ վասն ազգի W :cf Ψ om H | եւ կամ 4^{0}] կամ H | սիրեաց W 104 լինի] W = Ψ լիցի H | ի մեռանել W = Ψ | կամ2^{0} 3^{0}] եւ կամ W |

seventh path, which is above all the paths, in which those are consumed and destroyed by shame and dishonour who are encompassed by fear when they see the paths of the Most High, before whom they sinned while they were alive in the body and (that) they are going to be punished before the righteous ones."

100 I answered and said, "Will time be granted to the souls to see how they will be punished after their taking leave of the body?"

101 And he said to me, "Time will be granted, not of tranquility but of torments; for the souls of sinners are shut up in these places of torment and are guarded by punishing angels until the day of rebuke and judgements and requital of good and evil."

102 I also said, "I beg of you, permit me also to ask this. Now, on the day of judgement, will the righteous be able to have the impious excused or to pray on their behalf; 103 like fathers for sons, or sons for fathers, or brothers for brothers, or family for family, or loved ones for loved ones?"

104 He answered and said to me, "Let no one be deceived in this, for on the day of judgement there is impartiality and all truth shall be sealed. For, just as one will not send somebody to die in his

ոք զոք առաքեսցէ զոմն մեռանել ընդ նորա, կամ ի քուն կալ,
կամ հիւանդանալ, կամ յուտել, կամ յըմպել. 105 նոյնպէս եւ
յայնժամ ոչ ոք կարէ վասն ուրուք պաղատել, եւ կամ զոք հրա-
ժարեցուցանել ի տանջանաց, իւրաքանչիւր իւրեանց զործովք
բարեխաւսեսցին: 106 Ետու պատասխանի եւ ասեմ ցնա. Զիա՞րդ
գտանեմք եթե Աբրաամ աղաչեաց զԱստուած վասն Ղովտայ եւ վասն
տան նորա, եւ Մովսէս վասն հարցն մերոց որ մեղան յաւուրս
նորա, 108 եւ Դաւիթ վասն հարուածոյ ժողովրդեանն, եւ
Սողոմոն վասն սրբութեանն, 109 եւ Եղիա վասն զալոյ անձ-
րեւին, եւ Եղիշա վասն կենաց մեռելոյն, 110 եւ Եզեկիա
վասն ժողովրդեանն յաւուրսն Սենեքարիմայ եւ վասն իւրոյ
առողջութեանն, եւ այլք վասն այլոց: 111 Զի թե յորժամ
ապականութիւն զարզանայր եւ անաւրենութիւնն աճէր, խնդրեցին
արդարք վասն ամբարշտաց յԱստուծոյ եւ ընկալան, ընդէ՞ր ոչ
այս յայնժամ լինիցի: 112 Ետ պատասխանի եւ ասէ ցիս. Յայսմ
աշխարհի եթե խնդրեսցեն արդարք, առցեն. քանզի յաւզուտ է
նոցա ապաշխարութիւն վասն որոց բարեխաւսեննն: 113 Զի
աշխարհս այս ոչ կատարման է եւ ոչ փառաց. իսկ յայնմ աշխարհի
կենաց, յորում անցանէ կարգ ապաշխարութեան, 114 եւ վախ-

յըմբել H 105 յայնժամ ոչ] H = L ~ W = Ψrel | կարասցէ
W = Ψ | իւրաքանչիւր] + ումեք W | զործք բարեխաւսեսցեն
W :cf Ψ 106 ցնա] om W = Ψ | եթե] զի թէ W = Ψ |
մեղան] մեռան W = Ψm 108 հարուածոց W = Ψ 109 եղիայ
W | զալոյ] om W 110 եզեկիայ W | յաւուրս W = Ψm |
սենիքարիմյ. W 111 անաւրենութիւնն] անիրաւութիւնն W
= Ψ | արդարք] om W | ամպարըշտացն W = Ψ | յաստուծոյ]
before վասն W | յայնժամ այս ոչ լինի W = Ψm 112 որոց]
W = F J K D B G R Q V որոյ H = Ψrel 113 ոչ 1^0] om W = Ψ
| կարգ] H = C I Z կարգք W = Ψrel 114 աղտեղութիւն]

place, or to sleep, or to be ill, or to eat, or to drink; 105 so at that time no one can pray for anyone or have someone excused from torments. Each man will be interceded for by his own deeds."

106 I answered and said to him, "How do we find that Abraham prayed to God for the sake of Lot and for the sake of his house, and Moses for the sake of our fathers who sinned in his days, 108 and David on account of the smiting of the people, and Solomon on account of the sanctuary, 109 and Elias for the sake of the coming of rain, and Elisha for the sake of the life of the dead, 110 and Hezekiah for the sake of the people in the days of Sennacherib and for the sake of his health, and others for the sake of others? 111 For if when corruption was rampant and the wickedness was increasing, righteous men sought of God on behalf of wicked and received (scil. response), why should this not happen then?"

112 He answered and said to me, "In this world, if the just will ask they will receive, for repentance is of profit to those for whose sake they intercede. 113 For this world is not (that) of consummation nor of glory; but in that world of life, in which the order of penitence passes away, 114 and corruption is ended, and filthiness is

ճանեալ է ապականութիւն եւ լուծեալ է աղտեղութիւն, եւ
խափանեալ են հաւատք, եւ զարգանայ արդարութիւն, եւ ծագէ
ճշմարտութիւն. 115 ոչ ոք կարէ ողորմել որ վասն իւրոց
յանցանաց գործոց է ի տանջանս դատաստանի: 116 Եւ ասացի ցնա.
Ոչ ի սկզբանէ ասացի քեզ զայս բան՝ թե լաւ էր եթե չէր ծնեալ
մարդն ի վերայ երկրի քան թե վաղվաղակի կորուսեալ: 117
Զի՞նչ աւգուտ իցէ մարդոյն եթե հասցէ ի բազում ժամանակս, եւ
կեանքն տրտմութեամբ իցեն եւ յետ մեռանելոյն ակն ունիցի
տանջանաց: 119 Մեզ զի՞նչ աւգուտ իցէ մեղաւորացս եթե խոս-
տացեալ իցէ յարութիւն յետ մահու եւ մեք արժանի մահու գործս
գործեցաք: 120 Զի՞նչ աւգուտ իցէ մեզ եթե արդարոցն պատրաս-
տեալ իցէ անճառ բարիք եւ մեզ մեղաւորացս ամաւթ: 121 Զի՞նչ
աւգուտ իցէ մեղաւորաց զի շտեմարանք փառաց արդարոց են եւ
մեք մոլորեալ եմք չարեաւք: 122 Զի՞նչ հաղորդութիւն իցէ
մեր ընդ յուսոյն բարեաց որ զանձեալ է սրբոց. մեք ընդ
դժուար ճանապարհ գնացաք: 123 Զի՞ առնէ մեզ թե նոցա երկ-
նաւոր դրախտն պատրաստեալ իցէ ամբծացն, որոյ պտուղն անթառամ

աղքատութիւն W = Ψ | արդարութիւնն W 115 որ] W = Ψ om H | յանցանց] g 1^{0} over ծ H^{0} | գործոցն W | տանջանս] + եւ ի W = Ψ 116 եւ] W = Ψ om H | սկզբանէ] H = K սկզբանէ իսկ W = Ψrel | քեզ] om W = Ψ | բան] om W = Ψ | չէր] + իսկ W = Ψ | մարդն] H = T մարդ W om Ψrel 117 հասցէ] հասեալ իցէ W = Ψ^{m} | ի] om W | տըրտմութեամբ W 119 յարութիւն] H = C զյարութիւն W = Ψrel | գործեցեցաք W :dittog 120 իցէ 2^{0}] իցեն W = Ψ | բարիքն W | ամաւթ] + երեսաց W 121 մեղաւորացս W | զի] W om H = R եթէ Ψrel | արդարոցն W | չարաւք H 122 զանձեալն W | է] W = Ψ են H | սրբոցն W | ճանապարհն W 123 առնէ մեզ] W = Ψ om H | նոցա] om

undone, and faith is abolished, and righteousness increases, and truth sprouts forth, 115 no one can attain mercy who on account of his deeds of transgression is in torments of judgement."

116 And I said to him, "Did I not make this pronouncement to you from the beginning, that it were better if man had not been born upon the earth than if he is straightway destroyed. 117 What profit will there be for man if he will attain many days, and that life will be sorrowful and he awaits torments after death? 119 What profit will there be to us sinners that resurrection is promised after death and we have done deeds deserving of death? 120 What profit will there be for us that indescribable goods have been prepared for the righteous, and for us sinners -- shame? 121 What profit will there be for sinners that there are storehouses of glory for the righteous, and we have strayed through evil? 122 What will be our relationship with the hope of good things which are stored up for the saints? We have gone along the toilsome path. 123 What does it advantage us if the heavenly garden will be prepared for those who are blameless, the fruit of which is incorruptible,

է, յորում կայ փափկութիւն եւ ցնծութիւն անվախճան, 124 եւ
մեք ոչ մտանիցեմք անդր: 125 Եւ յորժամ արդարոցն երեսք
լուսաւորեսցին իբրեւ զարեգակն եւ մեր երեսք մթասցին իբրեւ
զգիշեր աղջամղջին: 126 Եւ արդարեւ ոչ երբեք ածաք զմտաւ
ի կենդանութեանն թե զինչ ունիցիմք յետ մահուն կրել:
118 Ով Ադամ, զի՞նչ գործեցեր. դու միայն մեղար եւ քեզ
միայնոյ չեղեւ վիշտ, այլ առ հասարակ ամենեցուն որ ի քէն
ծնան: 127 Ետ պատասխանի ինձ եւ ասէ ցիս. Աշխատեսցին
յերկրի մերժել զչարն, 128 զի մի կրեսցեն զայն որ ասացին,
այլ մերժելով զչարն ընկալցին զբարին: Արդ, մարդկան է
129 ընտրել զկեանս եւ զմահ, քանզի Մովսէս ասաց նոցա զայս.
130 եւ նոքա ոչ հաւատացին նմա եւ ամենեցուն յետ նորա
մարգարէիցն եւ Աստուծոյ որ խաւսեցաւ ընդ նոսա: 132 Ետու
պատասխանի եւ ասեմ. Գիտեմ եւ այդպէս հաւատամ, եթե յողորմել
ողորմած է Բարձրեալն, 133 եւ ի զթալն զթած է որք դառնան
առ նա. 134 երկայնամիտ է որք մեղանչենն, 135 եւ պար-
գեւիչ քանզի յաւժարէ ի շնորհել եւ թողուլ զյանցանս. զի՞նչ
շահ իցէ Բարձրելոյն եթե կորիցեն այսչափ ոգիք զոր արար նա
եւ սակաւ ոգիք միայն կեցցեն: 136 Գիտեմ զի բազում ողորմ
է, 137 թե ոչ ողորմեսցի, ոչ կարէ ամենայն մարդ ապրել.

W = Ψ | ամբծոցն W | կայ] W = Ψm om H 124 եւ] թէ W = Ψ 125 զգիշեր աղջամղջին] զաղջամըղջին W 126 եւ արդարեւ] արդարեւ իսկ W = Ψ | ունիցիմք] W = Ψ ունիմք H | մահուն կրել] W = Ψ մահու H 118 վիշտ W 127 ինձ] om W = Ψ | ցիս] om W = Ψ 128 կրիցեն W | որ] H = G զոր W = Ψm | զբարիս W = Ψ | արդ] առ W = Ψ 129 զայս նոցա W = Ψ 130 նորա] նոցա W 132 յողորմելն W 133 զթած] թ over ծ H[0] 134 որք] H = Ψrel որ W = R 135 զյանցանսն W | այնչափ W = Ψm | նա] om W = Ψ | կեցցեն] մի կորիցեն W = Ψ 137 ապրել ամե-

in which are unending delight and joy; 124 and we shall not enter there? 125 And when the faces of the righteous will shine like the sun, our faces will be darkened like a dark night. 126 And indeed we never considered while alive what we will have to suffer after death. 118 Oh, Adam! What have you done? You alone sinned, but the affliction was not yours alone, but common to all who were descended from you."

127 He answered me and said to me, "Let them labour upon the earth to abandon evil, 128 so that they might not suffer that which I said, but by driving out evil they might receive good. Now it is for men 129 to choose life and death, because Moses said this to them. 130 And they did not believe him and all prophets after him nor God who spoke with them."

132 I replied and said, "I know and believe thus, that in mercy the Most High is merciful, 133 and in pity he takes pity upon those who turn to him. 134 He is long-suffering of those who sin, 135 and generous, because he is quick to be gracious and to forgive sins. What value is it to the Most High if so many souls whom he made will perish and only a few souls will live? 136 I know that he is greatly merciful: 137 if he were not merciful, all men could not live.

138 նոյնպէս եւ շնորհիչ է, թե ոչ շնորհեսցէ, թեթեւացուսցէ
զմեղս մեր իւրով մարդասիրութեամն, ոչ կարասցէ ամենայն մար-
մին ապրել: 139 Դատաւոր է որ դատի եւ յանդիմանէ եւ յետ
յանդիմանութեանն՝ չմեղադրէ. զի թե ոչ, մերադրիցէ եւ տան-
ջիցէ զբազմութիւն ստահակութեան. ոչ ոք մնասցէ յամենայն
բազմութենէ արտաքս քան զսակաւսն: Եւ ու՞ր իցէ ողորմութիւն
նորա զոր խոստացաւ կամ գթութիւն կամ քաղցրութիւն կամ մար-
դասիրութիւն: Ու՞մ յաւգուտ իցէ այն, եթե ոչ տառապեալ
մեղաւորացն: Միթե վասն այնորիկ ստեղծ զայնչափ ոգիսն, զի
կորուսցէ: Քաւ լիցի, ոչ գիտութեամբ լի է. չգիտիցէ զինչ
գործիցէ մարդն յառաջ քան զծնանելն նորա եւ ամենայնի գիտակ
է յառաջ քան զլինելն նորա:

8:1A Ետ պատասխանի եւ ասէ ցիս. Որ ի վեր է քան
զքեզ, զայն մի խաւսիր եւ մի կեղծաւորիր առաջի Աստուծոյ.
որ հրամայեալ է քեզ, զայն իմա: 1B Զայս աշխարհ վասն
բազմաց արար, իսկ զայն վասն սակաւուց. զի թեպէտ եւ յառաջ-
գիտութիւնն առ ի նմանէ բազում է, այլ զինքնական կամսն
շնորհեաց մարդկան զգործոցն գիտութիւն. զի գիտասցեն զոր
գործեն թե ոչ տանջին եւ զոր գործենն եւ տանջին: 1C Ընդէ՞ր

նայն մարդ W = Ψ 138 թէթեւասուսցէ W 139 յանդիմանէ
եւ դատի W = Ψ | տանջիցէ] ոչ ջնջիցէ H | զսակաւսն]
ս 2^{0} above ln H^{0} | չգիտիցէ] H = F* C չգիտիցէ թէ W
= Ψrel | մարդ W | զծնանել W | եւ ամենայնի---զլինելն
նորա] W :cf Ψ om H: hmt
1A զայն 1^{0}] after խաւսիր W = Ψ | զայն 2^{0}] H^{0} W = Ψ զայնմ
H* | իմա] ի below ln H^{0} իմացիր W 1B նմանէն W = Ψ |
բազում է] բազմէ W | զինքնական] ն 1^{0} above ln H^{0} | զոր 1^{0}]
+ ոչ W | գործեն] գործենն W | թե ոչ] H W^{0} = Ψ om W*
եւ 3^{0}] om W 1C շարժմանց] + եւ W = Ψ | արդարոցն

138 Likewise he is also gracious: if he were not
gracious, and (did not) alleviate our sins through
his love of man, all flesh could not live. 139
He is a judge who judges and reproaches and after
the reproach, he pardons. For if not, he would
condemn and punish the rebellious multitude; no
one would remain of all the multitude except the
few. And where would his mercy be which he prom-
ised, or pity, or sweetness, or love of men?
Whom would that benefit, if not the miserable sin-
ners? Is it for that reason he created so many
souls, that he might destroy (them)? God forfend!
Is he not full of knowledge? Would he not know
what man would do, before his birth, and is he
not familiar with everything before it happens?"

8 1A He answered and said to me, "Speak not
that which is above you and do not dissemble be-
fore God; consider that which is permitted you. 1B
He made this world for the sake of many but that
one, for the sake of few. For, although his pre-
science is abundant, still he granted men free-will,
the knowledge of (their) actions, so that they
might know what to do so that they are not punished
and what to do and be punished. 1C Why are those

որք զնոյն մարմին ունին եւ զնոյն ախտ շարժմանց, արդարոց
ոչ նմանեցին. 1D Ոչ միայն զնոցա ճանապարհն ոչ գնացին,
այլ եւ արհամարհեցին զնոսա եւ զարշեցան ի վարուց նոցա.
վասն այնորիկ Բարձրեալն սակաւս պահեսցէ յայն աշխարհն:
2A Ասացից քեզ եւ առակ մի եւ պատասխանի տուր ինձ. եթե
խնդրեսցես երկիր իբրու տալ քեզ երկիր որ բերիցէ քեզ տեսիլ
պատուական եւ մեծազին. 2B եւ տացէ քեզ երկիր որ առնիցէ
զտեսիլ զազգի ազգի, որպէս զպատուականն սակաւ եւ զանարգն
կրկին. ո՞չ նստիցիս ընտրեսցես քեզ զպատուականն եւ զանարգն
ի բաց ընկենուցուս: 3 Իմա եթե ճշմարիտ է առակն: Եւ
ասացի եթե ուղիղ է: 4 Եւ սկսայ ասել ընդ միտս իմ. Ով
անձն իմ, վայելեա որպէս կամիս եւ ցածո զմիտս երկիր, զի
լուիցես 5 եւ երթիցես ուր ոչ կամիցիս. զի ոչ եթե քեզ
տուեալ է կամ պատրաստեալ բարիքն վայելչութեան, բայց միայն
զայս սակաւ ժամանակս կենաց: 6 Եւ եղի ի մտի դարձեալ ասել
առաջի Բարձրելոյն բանս ինչ, եթե որպէս տացէ մեզ սերմանս
արդեանց յորում լինիցի պտուղ, կամ որպէս բերիցէ ամենայն
տեղի ապականեալ արդիւն բարեաց գործոց եւ ապրեսցի, թէպէտ եւ

W 1D այսորիկ W | պահեսցէ] պահեաց W = Ψ | աշխարհ W
2A ասացից] W = Ψ^{m} + առ H | եւ 1^{0}] om W | յերկրի W
| իբրու] om W = Ψ | բերիցէ քեզ] բըղխէ W = Ψ | տեսիլս
պատուականս եւ մեծազնի W = Ψ 2B առնէ տեսիլս ազգի ազգի
W = Ψ զտեսիլ over eras H^{0} | որպէս] + թէ H | նստիցիս]
W = R նստիցես H = Ψrel | ընտրեսցես] H = T ընտրիցես
W = Ψ^{m} 3 իմաց W + այսուհետեւ W = Ψ | առակդ W
4 իմ2^{0}] W = Ψ + անձն H | որպէս] + եւ W = Ψ | ցածոյ
զմիտսդ W | երկիր] om W յերկիր A I Z T 5 եւ
երթիցես] H = Ψ^{m} om W :hmt | տըւեալ W | միայն զայս]
~ W = Ψ 6 բանս ինչ առաջի բարձրելոյն W = Ψ | սէրմանիս
W = Ψ | լինիցի] + մեզ W = Ψ | եւ կամ W | արդիւնս

who have the same body and the same passion of emotions not like the righteous? 1D Not only did they not walk in their paths, but they also despised them and abhorred their conduct. Therefore the Most High will preserve few for that (future) world. 2A I shall tell you also one parable and you, respond to me. If you were to ask the earth, as it were, to give you soil which will bear for you a precious and valuable appearance, 2B and it gave you soil which produced various sorts of appearance, little of (that) like the valuable and twice as much of (that like) the worthless, would you not sit down and select the valuable for yourself and cast away the worthless? 3 Consider whether the parable is true." And I said, "It is correct."

4 And I began to speak to myself, "Oh, my soul, take delight as you wish, and earth (sic!) humble (your) mind, that you may hear 5 and proceed where you wish not, for the good things of delight were not given nor prepared for you, but only this brief time of life." 6 And I decided again to say some words before the Most High, (as to) how he would give us seed of produce in which there might be fruit, or how would each corruptible place bear the produce of good deeds and live, or would he not give (this).

ոչ տացէ: 7 Գործ եմք ձեռաց նորա եւ վասն այնորիկ ողոր-
մութեան նորա արժանի եմք: 8 Զի աստ կենդանացուցանէ զմեզ,
յայտ է յորոց արգանդի ստեղծու հանապազ զմարմինս մեր եւ տայ
զկերակուր, նոյնպէս տնտեսութեամբ ազգի ազգի սերմանեացն,
զինուով եւ ծիթով, հրով եւ ջրով, իննամսեայ ժամանակաւ ի
բնակութեան յարգանդի մաւրն ծնանի զմանուկն, իմաստութեամբ
մատակարար է նմա: 9 Եւ պահէ զնա զգուշութեամբ, եւ յորժամ
հատուցանէ եւ տայ ի ժամանակին իւրում զտղայն, 10 զոր նա
հրամայեաց լինել եւ ծնանել, մինչեւ ցժամանակ մի դիել զկաթն:
11 Եւ յետ այնորիկ վարել նմա իւրով իմաստութեամբ եւ կերա-
կրել բերովք պտղոյ իւրոյ: 12 Եւ խրատէ զնա իւրովք աւրի-
նաւք, եւ առ սակաւ սակաւ աճեցուցանէ ի նմա զիմաստութիւնն եւ
զգիտութիւն ամենայն չարեաց եւ որ չեն նոյնպէս, 13 Եւ յետ
այսր ամենայնի մեռուցանէ զնա. այնպէս ունի իշխանութիւն ի
վերայ գործոց իւրոց: 14 Իսկ ապա եթե կորուսանէ զնա որ
յայնչափ ժամանակս ստեղծեալ եւ ծնեալ աշխատութեամբ եւ ցաւովք
եւ վաստակովք սնուցեալ եւ խրատեալ դիւրին կարգաւք, զի՞նչ

W = Ψ | ապրեսցէ W = Ψ | տայցէ W = Ψ 7 այսորիկ W = Ψ | արժանի եմք] before ողորմութեան W = Ψ 8 յարգանդին W = Ψ^{m} | զմարմինս մեր] զմարդն W = Ψ | զկերակուր] կենդանութիւնն եւ կերակուր W = Ψ | նոյնպէս] + եւ W = Ψ | տնդեսութեամբ H | սերմանց W = Ψ | զինով H | բնակութեան] H = C բնութեան W = Ψ^{rel} | յարգանդի] H = E արգանդի W = Ψ^{m} | զմանուկն] + եւ W | նմա] H = Ψ զնայ W 9 զգուշութեամբ պահէ զնա W = Ψ | ի ժամանակին] ժամանակի W = Ψ 10 հրամայեաց] H = Ψ հրահանգեաց W | լինել եւ] om W = Ψ | ի դիել զկաթն W = Ψ^{m} before մինչեւ W 11 ի վարել W 12 աճեցուցանել W = Ψ | զիմաստութիւն W = Ψ^{m} | չարեաց] + եւ բարեաց W = Ψ 14 ապա] ապայ H^{0} | կորուսցէ W = Ψ | որ] above ln H^{0} om W = Ψ | ստեղծեալ] eras 4 lett after ս H | եւ 2^{0}] W = Ψ om H

7 We are the work of his hands and therefore we are deserving of his mercy, 8 for here he brings us to life. It is evident in whose (plur.) womb he continually creates our bodies and provides sustenance, similarly also through the distribution of various kinds of seeds, wine, and oil; through fire and water; through a period of nine months in a dwelling, in the mother's womb, the child is born: by wisdom it is a provider for him, 9 and it preserves him carefully and when in its time, it yields up and gives the child 10 whom He had commanded to come into being and be born, (he commands him) to suck milk for some time. 11 And after this (he commands) him to conduct himself through his wisdom and to be nurtured by the products of his fruit. 12 And he instructs him through his Law, and gradually makes wisdom grow in him and knowledge of all evil things and those which are not of the same sort. 13 And after all this, he kills him; thus he has authority over his works. 14 But then, if he destroys him whom he had formed for so long a time, and had caused to be born with labour and pains, and nurtured with difficulties, and instructed by easy stages, of what profit is it?"

աւզուտ իցէ: 15 Եւ մինչդեռ զայս խորհեի, բացի զբերան իմ
եւ սկսայ աղաչել զԲարձրեալն եւ ասել. Տէր, Տէր, իբրեւ
զԱստուած քում զործոյ ողորմեա եւ քում արարածոց, եւ աւզնա-
կան լեր քում ստացուածոց, եւ աւելի եւս քում ժողովրդեանս
վասն որոյ ես սգամս, 16 եւ ժառանգութեան քո վասն որոյ
ես տրտմեալ եմ, եւ ազգի Իսրայելի վասն որոյ ես սգամ, եւ
զաւակի Աբրաամու վասն որոյ ես խռովեալ եմ: 17 Հայիս ի
մեզ եւ հաշուիս զյանցանս մեր: 18 Զի լուայ ես զանխնայու-
թիւն մեծ զոր առյապա լինելոց է վասն մերոյ բարկութեան:
19 Վասն այսորիկ արարիչ ամենայնի, երկայնամիտ Բարձրեալ,
լուր ձայնի իմում եւ ունկն դիր բանից իմոց զոր խաւսիմ,
յաղաւթս կալ առաջի քո:

ԱՂԱՒԹՔ ԵԶՐԱՅ

20 Որ բնակեալն ես յաւիտեան, որոյ աչք ամենայն ինչ հաւաս-
տեաւ տեսանեն եւ քննեն, եւ վերնայարկք իւր յաւդս. 21 որոյ
աթոռն անճառ եւ փառքն անպատում, զորով շուրջ կան բազմու-
թիւնք զաւրաց հրեշտակաց եւ երկիւղիւ պաշտեն, 22 եւ
հրամանաւ նորա եւ բանիւ զոզիս ի հուր դարձուցանէ, 23 որոյ

15 տէր 1^{0}] ով W | զործոյ] H = M S զործոց W = Ψrel |
եւ քում] W = Ψ քո H | ստացուածոց] ստեղծուածոց W
16 ժառանգութեանն W | քո] քում W = Ψ | տրտմեալս W |
ազգիս W = Ψ | սգամ (սըգամ W)] W = Ψ աղաչեմ H |
զաւակիս W | ես 3^{0}] եւ W 17 հաշուիս] + զմեզ եւ W
= Ψ^{m} 18 լըւայ W | առյապայն W | է] H = S T իցէ
W = Ψrel | վասն---բարկութեան] H om W = Ψ 19 բանից]
W = Ψ + բերանոյ H | խաւսիմ] խաւսիմս առաջի քո W = Ψ |
աղաւթք եզրայ] om W աղութք մարզարէին (սրբոյն R) եզրայ
Ψ 20 որ---յաւիտեան] om W | եւ] Ψ է H 21 եւ
երկիւղիւ պաշտեն] երկիւղիւ պաշտել W = Ψ 22 զոզիս] W^{0}

15 And while I was thinking this, I opened my mouth and began to beseech the Most High and to say, "Lord, Lord, like God have mercy upon your work and upon your creations, and be of aid to your possessions; and even more to your people, on whose account I mourn; 16 and to your inheritance, on account of which I am saddened; and to the people of Israel, on whose account I mourn; and to the seed of Abraham, on whose account I am disturbed. 17 You regard us and you reckon our sins. 18 For I have heard of the great mercilessness which will be in the future, because of our arousing anger. 19 Therefore, Maker of All, longsuffering Most High, listen to my voice and attend to my words which I speak in prayer before you.

PRAYER OF EZRA

20 You who have dwelt for eternity, whose eyes assuredly see and search out everything, and his upper chambers are on high; 21 whose throne is indescribable and glory inexpressible; around whom are multitudes of hosts of angels and they serve (him) with awe 22 and by his command and word he turns the spirits into fire; 23 whose

բանն անշարժ եւ հզաւր, զմաենայն յաւրինէ ըստ իւրաքանչիւր
զնացից. որոյ հրամանն սաստիկ եւ կարզն ահաւոր, որոյ
հայեւլն ցամաքեցուցանէ զանդունդս եւ բան սպառնալեացս պատառէ
զերկիր: Զամենայն զոր կամի յոչընչէ ստեղծու, զեղեալն
զաւրութեամբ փոխէ, որոյ ճշմարտութիւնն վկայէ: 24 Լուր
ձայնի ծառայի քո եւ ունկն դիր խնդրուածոց պաշտաւնեի քում,
անսա բանից իմոց. 25 մինչդեռ կենդանիս եմ խաւսեցայց:
26 Մի հայիր ի գլորումն որք ոչ ունին կամս պահել զհրամանս
քո եւ յաղթեալ են ի խորհրդոց չարին, այլ ողորմեաց որպէս
բարերար եւ փրկիչ եւ խնայեա որպէս զյարդարիչ, որ դու միայն
ես առանց մեղաց. այո, խնդրեմք ի քէն, մի հայիր յանցանս
ժողովրդեան քո, այլ որք ուղիղն ծառայեցին քեզ ճշմարտութեամբ:
27 Խնայեա. մի հատուցաներ ըստ գործս իւրեանց անաւրինացն,
այլ վասն այնոցիկ որք երկիւղիւ պահեցին զուխտ քո խնայեա.
28 եւ մի ածեր զմտաւ վասն այնոցիկ որք զնացին չարութեամբ
առաջի քո, այլ յիշեա որք կամաւք զերկիւղ քո ծանեան. 29 Եւ
մի կամիր կորուսանել որք զքարս իւրեանց անասնոց նմանե-

over illeg lett 23 զնացից] կարգի W = Ψ | որոյ հայեւլն]
W = Ψ որ հալե եւ H | բանն W = Ψ | սպառնալեաց W |
պատառէ] W = Ψ պա ∇ ռէ H :cpt | ստեղծու] + եւ W = Ψ
24 ծառայիս W | եւ ունկն---քում] W = Ψ om H :hmt
25 եմ] + եւ H 26 ոչ] om W = Ψ | եւ1^{0}] om W = Ψ |
այլ] + դու W | ողորմեաց] + տէր W | եւ3^{0}] H = Ψrel
om W = B | խնայեա] + եւ հաստատեա W = Ψ | որպէս2^{0}]
իբրեւ W = Ψ | զյարդարիչ] զդարմանիչ W = Ψ | այո]
+ տէր W | խնդրեմ W = Ψ | հայիր] + ի W | քոյ W
27 խնայեա] + եւ W = T | այնորիկ W | երկեղիւ H
երկիւղիւն W 28 որք] ոյք W = Ψ | կամովք H | զեր-
կեղ H 29 կորուսանել] W = Ψ կորուսաներ H | զքարս]
H = Ψrel զքանս W = R F J | հայեա W | քո] om W = Ψ

word is immovable and mighty -- it orders everything, each in its fashion; whose command is very strong and order fearsome; whose look dries up the deeps and (whose) threatening word splits the earth -- everything which he wishes he creates from nothing, that which has come into being he changes by (his) might; whose truth testifies; 24 listen to the voice of your servant and attend to the supplication of your minister; give ear to my words. 25 While I am alive, let me speak. 26 Regard not the downfall of those who do not have the will-power to observe your commandments and have been overcome by thoughts of evil, but have mercy as beneficent one and saviour and have pity as regulator, you who alone are without sin. Indeed, we beg of you, regard not the transgressions of your people, but those who uprightly served you with truth. 27 Have pity! Do not requite the wicked according to their deeds but have pity for the sake of those who fearfully observed your covenant. 28 And do not consider concerning those who have gone wickedly before you, but remember those who willingly knew fear of you. 29 And desire not to destroy those who have made their customs like those of the animals, but with your pity regard

ցուցին, այլ հայեցաց զթութեամբ քո 30 ի ծառայս քո, որ ի
քո փառս յուսացեալ են: 31 Զի մեք եւ որ յառաջ քան զմեզ
արժանի մահու ի կամաց գործեցաք, դու Տէր մարդասէր վասն մեր
մեղաւորացս երկայնամիտ կոչեցար: 32 Զի թեպէտ եւ մեք ընդ
որպիսի բարիոք գործով եաք եւ ոչինչ ըստ կամաց քոց արարաք,
այլ զհետ մարմնոյ պղծութեան գնացաք, դու զթացիս ողորմել
եւ յայնժամ կոչեսջիր ողորմած: 33 Քանզի սուրբք քոյովք
կամաւք գործեցին սրբութիւն եւ ոչ են կարաւտ ողորմութեան,
զի յիւրեանց գործոց ունին զվարձն հատուցման: 34 Զի՞նչ եմք
մեք մարդիկ զի բարկացիս մեզ: 35 Ստուգութեամբ ոչ ոք է ի
վերայ երկրի ծնեալ որ ոչ մեղաւ: 36 յայսմ ծանիցի քո
զթութիւնդ, յորժամ ողորմեսցիս եւ ներեսցես մեզ եւ թողցես
զամբարշտութիւնս մեր, որք ոչ ունին զհիւթ գործոց բարեաց:
37 Եւ պատասխանի ինձ Տէր եւ ասէ ցիս. Եթե դառնալով դար-
ձցին առ իս մեղաւորք յամենայն սրտէ իւրեանց, 38 ոչ խոր-
հեցայց ըստ առաջին մեղաց նոցա հատուցանել, այլ ի վախճանի
ելից հոգւոց նոցա որպէս զտից եւ դատեցայց, եւ այնպէս ուրախ
եղէց ի նոսա որք դառնան ի բարի գործս 39 որպէս ուրախ
իցեմ յարդարսն իմ: 41A Նմանեցո զիս միամիտ մշակի. որպէս
մշակն վարէ տնկէ որչափ եւ կամի եւ յաւժարէ, եւ ըստ ժամա-

31 ի] om W = Ψ | մեր] մեզ W | մեղաւորացս] մեղաւորաց W 32 բարիոք գործով] H :cf Ψ բարւովք W | եւ 3^{0}] om W = Ψ 33 քոյովք] H = T :cf Ψrel քոյին W | կամովք H | սրբութեամբ W = Ψ | եւ] H =T om W = Ψrel | գոր-ծոցն W | զվարձս W = Ψ | հատուցմանն W 35 մեղաւ] W = Ψ մեղան H 36 զամբարըշտութիւնս W | գործոց բարեաց] ~ W = Ψ 38 մեղաց նոցա] W = Ψ մեղացն H | որք] որ W = Ψm 39 յարդարս W 41A նմանեցոյ W | մըշակի W | վարէ] + եւ W = T | որպէս 2^{0}] + եւ W |

30 your servants who have placed hope in your glory. 31 For we and those before us have willingly done (deeds) deserving of death; you, Lord, lover of men, were called long-suffering because of us. 32 For, although we were beneath such a good deed and did nothing according to your will, but went after abomination of the body, you had pity to be merciful and then you were called Merciful. 33 For the holy ones by your will acted with holiness and do not need mercy, for they have the reward of recompense for their own works. 34 What are we men that you should be angry with us? 35 In truth there is no one born upon the earth who has not sinned. 36 In this let your pity be known, when you have mercy upon and pardon us and forgive our impieties which do not have the substance of good deeds."

37 The Lord answered me and said to me, "If the sinners will indeed return to me with all their hearts, 38 I will not think to requite (them) according to their former sins, but as I shall find and judge (them) at the end of their giving up of the ghost; and I shall be as happy over those who return to good deeds 39 as I shall be happy over my righteous ones.

41A "Liken me to a simple farmer; just as a farmer ploughs, sows as much as he wishes and desires, and tends each (plant) as is necessary in

նակի իւրաքանչիւր խնամ տանի որպէս պարտ է, թեպէտ լինիցի
ումեմն ի նոցանէ տկարանալ եւ մերժենալ յապականութիւն որոց
ի դէպ է զհոգաբարձութիւնն առնէ. 41B եւ թե հոգաբարձու-
թեամբն յաղթէ, ուրախութեամբ ուրախ լինի, զի որ տկարանալն
կամէր զաւրացաւ. ապա թե ոչինչ աւգտեսցի ի դէպ ժամանակի
հոգաբարձութիւնն, ի բաց խլեսցէ տրտմութեամբ. այսպէս եղիցի
եւ վասն մարդկան որ ի վերայ երկրի, երկայնամիտ լիցի ի վերայ
նոցա Բարձրեալն, զի թե զղջասցին ընդ այնր որ անաւրինեցանն
եւ գործեսցեն զբարիս ապրեսցին՝ ապա թե ոչ, տանջեսցին:
42 Պատասխանի ետու եւ ասեմ. Որովհետեւ ներեցեր ինձ մի
անգամ խաւսել առաջի քո, աղաչեմ զքեզ ասա ինձ, ծառայի քում,
43 սերմանիք մշակին, թե ոչ առցեն չափով զանձրեւ, չորանայ
եւ ցամաքի. 44 նոյնպէս եւ մարդ՝ թե ոչ ողորմեսցի ի քէն,
ոչ կարէ ապրել: 45 Վասն այսորիկ, Տէր, խնայեա ի ժողո-
վուրդս քո եւ ողորմեաց ժառանգութեան քում, քոյոց ստացուա-
ծոց, գործոց ձեռաց քոց ողորմիս: 46 Ետ պատասխանի եւ ասէ
ցիս. 50 Թշուառութեամբ թշուառասցին մարդիկ որ բնակեալ են
յայսմ աշխարհիս, փոխանակ զի բազում ամբարտաւանութեամբ

պարտն W | թեպէտ] + եւ W = R | ի նոցանէն ումեք W = Ψ^{m}
| է] H = T om W = Ψrel | հոգաբարձութիւնն---եւ թե
(vs 41B)] om W :hmt 41B զհոգաբարձութեամբն W | ուրա-
խութեամբ] om W | աւգտիցի W = Ψ | խլեսցէ] եղիցի լի
W = Ψ | եղիցի եւ վասն մարդկան որ] եղիցին W = Ψ | վերա
W | այնր որ] այն զոր W = Ψ | անաւրինեցան W | գործի-
ցեն W | ապրեսցին] W om H = Ψ 42 մի անգամ ներեցեր
ինձ W = Ψ^{m} | քում] քո W 43 մըշակին W | եւ ցամաքի]
om W = Ψ 44 թե] որում դու W = Ψ^{m} | ողորմիս W = R |
ի քէն] om W = Ψ 45 խնայեա տէր W = Ψ | ստացուածոց]
+ եւ W = Ψ | քոց] W = Ψ om H 50 չուառութեամբ չուա-
ռասցին H | մարդիկք H | աշխարհի W | զի] W = Ψrel

its season; although certain of them are weak and close to destruction, he tends to those for which it is necessary. 41B And if he, by care, overcomes he is exceedingly happy, for that which wished to be weak was strengthened. But if the care at the due time was of no avail, he will uproot it sadly. Such will also be the case with regard to men who (are) upon the earth. The Most High will be longsuffering towards them for, if they who act wickedly will repent instead of that and will do good things, they will live, but if not -- they will be punished.

42 I answered and said, "Since you have permitted me to speak once before you, I beseech you, say to me, your servant. 43 The farmer's seeds, if they do not receive rain in due measure, wither and dry up; 44 in the same fashion also man, if he will not be granted mercy by you, cannot live. 45 Therefore, Lord, have pity upon this people of yours and be compassionate to your inheritance; your possessions, works of your hands, you compassionate."

50 He answered and said to me, "The men who have inhabited this world will be exceedingly wretched because they walked with much arrogance,

զնացին, եւ վասն հանդերձեալ ժամանակին ոչ զտաւ յումեք ի
նոսա զիտութիւն: 51 Այլ դու վասն քո զմտաւ ած, եւ վասն
փառաց որ քեզ նման են հոգա: 52 Զի ի բաց է ձեզ ճշմարիտ
դրախտն, եւ տնկեալ է ծառն ճշմարիտ կենացն, պատրաստեալ են
այն կեանք, հանդերձեալ է փափկութիւնն, շինեալ է քաղաքն,
յաւրինեալ է հանգիստն, պաճուճեալ է բարութիւնն. 53 կնքեալ
է ի ձէնջ հիւանդութիւնն, խափանեալ է ի ձէնջ մահ, յամաւթ
եղեն դժոխք, հալածեալ է ի ձէնջ ապականութիւն. 54 Անջատեալ
է ի ձէնջ ամենայն աշխատութիւն, յայտնեալ են ձեզ զանձք անմա-
հութեան: 55 Մի եւս աղաչեր վասն կորստեան ժողովրդեանս.
59 զի որպէս ձեզ պատրաստեալ է զոր վերազոյնն ասացի, նոյն-
պէս եւ նոցա պապակումն հանդերձեալ են եւ տանջանք: 60 Եւ
արարի զմարդ զի պահեսցէ զհրամանս իմ եւ խորշեսցի ի մահուա-
նէն յաւիտենից, եւ նոքա հանապազ դառնացուցին զիս. 61 Վասն
այսորիկ դատաստանն իմ մեծ է: 62A Եւտու պատասխանի խաւսեցայ
ընդ Տեառն եւ ասեմ. Աղաչեմ զքեզ, խաւսեաց ընդ թշուառական

զի ի H = L | ամբարտաւանութեան H* = L -ք below ln H^0 |
զնասցին W | ի նոսա յումեք W :cf Ψ 51 ած զմտաւ W = Ψ
| փառացն W | նման են] մնան W :cf Ψ | հոգայ W
52 է] կայ W = Ψ | ձեզ] W քեզ H = Ψ | կենացն] դրախ-
տին W = Ψ^m + եւ W = Ψ^m | այն] om W = Ψ | կեանքն W |
է 3^0]om W = Ψ | փափկութիւնն] H = Ψ^m փափկութեանն W = V
R M S P C I Z T | հանգստեան W 53 կնքեալ---հիւանդու-
թիւնն] om W :hmt | հալածալ W | ապականութիւնն W
54 inc] + եւ W | անմահութեան] H = Ψ իմաստութեան W
55 կորստեան (-ըստ- W)] W = Ψ խստապարանոց H | ժողո-
վրդեանն W 59 զոր] որ W = L D* | տանջանքն W
60 զմարդն W | նոքա] + յամենայն ժամու W = Ψ^m
61 դատաստան W | մեծ] հաստատուն W = Ψ 62A եւտու
պատասխանի] եւ W = Ψ | ասեմ] ասացի W = Ψ | աղաչեմ]

and knowledge concerning the future time was found in none of them. 51 But you, consider concerning yourself and be concerned about the glory of those who are like you. 52 For you the true garden is opened and the tree of true life is planted, that (future) life is prepared, delight is readied, the city is built, the rest is arranged, the goodness adorned. 53 Sickness is sealed off from you, death is taken away from you, hell has been put to shame, corruption is driven away from you. 54 Every toil is separated from you, treasuries of immortality are revealed to you. 55 Beseech no longer concerning the destruction of this people, 59 for just as there is prepared for you that which I stated before, so thirst and torments are readied for them. 60 And I made man that he might observe my commandments and avoid eternal death, and they always embittered me. 61 Because of this my judgement is close."

62A I replied, I spoke with the Lord and I said, "I beseech you, speak with this wretched

ժողովրդեանս, զի լուիցեն ի քէն եւ հաւատասցեն, երկիցեն եւ
դարձցին եւ մի կորիցեն այլ ապրեսցին. 62B Զի թե այլ ոք
խաւսեսցի, թերեւս ոչ հաւատասցեն եւ այս մարդկան է: 62C
Եւ պատասխանի Տէր եւ ասէ. Ես յամենայն ժամ ծառայից իմոց
որ հաճոյ են ինձ երեւեցուցի զանձն իմ. խաւսեցայ ընդ արժանիս
իմ. իսկ այլոցն ի ձեռն մարդկան ծանուցի զիս: 62D Ես եմ
Տէր որ քննեմ զսիրտս եւ զերիկամունս. ես ճանաչեմ զմարդ եւ
որ ի նմա յառաջ քան զելանելն նորա յորովայնէ. ես գիտեմ թե
խաւսեցայց ընդ նոսա դէմ յանդիման նոցա ոչ հնազանդին, այլ
առաւել եւս ստամբակեսցին ստամբակելով: 62E Եւ ու պատասխանի
Տեառն եւ ասացի. Խնդրեմ ի քէն Բարձրեալ. ընդէ՞ր ոչ տուաւ
մեզ այնպիսի սիրտ զի գիտասցուք միայն զբարի եւ զայն միայն
արասցուք եւ նմա միայն ցանկասցուք եւ զնա միայն գիտել
քաղցր: 62F Արդ յորժամ առաք զչարին գիտութիւն, ընդէ՞ր
զայն կամիմք զոր դու ատես. 62G ընդէ՞ր բնաւ իսկ ստեղծեր
զնա զի զայն ունիցիմք եւ նովաւ մեղանչիցեմք: 62H Եւ
պատասխանի Տէր եւ ասէ. Ես արարի զմարդ զի մի կորիցէ, այլ

W = Ψ աղաչեմք H | զքեզ] + տէր W = Ψ | չուառական H
| ժողովրդեանն W | հաւատայցեն եւ W 62B հաւատայցեն
W | եւ---է] յայսմ ի մարդկանէ W = Ψ 62C իմ 1°] + եւ
W = Ψ | ձեռն] H = Ψ ձեռս W | ծանուցի] H = Ψ երե-
ւեցուցի W 62D ես 2°] եւ W = Ψ | զմարդն W = Ψ |
եւ 2°] om W = Ψ | ի նմա] om W = Ψ | զելանելն] H = Ψ
զլինելն W | դէմ---նոցա] յանդիման նոքա W = Ψm |
հնազանդեսցին W = Ψ | առաւել եւս] առաւեᐁ լս W | ստամ-
բակելով] W = Ψ om H 62E ասեմ W = Ψ 62F արդ]
այլ W = Ψ | գիտութիւնն W | ընդէր զայն] ընդ այն W = Ψ
| դուն W 62G բնաւ իսկ] H = B T ∾ W = Ψrel | զնա]
զմարդն W = Ψ | ունիցիմք] H = Ψ ունիմք W
62H պատասխանի] + ինձ W = Ψ | զմարդն W | կեցցէ] W = Ψ

people, that they may hear from you and believe, that they may fear and repent and not perish, but be saved. 62B For if someone else should speak perhaps they would not have faith and this is a human being."

62C And the Lord answered and said, "I myself always revealed myself to my servants who were pleasing to me; I spoke with those who were worthy of me, but to the others I made myself known through men. 62D I am the Lord who tests the heart and the reins and I know man and what is in him before he comes from the womb. I know (that) if I should speak with them face to face, they will not obey, but will be even more strongly disobedient."

62E I answered the Lord and I said, "I ask of you, Most High, why was there not given to us a heart such that we should know only the good, and we should do it alone and we should desire it alone, and it should be sweet for us to know it alone? 62F Accordingly, since we received the knowledge of evil, why do we desire that which you hate? 62G Why indeed did you create it at all, that we should have it and through it we might sin?"

62H The Lord answered and said, "I made man, not that he might perish, but that he might live

զի զայս կեանս պատուով կեցցէ եւ զայն կեանսն ժառանգեսցէ.
62I Եւ հանգոյն հրեշտակաց իմոց ետու նմա զիմաստութիւն,
զիտել թե զինչ է բարի կամ զինչ է չար. 62J Եւ պատուեցի
զնա եւ ետու նմա իշխանութիւն առնել զինչ եւ կամեսցի, եւ
հնազանդ արարի նմա զամենայն որ ի ներքոյ երկնից, զի իշխեսցէ
նոցա: 62K Եւ ետու աւրէնս եւ հրամանս թե զիարդ մարթասցէ
կեալ եւ կամ որպէս զանմահ բարիսն ստասցի. 62L իսկ նա
զայնպիսի բարիսն եւ զիշխանութիւն յինէն ընկալեալ , եւ զոր
բարիոքն ստեղծեալ էր, ոչ բարիոք ի կիր արկ, եւ մեղաւ.
ոչ եթե յոռի ինչ ստեղծի, այլ զամենայն զոր արարի բարի յոյժ.
իւրաքանչիւր որ եղեն, ի պէտս իւրեանց եղեն. զի որպէս եղեւ
երկաթ ոչ զի սպանցէ, այլ զի զերկիր գործեսցէ եւ զպէտս
ամենայն մարդկան արասցէ. 62M իսկ մարդիկ ոչ յոր ստեղծան
ի նմին կացին, այլ որ ոչն գործեցաւ բարիոք յայն ծեռնամուխ
եղեն. նոյնպէս եւ յայլ ինչ, զբարիոքն եղեալ ի չար փոխեցին:
62N Ոչ այսուհետեւ որ բարիոքն ստեղծէ պատճառք, այլ որ ոչն
վայելեաց բարիոք թշնամանեաց զարարիչ սոցուն. վասն այնորիկ

կացցէ H | կեանսն] կեանս W 62I զիմաստութիւնն W | բարին W | կամ] եւ կամ W | չարն W 62J զինչ] զոր W = Ψ | հնազանդ] H = Ψ հնազդ W :cpt 62K եւ 1^0] H = T om W = Ψrel | հրամանս] պատրանս W :cf Ψ | թե զիարդ] զի աստ W = Ψrel զիարդ R I | մարթասցեն W = Ψ^m | ստասցին W = Ψ 62L բարիսն եւ զիշխանութիւն] իշխանութիւնն W = Ψ | յինէն ընկալեալ] առ յինէնն W :cf Ψ | յինէն] om H* above ln H^0 | եւ 2^0] om W = Ψ | բարիոքն] բարւոք W | բարւոք W | մեղաւ] մեռաւ W | իւրաքանչիւր] + ումեք W | զպէտս...արասցէ] ի պէտս...եղիցի W = Ψ | ամենայն] om W = Ψ 62M բարւոք W | յայլ...զբարիոքն] զայլ...բարւոք W = Ψ 62N բարւոքն W = Ψ | ստեղծիցէ W = Ψ | վայելեացն W | բարւոք W | զարարիչն նոցունց

this life with honour and inherit that (future) life. 62I And, like to my angels, I gave him wisdom to know what is good and what is evil. 62J And I honoured him and gave him the authority to do whatever he desired and I made subject to him all things which are under heavens that he might rule over them. 62K And I gave Law and commandments how he might be able to live and how he might obtain immortal goods. 62L And he received these great goods and authority from me. That which was created well, he did not use well and he sinned. Not that I created anything evil, but everything which I created was very good: each thing which existed, existed for its own purpose, just as iron existed, not that it might kill, but that it might work the ground and fulfill the needs of all men. 62M But men did not remain in that same state in which they were created, but they undertook that which was not made for good. Thus also in other things, that which had come into being for good, they changed to evil. 62N The cause was then not he who creates things well, but he who did not use them well; he offended their Creator. Therefore

կան մնան նոցա տանջանք: 620 Զի որք յինէն եղեալն իցեն,
ամենեցուն պարտ էր նոքաւք առաջնորդել, զի զիտացեն զիս. նա
եւ որ ոչ վայելեաց ի նոցանէն ծանեաւ զիս: Դաղարեա այսունհե-
տեւ եւ մի ինչ հոգար վասն նոցա: 63 Ետու պատասխանի եւ
ասեմ. Խնդրեմ ի քէն Տէր, որ ոչ պահես զոխս. ոչ ունի ժոյժ
անձն իմ հարցանել զքեզ. վասն այնորիկ լուր ծառայի քում,
յայտնեցեր ինձ զբազմութիւն նշանացն եւ ոչ ասացեր ինձ թե
երբ իցէ կամ յորում ժամու:

9:1 Ետ պատասխանի եւ ասէ ցիս. Չափելով նշանակեա քեզ
զգալուստ նշանացն. եւ իցէ յորժամ տեսցես թե մերձ իցէ ամե-
նայն առ ի կատարել, 2 յայնժամ իմասջիր զկատարածն. պարտ է
նախ լինել որ ասացան նշանքն, եւ այնպէս զալ կատարածին:
3 Եղիցի ի մերձենալ ժամանակին խռովութիւն ժողովրդոց,
շարժմունք տեղեաց հեթանոսաց, նենգութիւնք առաջնորդաց,
տատանումն սրբոց, հալածանք քահանայից, խոտորումն սուրբ
հաւատոց, երկմտութիւն ժողովրդեան, շփոթ հեթանոսաց, նեղու-
թիւնք քաղաքի, բորբոքումն հրոյ ի տեղիս տեղիս, սասանութիւն
բազում, որոշմունք ազգի ազգի, քաղաքաց եւ գիւղից ընկղմե-

W = Ψ | տանջանքն W 620 էր] է W = Ψ + զի W | առաջնորդեալ W | զի] om W = Ψ | ոչն W 63 ոխս W | չհարցանել W = Ψ^m | այնորիկ] այսորիկ W = Ψ | յայտնեցեր] վասն այսորիկ յաճախեցեր W = Ψ | ինձ 2^0] om W | կամ] եւ կամ W
1 ցիս] + տէր W = Ψ | նշանակեա] + դու W = Ψ
2 զկատարածն] + զի W | այնպէս] ապա W 3 քահանայից] քհյնից. W | հաւատոց] + եւ W = Ψ | ժողովրդեան] H = Ψ^m ժողովրդոց W | շփոթումն W | քաղաքի] քաղաքաց W | որոշումն W = Ψ | գիւղից] գեղից H գեւղից W | ընկղմե-լութիւնք] ընկըղմել precedes քաղաքաց W | մոլորութիւնք

torments await them. 620 For all should be guided by those things which have come into being through me so that they might know me. He too, who does not enjoy them, has known me. Cease, therefore, and care nothing concerning them."

63 I replied and said, "I beg of you, Lord, who bear not resentment, my soul does not have temerity to question you. Listen to your servant concerning that - you revealed the multitude of the signs to me, and you did not say when it will be or at what time."

9 1 He replied and said to me, "By measuring, signal for yourself the coming of the signs, and it shall be when you will see that all are close to consummation, 2 then apprehend the end. First, the signs which were spoken must take place and thus, the coming of the end. 3 When the time approaches there will be disturbances of peoples, quaking of the places of the heathen, deceptions of leaders, trembling of saints, persecutions of priests, turning aside of the holy faith, doubt of the people, disorder of the heathen, tribulation of the city, flaming forth of fire in various places, great shaking, different sorts of separations, flooding of cities and villages, going astray of abominable demons.

լուԹիւնք, մոլորուԹիւն այսոց պղծոց: 4 Յայնժամ իմացիս
Թե մեծ է վախճան: 8 Եւ որ յայնժամ զտցի ինձ արժանի, նա
ապրեսցի եւ տեսցէ զփրկուԹիւն իմ եւ զերկիր նոր եւ զսահմանս
իմ զոր սրբեցի յառաջ քան զյաւիտեանս եւ պատրաստեցի իմոցն ի
ժառանգուԹիւն: 9 Եւ յայնժամ տեսցեն արհամարհոտք եւ
կոծեսցին եւ զարմասցին որ այժմ տեսանեն զճանապարհս իմ.
վասն այնորիկ կայ եւ մնայ նոցա պատրաստեալ դատաստանն.
10-11 փոխանակ զի ոչ ծանեան զերախտիս աւրինաց իմոց, պահել
զամենայն որ ի նմա էր գրեալ: 13 Բայց դու մի խառներ զքեզ
ընդ այնպիսիսն, զոր բոց հրոյն այրելոց է: 14 Ետու պատաս-
խանի եւ ասեմ. 15 Տէր, բազում անգամ ասացի եւ այժմ ասեմ.
16A Թե բազումք են կորուսեալք եւ սակաւք են ապրեալք, եւ
նոքա բազում աշխատուԹեամբ: 16B Ո՞ կարէ զգուշուԹեամբ
պատրաստել այնպէս որպէս եւ քո աւրէնքն հրամայեն: 16C Ետ
պատասխանի Տէր եւ ասէ. Ոչինչ ի վեր քան զմարդն հրամայեցի
եւ ոչ անհնար, բայց ասեմ քեզ համարաւտիւք Թե որպէս դու
կամիս պատուել ի ծառայէ քումմէ, զդոյն արա եւ դու Աստուծոյ
կենդանւոյ. եւ որ քեզ չար Թուի, մի դու ընկերին քում առներ:
16D Եւ որպէս կամիս երախտաւոր լինել Թե սիրեսցիս, զնոյն եւ
դու արասջիր, զի Թե զայս կրել յեղբաւրէ քումմէ քեզ դիւր
Թուեսցի, եւ դու նմա արասջիր, զի զձերդ ձեզ իսկ պատուիրեցի:

W = Ψm | յայսոց W = Ψ 8 տեսցէ] W = Ψ om H | եւ պատրաստեցի իմոցն ի ժառանգուԹիւն] om W = Ψ 9 այնորիկ] H = Ψ այսորիկ W | մնա W 10-11 էր գրեալ] գրեալ է W = Ψ 15 անկամ H 16A բազում W | կրուսեալք Wo | ապրեալք] H = Ψ ընտրեալք W 16B ո] ով W = Ψ | կարասցէ W = Ψ 16C քան զմարդն] above ln H^{0} | պատուել] W = Ψrel պատուիլ H = P* T | դու ընկերի քոյ մի W :cf T 16D սիրեսցես W = Ψ 16E որպէս1^{0}]

4 Then you shall understand that the end is near. 8 And he who will be found worthy of me at that time, will be saved and will see my salvation and the new earth and my borders which I sanctified before eternity and prepared for mine as an inheritance. 9 And then the despicable shall see and lament and be amazed, who now see my paths. Therefore, prepared judgement is established for them, 10-11 because they did not know the benefits of my Law, to observe everything which was written in it. 13 But you, do not mingle yourself with such as the flame of fire will consume."

14 I replied and said, 16 "Lord, I have said many times and now I say, 16A those who perish are many and those who are saved are few, and they with great difficulty. 16B Who can carefully prepare himself thus, as even your Law commands?"

16C The Lord answered and said, "I commanded nothing above man nor anything impossible; but I say to you briefly, just as you wish to be honoured by your servant, you too do the same to the living God, and that which seems evil to you, do not to your neighbour. 16D And just as you like to be benefitted if you are beloved, you too do the same, for if it seems pleasant to experience this from your brother, you too do (the same) to him, for I commanded you that which is yours.

16E Զի որպէս կամքն են, նոյնպէս եւ գործքն, եւ որպէս
գործքն են, նոյնպէս եւ վարձքն: 16F Կորիցէ անզգամ եւ
անմիտ ազգ եւ ապրեսցին պատուականք եւ մարգարիտք, զի ոչ
կամիմ ընդ բազմութիւն ամբարշտաց, որպէս փափաքեմ սրբոց սա-
կաւուց: 16G Այս այսպէս եղիցի, եւ այսպէս կացցէ, եւ այս-
պէս սահմանեալ է յինէն, եւ ոչինչ ի նոցանէն անցցէ, մինչեւ
եղիցի դատաստան իմ ի վախճան բանից իմոց: 16H Եւ եղեւ
իբրեւ դադարեաց Տէր ի խաւսելոյ ընդ իս, տեսանեի զփառս Բարձ-
րելոյն բիւրապատիկ յոյժ, լուսաւորագոյն առաւել քան զարե-
գակն, յայնժամ դեռ եւս ունէր զիս ահ եւ դողումն յանչափ
փառացն, զայր առ իս հրեշտակն որ յառաջնումն խաւսեցաւ ընդ
իս· 16I եւ զաւրացոյց զիս եւ դարձոյց զզարմանսն իմ յիս եւ
ասէ ցիս. Մի երկնչիր եւ մի դողար, զի գտեր մեծ շնորհս
առաջի Աստուծոյ: 23 Պահեա դու եւ այլ եւս աւուրս եւթն,
24 երթեալ ի դաշտն ուր ոչ գուցէ տուն կամ յարկ եւ ոչ այլ
ինչ բայց միայն ծաղիկք, եւ մի ինչ ճաշակիցես բայց միայն ի
ծաղկաց դաշտին ուր դու իցես. 25 եւ խնդրեա ի Բարձրելոյն
առանց ձանձրանալոյ, եւ յետ այնորիկ եկից առ քեզ: 26 Եւ
գնացի ըստ բանի նորա ի դաշտ, ի տեղին որ անուանեալ կոչի

+ եւ W = Ψ | գործքն2^0] գործք W 16F անսգամ H
անզգամն W | ամբարըշտաց W | փափագեմ W | սակաւուց եւ
սրբոց W = Ψ 16G այս] om W = Ψ | դատաստանն W | իմ]
om W = Ψ | ի 2^0] եւ W = Ψ 16H եղեւ] om W = Ψ | իս]
H^0 W = Ψ իմ H^* + եւ W = Ψ | յոյժ] om W = Ψ | առաւել]
om W = Ψ | դողումն] + ի W 16I զաւրացոյց] H = Ψ
զարմացոյց W | զզարմանս W | ասէ ցիս] պատուէր ետ ինձ
եւ ասէ W = Ψ | երկընչիր W | մեծ շնորհս] ~ W 23 եւ]
om W = Ψ 24 ճաշակեսցես W = Ψ շ over ո H^0 | ծաղկանց
W | դուն W 25 խնդրեա] H = Ψ^m խնդրեսցես W |
եկից] + ես W = Ψ 26 ծաղկացն] ծաղկանցն H W | անդի

16E For as is the will, so are the deeds and as are the deeds, so is the reward. 16F The imperceptive and foolish sort will perish and the precious and the pearls will be saved, for I do not want the multitude of the sinners as I desire the few holy ones. 16G This will be thus and thus it will be established and thus it has been determined by me and nothing of them will pass away until my judgement will take place at the end of my words."

16H And it came to pass when the Lord stopped speaking with me, I saw the glory of the Most High, exceedingly great, brighter than the sun. Then, while fear still possessed me and trembling at the immeasurable glory, the angel who had spoken with me at first came to me. 16I And he strengthened me and he brought back my astonishment to me and said to me, "Fear not and tremble not, for you have found great grace before God. 23 And fast yet seven more days, 24 having gone to the field where there will be neither house nor shelter nor anything else except only flowers and eat nothing except of the flowers of the field where you will be. 25 And beseech the Most High tirelessly and after that I will come to you."

26 And, according to his speech, I went to a field in the place which is called Ardap' by name

Արղափ, եւ նստայ անդ ի վերայ ծաղկացն եւ ճաշակեի անտի, եւ
լինէր ճաշակն նոցա ինձ քաղցր եւ ի յագումն եւ ի կարողութիւն
զաւրութեան իմոյ: 27 Եւ եղեւ յետ աւուրց մինչ բազմեալ
կայի ես ի վերայ խոտոյն, եւ դարձեալ խռովեալ էր յիս սիրտ
իմ որպէս զառաջինն, 28 եւ բացաւ բերան իմ եւ սկսայ խաւսել
առաջի Բարձրելոյն եւ ասել. 29 Ով Տէր Աստուած, որ ամենայն
հոգւոց արարիչ ես, յայտնելով յայտնեցար հարցն մերոց յերկ-
րին յանապատի, յորժամ ելանեին յԵգիպտոսէ, անցանելով ընդ
անապատն անջուր եւ անպտուղ, եւ ասացեր ցնոսա. 30 Լուարուք
որդիք Իսրայելի, եւ ունկն դիք բանից իմոց զաւակդ Յակոբայ:
31 Ահաւասիկ ես սերմանեմ զաւրէնս իմ, եթե արասցէ պտուղ ի
ձեզ, փառաւորեցայց ի ձեզ. իսկ հարքն մեր ոչ պահեցին զաւրէնս
քո, վասն այնորիկ կորեան: 36 Նոյնպէս եւ մեք որ ընկալաք
զաւրէնս քո, յանցեաք եւ անաւրինեցաք: 37 Բայց աւրէնք քո
ոչ կորեան, այլ մնացին ի փառս իւրեանց: 38 Եւ մինչդեռ
զայս ընդ իս խաւսեի, համբարձի զաչս իմ եւ տեսի յաջմէ կող-
մանէ, եւ ահա կին մի կոծէր եւ ցտէր եւ լայր մեծաբարբառ յոյժ,
պատառեալ զհանդերձս իւր եւ արկեալ մոխիր զգլխով իւրով:
39 Եւ թողուի զառաջին բանն իմ յորում եին, զմտաւ ածեալ

H | ճաշակն նոցա] W = Ψ ի ճաշակել H | քաղցր] ի քաղ-
ցրութիւն W = Ψ 27 մինչ] W = Ψ ինչ H | դարձեալ]
W = Ψ om H | խռովեալ էր] խռովէր W = Ψ 28 սկըսայ
W | ասել] H = Ψ^m ասեմ W 29 յերկիրն անապատ H :cf Ψ
| ելանեին] ելանէր նա W | եւ 2^0] W = Ψ om H
30 թե լուարուք W = Ψ | ունկն դիք] H = R ունկնդիր լե-
րուք W = Ψ_{rel} 31 զաւրէնս] W = Ψ զբանս H | ի
ձեզ 1^0] om W = Ψ | զաւրէնսն W | այնորիկ] H = Ψ
այսորիկ W 36 յանցեաք] W = Ψ յանցեայք H
37 աւրէնքն W | քո] H = Ψ om W 38 իմ] մ eras W |
մի կոծէր] մի կո eras W 39 թողի W ի below ln H^0 |

and sat there upon the flowers and ate of them; and the eating of them was sweet to me and satisfying and increased my strength. 27 And it came to pass after some days, while I was reclining upon the grass and again my heart was disturbed in me as formerly, 28 my mouth was opened and I began to speak before the Most High and to say, 29 "O Lord God, who are the creator of all souls. You surely appeared to our fathers in the desert land when they were coming forth from Egypt, passing through an arid and barren desert, and you said to them, 30 'Listen children of Israel and attend to my words, seed of Jacob. 31 Behold I plant my Law, if it produces fruit in you I will be praised in you.' But our fathers did not observe your Law; because of that they perished. 36 Likewise, we too who received your Law transgressed and acted lawlessly. 37 But your Law did not perish but remained in its glory."

38 And while I was saying this to myself, I lifted my eyes and I saw from the right, and behold a woman was lamenting and cutting herself and crying exceedingly loudly, tearing her garments and casting ashes about her head. 39 And I left my previous discourse upon which I was (engaged); considering (it), I was amazed that a woman was seen in such a

զարմանայի թէ յայսպիսում տեղւոջ կին մարդ երեւեցաւ. դարձեալ
առ նա ասեի ցնա թէ 40 Ընդէ՞ր լաս եւ ընդէ՞ր կոծիս դառնա-
պէս: Եւ պատասխանի եւ ասէ ցիս. 41 Թոյլ տուր ինձ տէր,
զի լացից զիս եւ յաւելից յաշխարել, զի յոյժ դառնացեալ եմ
յոգի իմ եւ լի եմ տառապանաւք: 42 Եւ իմ ասացեալ ցնա. Զի՞
եղեր, ասա ինձ: Ասաց ցիս. 43 Ամուլ եղէ ես աղախին քո եւ
ոչ ծնայ ես երեսուն ամ կեցեալ ընդ առն իմում: 44 Եւ ես
հանապազ աւր եւ ժամ յերեսուն ամսն յայն խնդրեի ի Բարձրելոյն
ի տուէ եւ ի գիշերի: 45 Եւ եղեւ յետ երեսուն ամին, լուաւ
Աստուած աղախնոյ քում եւ հայեցաւ ի տառապանս իմ եւ ետես
զնեղութիւնս իմ եւ ետ ինձ որդի. եւ ուրախ եղաք ի նա ես եւ
այր իմ եւ ամենայն քաղաքացիքն իմ եւ փառաւորեցաք զԱստուած:
46 Եւ սնուցաք զնա աշխատութեամբ բազմաւ. 47 եւ եղեւ յոր-
ժամ աճեաց եւ զարզացաւ, կամեաք առնուլ նմա կին եւ առնեաք
աւր ուրախութեան:

10:1 Եւ եղեւ յորժամ եկն որդի իմ յառագաստ իւր,
անկաւ եւ մեռաւ: 2 Եւ անցուցաք զլոյսն եւ յարուցաք

զառաջինն W | զքանս W = Ψ | եին] + եւ W | դարձայ W | ասեի ցնա] եւ ասեմ W 40 եւ 1^0] եւ կամ W
41 եւ 2^0] om W 42 իմ ասացեալ] ասացի W :cf Ψ | եղեր] եղեւ W = Ψ | ասա ինձ] W = Ψ om H | ասաց ցիս] եւ նա ասէ W :cf Ψ 43 ես] over illeg let H^0 + ես marg H om W = Ψ | զերեսուն W = Ψ 44 յայնս W = Ψ
45 ամի W | ի 1^0] om W | ետես---իմ 1^0] om W = Ψ | ինձ] մեզ W = Ψ | եղաք] H = Ψ էաք W | քաղաքակիցք W = Ψ | իմ 3^0] մեր W | եւ 8^0] om W 46 բազում աշխատութեամբ W :cf E 47 զարզացաւ] + եւ W = Ψ | առնուլ] H = Ψ ածել W | եւ 3^0] W = Ψ om H | աւր] H = Ψ om W :haplgr | ուրախութիւն W
1 յորժամ] իբրեւ W = Ψ | որդին W = Ψ | յառագաստն W

place. Turning to her I said to her, 40 "Why are you crying and why are you lamenting bitterly?"

She answered and said to me, 41 "Permit me, sir, to bewail myself and to continue to mourn, for I am exceedingly embittered in my soul and am full of tribulation."

42 And when I said, "What happened to you? Tell me!"

43 She said to me, "I, your handmaiden, was barren and I did not bear child, although I lived with my husband for thirty years. 44 And I continually, day and hour in those thirty years, begged the Most High by day and by night. 45 And it came to pass after thirty years, God hearkened to your maidservant and looked at my tribulation and he saw my distress and he gave me a son; and I and my husband and all my fellow-citizens rejoiced in him and we glorified God. 46 And we nurtured him with great travail. 47 And it came to pass when he grew up and matured, we wished to take a wife for him and we prepared a day of festivity.

10   1 "And it came to pass when my son came to his nuptial couch, he fell down and died. 2 And we removed the light and we set up immeasurable mourn-

փոխանակ մեծ ուրախութեանն, սուգ անչափ. եւ յարեան ամենայն
քաղաքացիք իմ վասն նորա մխիթարել զիս. եւ յետ բազում մխի-
թարելոյն զիս, դադարեցի մինչեւ ի վաղիւ անդր գիշերոյն:
3 Եւ եղեւ իբրեւ ամենեքեան դադարեցին ի մխիթարելոյն զիս,
լռեցի եւ ես. եւ յարեայ ի գիշերի, փախեայ եւ եկի այսր որպէս
տեսանես զիս յայսմ դաշտի. 4 Զմտաւ ածեալ մի եւս դառնալ ի
քաղաքն, այլ աստէն դադարել, մի ուտել եւ մի ըմպել այլ միշտ
սգալ եւ պահել մինչեւ մեռայց: 5 Եւ թողեալ զբանս իմ
յորում եի, ետու պատասխանի ցասմամբ կնոջն եւ ասեմ. 6 Զոր
ինչ իմանաս, լաւ ինչ իմանաս քան զամենայն կանայս. ո՞չ տեսա-
նես զսուգս մեր, 7 որ եհաս ի վերայ Սիոնի, որ է մայր մեր
ամենեցուն. հեծելով հեծէ Երուսաղէմ եւ տրտում եւ տառապեալ
յոյժ, եւ արդ ոչ սգաս զնա առաւել. 8 զի ամենեքեան ի
տրտմութեան եւ ի զղջման սուգ իցեմք, այլ տրտում ես վասն
միոյ որդւոյ քո: 9 Հարց ցերկիր եւ նա ասասցէ քեզ թե պարտ
է նմա սգալ, 10 զի այնչափ ծնեալ ի նմանէ բազմութիւն, յապա-
կանութիւն դարձեալ: 11 Արդ, ո՞ւմ պարտ է սգալ, որ այնչափ

2 զլոյսն] H = Ψ om W | յարուցաք] H = Ψ արարաք W | ուրախութեան W | եւ 3^0] W = Ψ om H | իմ] H = Ψ մեր W 3 ամենեքեան դադարեցին] դադարեցան ամենեքեան W : cf Ψ | մխիթարելոյն] H = Ψ խրատելոյ W | ի գիշերի / փախեայ] ~ W | այսր] աստ W | որպէս] + եւ W | տեսա-նեսդ W 4 մի...մի] H = Ψ ոչ...ոչ W | ըմպել] ըմբել H W 5 եի] էին W | ցասմամբ կնոջն] ~ W 6 ինչ 1^0] om W = Ψ | իմանասդ W = Ψ 7 վերա W | մեր] W = Ψ om Ḥ | տրտում] + է W = Ψ | զնա առաւել] առաւել յոյժ W = Ψ 8 զըղջման W | սուգ] եւ ի սուգ W = Ψ | իցեմք] եմք W = Ψ | որդոյ W | քոյ W 10 նմանէն W | դարձան W = Ψ 11 պարտ] արժան W = Ψ | միոյն W

ing in place of great festivity. And all my (fellow) citizens arose to comfort me because of him. And after (their) greatly comforting me, I desisted until the night of the following day. 3 And it came to pass, when everybody had ceased comforting me, I too was silent. And I arose by night, I fled and I came here, as you see me in this field, 4 intending to return to the city no more, but to stop here, neither to eat nor to drink but continually to mourn and fast until I die."

5 And, abandoning my discourse upon which I was (engaged), I replied angrily to the woman and said, 6 "That which you know, you know better than all women. Do you not see our mourning, 7 which came upon Zion who is the mother of us all? Jerusalem indeed groans, both sad and exceedingly afflicted: and now do you not mourn her more? 8 For we are all in sorrow and in grief of contrition, but you are sad because of your one son. 9 Ask the earth and it will say to you that it ought to mourn, 10 for that great multitude which was born of it returned to corruption. 11 Now, who should mourn, she who lost such a great multitude or (should) you

բազմութիւն կորոյս, թե քեզ վասն միոյ ողբալ: 12 Թե ասաս-
ցես. Ոչ է նման տրտմութեան երկրի իմ սուգս, զի ես զպտուղ
որովայնի իմոյ կորուսի, որ ցաւովք ծնայ. 13 իսկ երկիր
ըստ ճանապարհաց իւրոց գնայ, մերժեցաւ եւ գնաց մաւտաւոր
սուգն նորա, որպէս եւ եկն: Եւ ես քեզ ասացից 14 թե որ-
պէս քո աշխատութեամբ ծնեալ, նոյնպէս եւ երկիր ի սկզբանէ ետ
զմարդ արարչին իւրում: 15 Արդ, այսուհետեւ կալ դու ի քեզ
⸢զտեղին⸣ քո, եւ առաքինութեամբ համբեր վշտացն որ եղեն քեզ:
16 Զի եւ քո որդին յարիցէ ի ժամանակի իւրում եւ դու ընդ
կանայս անուանեսցիս. 17 դարձ այսուհետեւ ի քաղաք անդրէն
առ այր քո: 18 Եւ ասաց ցիս. Ոչ արարից զայդ եւ ոչ մտից ի
քաղաք, այլ աստէն մեռայց: 19 Եւ յաւելի խաւսել ցնա եւ
ասացի. 20 Մի առներ զայդ իրս, այլ հաւանեաց վասն տրտմու-
թեանն Սիոնի եւ մխիթարեաց վասն քաղաքին Երուսաղեմի: 21
Հայիս ապաքէն եւ ի նա, զի սրբութիւնն մեր ապականեալ է, եւ
սեղանն կործանեալ, 22 եւ աւրհնութիւնքն դադարեալ, եւ պար-
ծանքն մեր քակտեալ են, եւ լոյս ճրագացն շիջեալ, եւ տապանակ

12 inc] + եւ W | ասասցես] + եթե W = Ψ | ցաւաւք W
13 գնաց W = Ψ | սուգ W | ես] om W 14 քո] om W
= Ψ | աշխատութեամբն W | ծնեալ] + է W = Ψ | ետ
զմարդն ի սկզբանէ W = Ψ | իւրում]Ψ rel իւրոյ H W = Q
15 կալ] W = Ψ ընկալ H | ի քեզ] om W = Ψ | զեղին W*
| քո] W = Ψ om H | համբերեա W* = Ψ^m համբերէ W^0 |
վըշտացն W 16 ժամանակ W :haplgr 17 ի քաղաք/ անդրէն]
~ W = Ψ | քաղաքն W 18 ասաց] ասէ W = Ψ 19 եւ 1^0]
W = Ψ om H | ցնա] ընդ նմա W = Ψ 20 քաղաքին երու-
սաղեմի] over eras W^0 21 եւ 1^0] H = Ψrel om W = E |
եւ սեղանն կործանեալ] H :cf Ψ om W :hmt 22 դադարեալ]
+ են W = Ψ^m | շիջեալ] անցեալ են W = Ψ | տապանակն W |

lament because of one? 12 If you should say, 'The earth's sadness is not like my mourning, for I lost the fruit of my womb whom I bore with pains; 13 but the earth goes according to its ways, its present grief has departed and gone just as it came.' And I say to you, 14 'Just as you bore with labour, so also the earth from the beginning gave man to his Creator.' 15 Now, therefore, keep your ⌜place⌝ in yourself and bear patiently the afflictions which have come upon you. 16 For your son too will arise in his time and you will be renowned among women. 17 Return therefore, to the city to your husband."

18 And she said to me, "I will not do that and I will not enter the city, but I will die here."

19 And I spoke to her again and said, 20 "Do not do this thing, but be persuaded for the sake of the sadness and be consoled for the sake of the city of Jerusalem. 21 Therefore, also look at her, for our sanctuary is contaminated and the altar is destroyed 22 and the praises ceased and our splendour is destroyed and the light of the candles extinguished and the ark of our covenant taken into

կտակարանաց մերոց ի գերութիւն վարեալ. սրբութիւնն մեր
պղծեալ է եւ անունն որ կոչեցեալ էր ի վերայ մեր, յայնմանէ
աւտարացեալ եմք. ազատք մեր թշնամանեալ են, եւ քահանայք մեր
լացեալ են, եւ ղեւտացիք մեր ի ծառայութիւն անկեալ են, եւ
կանայք մեր բռնադատեցան, եւ երիտասարդք մեր սպանան, եւ
հզաւրք մեր ի պարտութիւն մատնեցան. 23 եւ քան զամենայն
ոք աւելի անարգեցաւ Սիոն, իբրեւ զանաւթ անպիտան, եւ լուծաւ
ի փառաց իւրոց, եւ մեք մատնեցաք ի ձեռս ատելեաց մերոց.
24 Բայց դու, թաւթափեա ի քէն զբազմութիւն տրտմութեանդ եւ
ի բաց արա ի քէն զյաճախութիւն ցաւոց, զի հաշտեսցի ընդ քեզ
Հզաւրն եւ Բարձրեալն հանգուսցէ զքեզ ի ցաւոց քոց եւ ի վաս-
տակոց: 25 Եւ եղեւ իբրեւ խաւսեի ընդ նմա, զուարթանային
երեսք նորա յոյժ եւ տեսիլ իւր լինէր իբրեւ զփայլակն եւ
կերպարանք իւր այսպիսի ահագինք առ մերձաւորս իւր. եւ սիրտ
իմ յայնմ յոյժ զարհուրեալ էր եւ զմտաւ ածեալ ասեի թե Զի՞նչ
իցէ ախս: 26 Եւ նա յանկարծակի մեծաւ բարբառով աղաղակեաց
ահիւ ճչէր առ ի շարժել երկրի ի ձայնէն: 27 Տեսանեի եւ
ահա ոչ եւս երեւէր ինձ կինն այլ քաղաք շինեալ ի հարուստ

վարեալ] + է եւ W = Ψ | եւ ազատք W = Ψ | եւ կանայք] կանայք W | եւ երիտասարդք մեր սպանան] om W = Ψ
23 ատելեաց] թշնամեաց W = Ψ 24 թաւթափեա] W = Ψ թաւթաւեա H | ստմտութեան H* տրտ above ln H^2 :cpt | արա] տար W | ցաւոցդ W | հզաւրն եւ բարձրեալն] ed բարձրեալն եւ H հզաւրն եւ W = Ψ | վաստակոց] + քոց W
25 ահագինք] H :cf Ψ ահաւոր W | յայնմ] om W = Ψ | եւ զմտաւ] զմտաւ W = Ψ 26 աղաղակեաց] W = Ψ վաղվաղակի H | եւ ճչեաց W = Ψ | ձայնէ նորա W 27 հարուստահիմաց W | զարհուրեցայ W | աղաղակեցի W | մեծաբարբառ] ք^{10} over other lett H^2 մեծաւ բարբառով W | ասացի W

captivity, our sanctuary is defiled and we are alienated from the name which was called over us, our free men are insulted and our priests have wept and our Levites have fallen into slavery and our wives were violated and our young men were killed and our mighty ones were given over to subjection; 23 and more than everyone, Zion was rejected like a worthless vessel and her glory was taken away and we were delivered over into the hands of those who hate us. 24 But you, cast away the multitude of sorrow from yourself and expel the numerous pains from yourself, for the Almighty will be reconciled with you and the Most High will give you respite from your pains and troubles."

25 And it came to pass as I was speaking with her, her face rejoiced exceedingly and her appearance became like lightning and her form so fearsome to those near her that my heart was exceedingly terrified at it and thinking, I said, "What is this?" 26 And suddenly she called out with a loud sound, she screamed with fear so that the earth shook at her voice. 27 I saw and behold, the woman no longer appeared to me, but a builded city upon strong foundations. I was terrified and

հիմանց. զարհուրեի եւ աղաղակեի մեծաբարբառ եւ ասեի. 28
Ու՞ր իցէ Ուրիէլ հրեշտակն որ յառաջնումն աւուրն եկն առ իս.
զի նա արար ինձ զալ յայս տեղի զարմանալեաց, եւ եղեն ինձ
խնդրուածք իմ ի վախճանի թշնամանս յոյժ: 29 Եւ զայս մինչ-
դեռ խաւսեի, եկն հրեշտակն եւ ետես զիս. 30 եւ ահա անկեալ
դնեի իբրեւ զմեռեալ եւ իմաստութիւն իմ եղծանէր. եւ կալաւ
զաջոյ ձեռանէ իմմէ եւ զաւրացոյց զիս եւ հաստատեաց զիս ի
վերայ ոտից իմոց եւ ասէ ցիս. 31 Զի՞ եղեւ քեզ եւ ընդէ՞ր
խռովեցար եւ կամ ընդէ՞ր եղծաւ իմաստութիւն քո եւ միտք սրտի
քո: 32 Եւ ասացի թե Ընդէ՞ր թողեր զիս, զի ես արարի ըստ
բանից քոց եւ եկի ի տեղիս յայս եւ ահա, տեսի որում ոչ կարեմ
հասու լինել: Եւ ասաց ցիս. 33 Կաց իբրեւ զմարդ եւ
խրատեցից զքեզ: Եւ ասացի. 34 Խաւսեա տէր, բայց միայն մի
թողուր զիս, զի մի ընդ վայր մեռայց. 35 տեսի զոր ոչ էր
տեսեալ եւ լուայ զոր ոչ գիտեի, 36 բայց եթե միտք իմ մոլո-
րեալ են եւ անձն իմ պշեալ է: 37 Արդ, խնդրեմ ի քէն,
պատմեա ծառայի քում վասն սքանչելեացս այսոցիկ: 38 Ետ պատ-
ասխանի եւ ասէ ցիս. Լուր ինձ եւ ուսուցից քեզ եւ պատմեցից
քեզ վասն որոյ երկնչիսդ. վասն այսորիկ Բարձրեալն յայտնեաց
քեզ զքազում խորհուրդս, 39 զի ետես զուղղութիւն քո, զի

28 յառաջնում W | զարմանալի W | ի] եւ W :cf Ψ
29 զայս մինչդեռ] ~ W 30 կալաւ] նա կալաւ W | ձեռան
W :cpt | զիս 2^{0}] H = Ψ om W 31 եւ 1^{0}] om W = Ψ |
ընդէր 2^{0}] վասն էր W :cpt | քոյ 2^{0} W 32 բանի քում
W = Ψ | ոչ կարեմ] չեմ կարող W | հասու լինել] ~ W |
ասէ W = Ψ 33 խրատեցից զքեզ] խաւսեցայց ընդ քեզ W = Ψ
34 խօսեաց W = Ψ | զիս] om W 35 զի տեսի W | էր] + իմ
W 36 եթե] միայն W = Ψ | են] W = Ψ ե H 38 ուսու-
ցից---քեզ 2^{0}] H :cf Ψ ասացից քեզ W | երկընչիսդ W |
աստուած բարձրեալն վասն այսորիկ W 39 զի] H = Ψ եթէ

I cried out loudly and said, 28 "Where is the angel Uriel who came to me on the previous day? For he made me come to this place of wonders and in the end my prayers became a great outrage for me."

29 And while I was saying this, the angel came and saw me 30 and behold, I was lying like one dead and my understanding was in disorder. He grasped my right hand and strengthened me and set me up on my feet and said to me, 31 "What happened to you and why are you troubled? Why are your understanding and the thoughts of your heart disordered?"

32 And I said, "Why did you abandon me? for I acted according to your words and came to this place and, behold, I saw that which I am unable to understand."

And he said to me, 33 "Stand up like a man and I will instruct you."

And I said, 34 "Speak lord, but only do not abandon me, lest I die in vain. 35 I have seen that which has not been seen and I have heard that which I knew not 36 unless my mind wandered and my soul was astounded. 37 Now, I beg you, tell your servant about these wonders."

38 He replied and said to me, "Listen to me and I shall instruct you and shall tell you concerning that which you fear. Because of this the Most High has revealed many secrets to you, 39 for he has seen your uprightness, that you sorrow indefatigably because

ասձանձրոյթ տրտմեալ ես վասն ժողովրդեանն եւ յոյժ սգաս ի
վերայ Սիոնի: 40 Այս իրք են. 41 կինն որ երեւեցաւ քեզ
փոքր մի յառաջագոյն, տեսեր որ սգովն էր եւ սկսար մխիթարել
զնա. 42 արդ, այսուհետեւ ոչ եւս ի կերպարանս կնոջ տեսցես
զնա, այլ երեւեսցի քեզ քաղաք շինեալ. 43 եւ զի պատմէր
քեզ վասն տրտմութեան որդւոյն իւրոյ, 44 այս կին այն Սիոն
է, զոր տեսանեիրն, զոր այժմ տեսանես քաղաք շինեալ: 45 Եւ
զի ասացն քեզ թե Ամուլ եղէ ես ամս երեսուն, զի ամս բազումս
ունէր յայսմ աշխարհի եւ յորժամ եղեւն եւ շինեցաւ, ոչ
մատեաւ ի նմա պատարագ: 46 Եւ եղեւ յետ այնորիկ, Սողոմոն
շինեաց զքաղաքն եւ զտաճարն եւ մատոյց ի նմա պատարագ. ե՞րբ
էր, յորժամ ամուլն ծնաւ: 47 . . . աշխատութեամբ, այն
բնակութիւնն Երուսաղեմի էր. 48 եւ յորժամ ասաց ցքեզ.
Որդի իմ եմուտ յառագաստ իւր մեռաւ. պատահէր տրտմութիւն այն
որ լինէր զլորումն Երուսաղեմի: 49 Տեսեր զի սգայր վասն
որդւոյն իւրոյ եւ սկսար մխիթարել զնա վասն տրտմութեանցն որ
հասեալ էին նմա. 50 իբրեւ ետես Բարձրեալն եթե յամենայն
սրտէ հոգաս վասն նորա, եցոյց քեզ զլուսաւորութիւն փառաց
նորա եւ զգեղեցկութիւն վայելչութեան նորա: 51 Վասն այնո-

W | ի վերայ] H = Ψ վասն W 40 են] + տեսիլդ W
41 տեսեր] om W = Ψ 42 ի կերպարանս...զնա] W կերպա-
րանք H | երեւեցաւ W = Ψ 43 որդւոյ W 44 տեսանեիր
W 45 ասացն] ասաց W 46 եղեւ] om W = Ψ | սողոմոն
շինեաց] ~ W = Ψ | զքաղաքն եւ] W = Ψ om H | մատոյց]
n over lett g above ln H^0 | երբ] երդ W 47 բնակութիւն
W 48 ցքեզ] + եթե W = Ψ | որդին W | իմ] + իբրեւ
W = Ψ | յառագաստն W | իւր] om W | մեռաւ] + եւ W |
տրտմութիւն] + յոյժ W = Ψ 49 վասն 1^0] ի վերայ W = Ψ
| զնա] W om H = Ψ | տրտմութեանցն] W = Ψ տրտմութեանն

of the people and you mourn exceedingly over Zion.
40 These are the matters: 41 the woman who appeared to you a little time ago—you saw she was mourning and you began to console her. 42 Now, therefore, you shall no longer see her in the form of a woman but she shall appear to you (as) a builded city. 43 And that she told you concerning the sadness of her son— 44 this woman whom you saw is that Zion which you now see as a builded city. 45 And that she said to you,'I was barren for thirty years,' for she passed many years in this world and when she came to be and was built, sacrifice was (not) offered in her. 46 And it came to pass after that, Solomon built the city and the Temple and offered sacrifice in it. When was it? When the barren woman gave birth. 47 ... with toil—that was the settlement of Jerusalem. 48 And when she said to you, 'My son entered to his nuptial couch; he died,'—that sadness took place which was the downfall of Jerusalem. 49 You saw that she was mourning for her son and you began to comfort her on account of her sorrows which had come upon her. 50 When the Most High saw that you cared about her wholeheartedly, he showed you the brilliance of her glory and the beauty of her splendour. 51 Because of that I said to you that you should remain in a

րիկ ասացի քեզ զի մնացես ի դաշտին ուր տունն ոչ շինէր,
52 գիտեի թե Բարձրեալն կամի ցուցանել քեզ զայս ամենայն,
53 եւ վասն այնորիկ ասացի քեզ գալ ի տեղիս յայս ուր ոչ էր
շինուած հիման. 54 ⸢ու՞ր⸣ ոչ կարէր գործ շինուածոց մարդոյ
կալ ի տեղւոջ ուր ցուցանելոց էր քեզ զքաղաքն Բարձրելոյն:
55 Բայց դու, մի երկնչիր եւ մի զարհուրեսցի սիրտ քո, այլ
մուտ եւ տես զպայծառութիւն քաղաքին կամ զմեծութիւն շինուա-
ծոյն, որչափ ակն քո բաւէր տեսանել, 56 եւ յետ այսորիկ
որչափ բաւական են քո լսելիք ականջացդ. 57 զի դու երանելի
եղեր քան զբազումս եւ հաճոյ եղեր Բարձրելոյն որպէս սակաւք:
58 Մնա դու եւ զվաղուեան գիշերն աստէն 59 եւ ցուցից քեզ
որչափ Բարձրեալն տեսիլս երազոց ցուցցէ քեզ, որ լինելոց
իցեն ի վերայ բնակչաց երկրին յաւուրս վախճանի: 60 Եւ
մտի ի քուն զերկուս գիշերսն, որպէս հրամայեաց ինձ հրեշտակն:

11:1 Եւ եղեւ յերկրորդում գիշերին, եւ ահա ելանէր
ի ծովէն արծուի որոյ եին թեւք երկոտասան եւ երեք գլուխ:

H 51 այսորիկ W = Ψ | զի] W = Ψrel մի H = A K G S :
cf ոչ below | տուն W | ոչ] W om H = Ψ | շինէր] H
= Ψ էր W 53 այնորիկ] H = Ψ այսորիկ W 54 ոչ1^{0}]
W = Ψ om H | կարէր] H = Ψ^{m} կար W | մարդկան W = Ψ |
կալ] om W = Ψ | տեղւոջն W .| ցուցանելոցն W | քեզ]
H = Ψ om W | բարձրելոյ W 55 զարհուրիր ի սրտի քում
W | կամ] եւ կամ W | բաւական է W = Ψ 56 են] իցեն
W :cf Ψ | քո] H = Ψ^{m} քեզ W | ականջաց W 58 եւ]
աստ W = Ψ 59 ի տեսիլ երազոյ W = Ψ | որ] զոր W |
լինելոցն իցէ W = Ψ^{m} | բնակչաց] Ψ բնակութեանց H W |
երկրի W 60 եւ] + ես W | որպէս] + եւ W = Ψ |
հրեշտակն] + տեառն W = Ψ
1 ծովէ W | արծիւ H | գլուխք երեք W = Ψ 2 զթեւս

field where no house was built. 52 I knew that the Most High wished to show you all this 53 and therefore I told you to come to this place where there was no construction of a foundation. 54 ⌈Where⌉ the work of human construction could not stand in the place where he was going to show you the city of the Most High.

55 "But you, fear not and let your heart be not terrified but enter and see the brilliance of the city or greatness of the construction, as much as your eye could see. 56 And after this you will hear as much as hearing of your ears is able. 57 For you were more blessed than many and were pleasing to the Most High as few. 58 Remain here also tomorrow night, 59 and I will show you as many dream visions as the Most High will show you, which things are going to befall the inhabitants of the earth in the days of the end."

60 And I fell asleep for two nights as the angel commanded me.

11 1 And it came to pass on the second night and behold, an eagle came forth from the sea which had twelve wings and three heads. 2 And it lifted up

2 Եւ համբառնայր զթեւսն իւր եւ թռչէր ընդ ամենայն երկիր եւ
ամենայն հողմք երկնից շնչեին եւ առ նա ժողովեին: 3 Եւ
տեսի ի թեւոց նորա այլ թեւս բուսեալ եւ այն լինէր ի
փոքունս թեւս եւ ի մանունս: 4 Իսկ գլուխք արծուոյն ի
լռութեան կային եւ միջին գլուխն մեծ էր քան զայլսն, բայց
սակայն եւ նա ի լռութեան ղաղարեալ էր ընդ նոսա. 5 եւ ահա
համբառնայր զթեւս իւր տիրել երկրի եւ բնակչաց նորա, 6 եւ
տեսանեի որպէս հնազանդէր նմա ամենայն ինչ որ ի ներքոյ երկ-
նից, եւ ոչ ոք ընդդէմ դառնայր նմա յարարածոց որ ի վերայ
երկրի: 7 Եւ տեսի զի յառնէր արծուին եւ կայր ի վերայ
ոտից իւրոց եւ ասէր. 8 Միանգամայն զամենեսեան մի կամիցիք
արթուն կալ, այլ ի քուն մտցէ իւրաքանչիւր ի տեղւոջ իւրում
եւ ի ժամանակի իւրում զարթիցէ. 9 եւ գլուխքն ի վախճան
պահեսցին: 10 Եւ տեսանեի եւ ահա ոչ ելանէր բարբառ ի
գլխոյ նորա, այլ ի միջոյ մարմնոյ նորա. 11 եւ թուեցի
զաւելորդ թեւս նորա եւ այս եին ութն: 12 Եւ տեսի յաջմէ
կողմանէ նորա զի կանգնէր թեւ մի եւ իշխէր ի վերայ ամենայն
երկրի. 13 եւ իբրեւ այն լինէր, հասանէր նմա վախճան զի
ամենեւին մի երեւեսցի տեղի նորա, եւ երկրորդն յառնէր եւ
տիրէր եւ ունէր բազում ժամանակս. 14 եւ յետ տիրելոյն

W | թռչէր] H = Ψ^m շրջէր W | երկիր] + իւր H
3 տեսանէի W = Ψ^m | թեւս 1^0] H = L R թեւ W = Ψrel |
մանունս] W = Ψ^m մասունս H 4 զայլսն] ս above eras H^0
5 զթեւս իւր] W = Ψ om H | երկնի W :cpt 7 տեսի]
H :cf Ψ om W 8 միանգամայն զամենեսեան] H^0 W = Ψ ∼ H*
| մի] om W = Ψ | իւրաքանչիւր] + ոք W 10 տեսի W =Ψ
| գլխոց] գլխոյ W = Ψ 11 թըւեցի W | այն W = Ψ^m |
ութ W 13 նմա] over eras H^0 ի վերայ eras precedes H* |
տիրէր] + նր. eras W | զբազում W = Ψ 14նմա վախճան]

its wings and flew through the whole earth and all the winds of heaven blew and were gathered to it. 3 And I saw other wings sprouting from its wings and those became small and tiny wings. 4 But the heads of the eagle were in silence, and the middle head was larger than the others: nevertheless it too was resting in silence with them. 5 And behold it raised up its wings to rule over the earth and its inhabitants. 6 And I saw how everything which was under the heavens was subject to it and none of the creatures which were upon the earth opposed it. 7 And I saw that the eagle arose and stood on its feet and said, 8 "Do not all desire to be awake at one time (or: to watch everything at one time), but let each one fall asleep in its place and let it awake in its time; 9 and let the heads be preserved for the end."

10 And I saw and behold, the voice did not issue from its head but from the middle of its body: 11 and I counted its additional wings and these were eight. 12 And I saw that one wing arose from its right side and ruled over all the earth. 13 And when this had happened, (its) end came upon it so that its place was not visible at all and the second arose and ruled and lasted for a long time. 14 And after the rule, (its) end came upon it so

հասանէր նմա վախճան զի կորիցէ իբրեւ զառաջինն. 15 եւ
լինէր նմա բարբառ եւ ասէր. 16 Լուր դու զաւետիս քո որ
այսչափ ժամանակս կալար զերկիր յառաջ քան զքո կործանելն.
17 ոչ ոք յետ քո կալցի այնչափ ժամանակս իբրեւ զքեզ, այլ
եւ ոչ զկէս քո: 18 Եւ յարեաւ երրորդն եւ նա կալաւ զիշխա-
նութիւնն եւ կորեաւ իբրեւ զառաջինն եւ նա. 19 եւ այսպէս
լինէր իշխանութիւն թեւոց նորա ամենայնի եւ դարձեալ կործանէր:
20 Եւ տեսի զայլ թեւսն եւ զայն ի ժամու իւրում կանգնեալ
յաջմէ կողմանէ ունել զիշխանութիւնն. ունէր ի նոցանէն եւ վաղ-
վաղակի կործանէր. 21 եւ ոմն ի նոցանէն կանգնէր եւ ոչ
կարէր ունել զիշխանութիւնն: 22 Եւ յետ այնորիկ տեսանեի զի
երկոտասանեքին թեւքն կործանեին եւ երկու յաւելորդ թեւոցն.
23 եւ ոչինչ մնայր յանդամս արծուոյն բայց միայն յերից գլ-
խոցն դաւդեւոց 24 եւ վեց թեւն, յորոց բաժանեալ եին երկուն
եւ երթային, դադարեին առ գլխոյն յաջմէ կողմանէ. եւ չորքն
մնային ի տեղւոջ իւրեանց: 25 Եւ տեսանեի զի չորք թեւքն
խորհեին կանգնել եւ տիրել. 26 եւ ապա տեսանեի զմինն որ

վախճան նորա W = Ψ 15 նմա բարբառ] ~ R բարբառ ընդ
նմա W = Ψrel 16 այնչափ W = Ψ^{m} | ժամանակս] W = Ψ om
H | կործանել W 17 ժամանակս] զերկիր W | եւ] H :cf
T om W = Ψrel | զկէս] W = Ψ զի յետ H 18 եւ 1^{0}]
W = Ψ om H | երրորդն] Ψ երորդն W երկրորդն H |
նա 1^{0}] om W = Ψ | եւ նա 2^{0}] W = Ψ om H 19 այնպէս
W = Ψ | լինէր] ունէր W = Ψ | թեւոց նորա] թեւոցն W =Ψ|
ամենեցուն W = Ψ | կործանել W = Ψ 20 զայլ] զամենայն
W = Ψ | կործանել W 21 չկարէր W = Ψ 22 կործանէին
W | երկու յաւելորդ] W = B T :cf Ψrel երկուց աւելորդ H
23 արծուոյն] ծ above eras ծ H^{0} 24 յորոց] W = Ψ որոց
H | առ] +ի W | չորքն] H = Ψ չորսն W | մնացին W
= Ψ 25 չորք] H = Ψ չորս W 26 զմինն] W = Ψ զի

that it perished like the first one. 15 And a voice came to it and said, 16 "Hear your good news, you who possessed the earth for such a long time before you perished. 17 No one after you will hold power for as long a time as you, but not even half of your (time)."

18 And the third one arose and it held power and it too perished like the first one. 19 And thus each of its wings held rule and likewise perished. 20 And I saw the other wings and these arose in their own time from the right side to hold power; a certain one of them held (it) and immediately perished 21 and a certain one of them arose and was unable to hold power.

22 And after that I saw that the twelve wings had perished and two of the remaining wings, 23 and nothing remained on the limbs of the eagle except the three hidden heads alone, 24 and six wings. Of these, two were set apart and went (and) rested by the head to the right side and four remained in their place. 25 And I saw that the four wings planned to rise up and rule; 26 and then I saw one which, although it arose, immediately perished.

թեպէտ եւ կանգնեցաւ, վաղվաղակի կորեաւ. 27 եւ տեսանեի եւ
ահա երկու մնային ի նոցանէն որ խորհեին առաւել լինել եւ
տիրել. 29 եւ մինչդեռ զայն խորհեին, . . . մի ի գլխոց
անտի ղաւղելոց, որ էրն մեծազոյն: 30 Եւ ապա զերկոսին
գլուխսն առնոյր ընդ իւր, 31 եւ դառնայր գլուխն մարմնովն
հանդերձ եւ ուտէր զաւելորդ թեւսն որ կամեին տիրել. 32 եւ
այն գլուխ տիրէր ամենայն երկրի եւ հնազանդեցուցանէր զբնա-
կիչս նորա աշխատութեամբ բազմաւ եւ բռնանայր բնակութեանց
երկրի քան զթեւոցն բռնութիւն: 33 Եւ տեսանեի յետ այնորիկ
զգլուխն միջին կորուսեալ իբրեւ զայլսն թեւսն, 34 եւ
մնային երկու գլուխք եւ նոքա տիրեին երկրի, նոյնպէս եւ
բնակչաց նորա: 35 Տեսանեի զի ահա ուտէր գլուխն եւ ապակա-
նէր որ յաջմէն էր զձախու կողմնն: 36 Եւ լուայ բարբառ որ
ասէր ցիս. Հայեաց առաջի քո եւ տես զինչ տեսանես: 37 Տեսա-
նեի եւ ահա առիւծ զարթուցեալ յանտառէ գոչէր եւ մռնչէր եւ
աղաղակէր ի բարբառ մարդոյ եւ լսեի զի ասէր ցարծուին.
38 Լուր ինձ եւ խաւսեցայց ընդ քեզ. այսպէս ասէ Բարձրեալն.
39 Ոչ դու մնացեր ի չորից կենդանեացն զոր արարի տիրել ի
վերայ երկրի իմոյ, զի ի ձեռն նոցա եկեսցէ վախճան ժամանակաց:
40 Եւ դու չորրորդ եկիր յաղթեցեր նոցա եւ բռնացար միշտ
վասն նոցա վաստակաւ բազմաւ. վարեցեր զաշխարհս այսչափ

մի H | մի] + unclear lett H   27 երկուն W | մնային]
W = Ψ մնայր H | նոցանէ W   29 եւ 1^{0}] W = Ψ om H |
մին W | անդի H   30 գլուխսն] ս above ln H^{0} 31 դառ-
նայր] + ի H   32 գլուխն W | երկրի 1^{0} ---տիրեին (vs 34)]
om W :hmt   35 զի ահա] եւ զի W = Ψ | զգլուխն W = Ψ |
զձախակողմն W = Ψ   37 տեսի W = Ψ | առիւծ] H = Ψrel
առեւծ մի W=K | յանտառի W* | ի] W = Ψ om H | լըսէի
W   39 իմոյ] W = Ψ om H   40 եկիր] + եւ W = Ψ |
եւ 2^{0}] W = Ψ om H | վասն նոցա] om W | վաստակելով W

27 And I saw and behold there remained two of them which planned to increase and to rule. 29 And while they were planning that, one of the hidden heads... which was the larger. 30 And then it took both heads with it. 31 And the head turned around with the body and ate the remaining wings which wished to rule. 32 And that head ruled the whole earth and subdued its inhabitants with great toil and tyrannized the habitations of the earth more than the violence of the wings.

33 And I saw after that, the middle head perished like the other wings. 34 And two heads remained and in the same way they ruled the earth and its inhabitants. 35 I saw that behold, the head which was on the right ate and spoiled that of the left side.

36 And I heard a voice which said to me, "Look before you and see what you see." 37 I saw and behold, a lion roused up from the forest. It called and roared and cried out in a human voice and I heard that it said to the eagle, 38 "Listen to me and I will speak with you. Thus says the Most High, 39 'Did not you remain of the four beasts whom I made to rule over my earth, that through them the end of times might come? 40 And you came fourth, you overcame them and you tyrannized continually because of them with great toil. You conducted this world for such a long time with

ժամանակս նենգութեամբ 41 եւ դատեցար զերկիր ոչ ճշմար-
տութեամբ, 42 յափշտակեցեր զհեզս եւ վնասեցեր խոնարհաց,
ատեցեր զճշմարիտս եւ սիրեցեր զսուտս, աւերեցեր զամրութիւն
զոյաւորաց, եւ քակեցեր զպարիսպս որ ոչ յանցեան քեզ:
43 Եւ ելին թշնամանք քո առ Բարձրեալն եւ ամբարտաւանութիւնք
քո առ Հզաւրն. 44 եւ հայեցաւ Բարձրեալն ի ժամանակս իւր
եւ ահա, կատարեալ եին: 45 Վասն այնորիկ կորնչելով կորն-
չիցիս դու արծուի եւ թեւք քո անպիտանք եւ գլուխք քո չար եւ
մագիլք քո դժնդակք եւ ամենայն մարմին քո ապիրատ. 46 զի
հանգիցէ երկիր եւ թեթեւասցի ամենայն աշխարհ վճարել ի
բռնութենէ քումմէ, ակն ունել դատաստանի եւ ողորմութեան որ
արար զնա:

12:1 Եւ եղեւ յորժամ խաւսեցաւ առիւծն զբանս զայս
ընդ արծուին 2 եւ ահա, որ մնացեալն էր գլուխն կորնչէր եւ
երկու թեւքն որ ընդ նմա եին, կանգնեին եւ փոխեին առ տիրել.
եւ էր իշխանութիւն նոցա վատթարութեամբ եւ շփոթմամբ լի:
3 Եւ ապա նոքա եւս կորնչեին, եւ ամենայն մարմին արծուոյն
կիզոյր, եւ ապշէր երկիր յոյժ. եւ ես, ի շատ զարմանալոյն

42 յաքշտակեցեր H յափըշտակեցեր W | զճշմարտութիւն W |
զստութիւն W | քակեցեր] H = E քակտեցեր W = Ψrel
43 առ 2^0 ---բարձրեալն (vs 44)] om W 44 ժամանակս] W = Ψ
ժամանակ H 45 այսորիկ W | կորընչելով W | կորնչի-
ցիս] H :cf E կորիցես W = Ψrel | գլուխք] H = L S գլուխ
W = Ψrel :haplgr | մագիլ W :haplgr | դժընդակք W
46 հանկիցէ H | աշխարհք W | բռնութենէ քումմէ] ~ W = Ψ
| ողորմութեանն W
1 առեւծն W | առիւծն զբանս զայս] W = Ψ զայս առիւծն H
| արծուոյ W = Ψ 2 կորնչէր] կորեաւ W = Ψ | առ]
+ ի W = Ψ | շփոթութեամբ W = Ψ 3 եւ 1^0 ---կիզոյր] om

guile 41 and judged not the earth in truth; 42 you did violence to the meek and harmed the humble; you hated the true things and loved lies; you destroyed the fortifications of the mighty and broke down the walls of those who did not sin against you. 43 And your outrages ascended to the Most High and your arrogances to the Mighty One. 44 And the Most High looked at his times and behold, they were finished. 45 Because of that you shall surely perish, O eagle, and your worthless wings and your evil heads and your cruel talons and all your wicked body; 46 so that the earth may rest and all the world be relieved to be delivered from your violence, to hope for the judgement and mercy of Him who made it.'"

12   1 And it came to pass when the lion spoke these words with the eagle 2 and behold, the head which remained perished and the two wings which were under it rose up and were transferred to rule and their rule was full of corruption and disorder. 3 And then they also perished and all of the body of the eagle was burned and the earth was greatly amazed.

And I awoke from the great surprise and the

եւ ի բազում երկիւղէն զարթեայ, եւ ասացի ցանձն իմ. 4
Ապաքէն դու արարեր ինձ քննել զճանապարհս Բարձրելոյն,
5 եւ ահա, լուծեալ է անձն եւ հոգի իմ, տկար եմ յոյժ եւ ոչ
կայ յիս զաւրութիւն ի բազում երկիւղէ զոր երկեայ ի գիշերիս
յայսմիկ: 6 Արդ, աղաչեցից զԲարձրեալն զի զաւրացուսցէ զիս
մինչ ի վախճան 7 եւ ասեմ. Տէր, Տէր. եթե զտի շնորհս յաչս
քո եւ թե արդարեւ երանեցայ բազում անգամ ի քէն եւ թե արդա-
րեւ ել խնդիր իմ առաջի երեսաց քոց, 8 զաւրացո զիս եւ
յայտնեա ծառայի քում զպատգամսն եւ զիրսն եւ զմեկնութիւնն
զահաւոր երազոյն զոր տեսի, զի լիով մխիթարեսցես զանձն իմ.
9 որովհետեւ արժանի արարեր զիս ցուցանել ինձ զամաց վախճան
եւ զժամանակաց կատարած: Եւ ասաց ցիս. 10 Այս է մեկնու-
թիւն երազոյն զոր տեսեր. 11 արծուին որ ելանէր ի ծովէն
չորրորդ թագաւորութիւն է որ յայտնեցաւ եղբաւրն քում Դանիելի.
12 այլ ոչ յայտնեցաւ նմա այսպէս որպէս այժմ ես քեզ յայտ-
նեմ: 13 Ահա աւուրք եկեսցեն եւ յարիցէ թագաւորութիւն ի
վերայ երկրի, եւ եղիցի ահաւոր քան զամենայն թագաւորս որ
յառաջագոյն եին. 14 որ թագաւորեսցեն ի նմա թագաւորք
երկոտասանք մի ըստ միոջէ. 15 իսկ երկրորդն ի թագաւորացն

W :hmarkt | ափշեր H | երկեղէն H երկիւղէ W | զարթայ
W* 5 անձն] + իմ W* = E Q D* T | իմ] H = D* E իմ եւ
W = Ψrel | երկեղէ H երկիւղէն W 6 մինչեւ W = Ψ
7 եւ 1^0] W = Ψ եւ ասացի H | տէր 2^0] + իմ W = Ψ |
եթե 1^0] W = Ψ om H | յաչս] over առաջի H^0 | եւ2^0]
om W = Ψ | անկամ H 8 զաւրացոյ W | զպատգամս...
զիրս...զմեկնութիւն W = Ψ | ահաւոր W = Ψ 9 ասէ W = Ψ
11 ծովէ W | չորրորդ H | եղբօր W 12 այժմ] եւ W
= Ψ | քեզ յայտնեմ] ~ W = Ψ 13 ահաւոր] ահեղ W = Ψ |
յառաջագոյնն W 14 որ] եւ առաջի նորա W = Ψ^m | երկո-
տասանք] H = R երկուտասան W = Ψrel 15 երկրորդն] W = Ψ

abundant fear and I said to my soul, 4 "Truly you made me investigate the paths of the Most High. 5 And behold, my soul and my spirit are undone, I am exceedingly weak and there is no strength in me due to the great fear by which I was frightened this night. 6 Now I will beseech the Most High that he may strengthen me until the end."

7 And I said, "Lord, Lord! If I have found favour in your eyes and if indeed I was blessed often by you and if indeed my request has ascended to before your countenance, 8 strengthen me and make known to your servant the oracles and matters and the interpretation of the terrible dream which I saw, that you may fully comfort my soul, 9 since you made me worthy to show me the end of years and the consummation of times."

And he said to me, 10 "This is the interpretation of the dream which you saw: 11 the eagle which went up from the sea is the fourth kingdom which was revealed to your brother Daniel; 12 but it was not revealed to him in the way that I now reveal (it) to you. 13 Behold days will come and a kingdom will arise upon the earth and it will be more terrible than all the kings which were formerly. 14 In it there will reign twelve kings, one after the other, 15 but the second of the kings will hold

աւելի ժամանակս կալցի քան զերկոտասանսն. 16 Այս է մեկ-
նութիւն երկոտասան թեւոցն զոր տեսեր: 17 Եւ որում լուար
ձայնին որ խաւսէր, որ ոչ ի գլխոյն բարբառէր այլ ի միջոյ
մարմնոյն նորա, 18 այն բան է, որ ի ժամանակի այնր
արքայութեան եղիցին որոշմունք ոչ սակաւք. մերձեսցի ի կոր-
ծանել եւ ոչ անկցի երբեք, այլ կանգնեսցի կացցէ յառաջին
իշխանութեանն: 19 Եւ զի տեսեր զաւելորդ թեւսն բազում
բուսեալ շուրջ զմեծ թեւովք նորա, 20 այս այն բան է.
յարիցեն ի նմանէ ութն թագաւորք որոց եղիցին ժամանակք թեթեւք
եւ ժամքն փութով. երկու ի նոցանէն կորիցեն 21 ի մերձենալ
ժամանակին, եւ ի հասարակել իշխանութեան նորա, չորքն պահես-
ցին ի ժամանակն յորժամ կամեսցի մերձենալ առ նոսա կատարած
ժամանակին. երկուն ի վախճան պահեսցին: 22 Եւ զի տեսեր ի
նմա երիս գլուխս լռեալս եւ դադարեալս, 23 այս այն բան է.
ի վախճանի նորա յարուսցէ Բարձրեալն երիս թագաւորս եւ նորո-
գեսցեն բազում ինչ. խրատեսցեն զերկիր 24 եւ զբնակիչս
նորա աշխատութեամբ բազմաւ քան զամենայն որք որ յառաջն եղեալ
եին. վասն այնորիկ անուանեցան գլուխք արծուոյն: 25 Նոքա
եղիցին գլխաւորք թագաւորութեան իւրեանց եւ լցցեն զվախճան

երրորդն H 17 մարմնոյ W | նորա] իւրոյ W = Ψ
18 այն] այդ W = Ψ | ի$^{1°}$] H = K ի մէջ W = Ψrel |
մերձեսցի] W = Ψrel մերձեսցին H = T | երբէք W |
կացցէ] W = Ψ կալցէ H | իշխանութեան W 19 զաւէլորդ
W | թեւսն] + եւ H 20 է] + որ W | ժամք W |
փութովք W | կորիցին W 21 եւ---ժամանակն] om W :hmt
| կամիցի W | երկուն] W = Ψ^{m} երկուսն H 22 զի]
W = Ψ om H 23 այն] om W | եւ] om W 24 աշխա-
տութեամբ] իշխանութեամբ W = Ψ | բազմաւ] W = Ψ om H |
եղեալք W | անուանեցան] + նոքա W = Ψ 25 գլխաւորք]
գլուխք W = L R β | թագաւորութեանն W | լըցցին W*

(power) more times than the twelve. 16 This is the interpretation of the twelve wings which you saw. 17 And the voice which you heard which spoke, which spoke forth not from the head but from its body, 18 that is the matter: that in the time of that kingdom there will be not a few differences; it will come close to perish and it will never fall but will be set up (and) established in (its) former rule. 19 And that you saw the numerous remaining wings springing up around its great wings, 20 this is that matter: there will arise eight kings from it whose times will be fleeting and seasons swift. Two of them will perish 21 at the approach of the time. And at the division into two of its kingdom, four will be preserved for the time when the consummation of the time will desire to approach them; the two will be preserved for the end. 22 And that you saw three silent and quiescent heads in it, 23 this is that matter: at its end the Most High will raise up three kings and they will renew many things. They will rebuke the earth 24 and its inhabitants with great toil, more than every one who existed previously. Therefore they were named the heads of the eagle. 25 They will be the chief ones of their kingdom and they will fulfill its end.

նորա: 26 Եւ զի տեսեր զգլուխն մեծ ջնջեալ եւ կորուսեալ,
մի ի նոցանէ վախճանեցի չարչարանաւք. 27 եւ երկուսն որ
մնայցեն, զնոսա սուր կերիցէ. 28 եւ ընդ նոսին եւ ինքն
միանգամայն ի վախճանի ի սուր անկցի: 29 Եւ զի տեսեր
զերկուս աւելորդ թեւսն փոխեալ ի գլուխն յաջակողմն կոյս,
30 այս այն բանք են զորս պահեաց Բարձրեալն ի վախճան նորա,
որոյ իշխանութիւն նորա անարգ եւ լի խռովութեամբ: 31 Որպէս
հայեցար ընդ առիւծն եւ տեսեր ելեալ ի մորւոյ, սթափեալ եւ
զարթուցեալ ի քնոյ, մռնչելով եւ գոչելով խաւսէր ընդ արծուին
եւ յանդիմանէր զանիրաւութիւն նորա ըստ ամենայն բանիցն զորս
լուարն: 32 Նա է աւծեալն զոր առաքեսցէ Բարձրեալն ի ժամա-
նակս վախճանի յազգէ Դաւթի. նա ինքն ծագեսցէ եւ եկեսցէ եւ
խաւսեսցի ընդ նմա եւ զամբարշտութիւնս նորա յանդիմանեսցէ եւ
վասն անիրաւութեան նորա խաւսեսցի, եւ դիցէ առաջի նորա
զնզովս. 33 եւ ածցէ զնա յիւր դատաստանն կենդանի եւ յոր-
ժամ յանդիմանեսցէ զնա, յայնժամ կորուսցէ զնա: 34 Եւ
զմնացեալ ժողովրդեան նորա փրկեսցէ զթութեամբ եւ զմնացեալսն
ի սահմանս նորա փոխեսցէ եւ ուրախ արասցէ զնոսա մինչեւ
եկեսցէ վախճան դատաստանին վասն որոյ խաւսեցաւ ի սկզբանն:
35 Այս է զոր տեսերն եւ այս է մեկնութիւն նորա: 36 Դու
միայն արժանի եղեր գիտել զխորհուրս Բարձրելոյն. 37 զրեա

26 զի] om W = B | ջընջեալ W | մին W | նոցանէն W
27 երկուքն W = Ψ 28 ի սուր] H = Ψ սրով W
29 զերկուս] W = Ψ զերկու H 30 նորա2^0] W = Ψ իւր
H 31 inc] + եւ W | առեւծն H W | մռընչելով W |
արծուոյն W = Ψ :cf 12:1 | անիրաւութիւնս W = Ψ | զոր W
= Ψ 32 բար ∇ ծեալն W | նա 2^0] սա W 34 զմնացեալս
ժողովրդոց W | զմնացեալսն] զմնացեալս W 36 զոր դու
W 37 տեսեր W = Ψ | զայդ2^0] զդա W = Ψ 38 քոյ W

26 And that you saw the great head destroyed and annihilated: one of them will die through torments, 27 and a sword shall devour the two who remain. 28 And simultaneously with them, at the end it too will fall by sword. 29 And that you saw the two remaining wings transferred to the head of the right side, 30 these are those matters which the Most High has preserved for its end, whose rule is worthless and full of disturbances.

31 As you looked at the lion and you saw (it) issuing forth from a lair, awakened and aroused from sleep; roaring and crying out it spoke with the eagle and rebuked its injustices according to all the words which you heard. 32 It is the anointed one whom the Most High will send at the times of the end from the family of David. He himself will spring forth and come and speak with it and rebuke its impieties and will speak concerning its injustices and will set curses before it. 33 And he will bring it to his judgment alive and when he will rebuke it, then he will destroy it. 34 And he will save the remnant of his (or: its) people with pity and he will transform those who remain in his (or: its) borders and he will rejoice them until the end of the judgment will come, about which he spoke in the beginning. 35 This is what you saw and this is its interpretation. 36 You alone were worthy to learn the secrets of the Most High. 37 Write that which you saw in a book and

զայդ ի գիրս զոր տեսերդ եւ դիր զայդ յանքոյթ տեղւոջ, 38
եւ ուսուցես զիմաստունս ժողովրդեան քո այսմ, եւ դիցես զնա
ի դէպ տեղւոջ եւ լուսաւորեսցես նովաւ զիմաստունս եւ զեր-
կիւղածս իմ, որոց գիտես զսիրտս եթե ընդունին զնա առ ի
պահել զխորհուրդս զայս: 39 Բայց դու կաց եւ մնա աստէն այլ
եւս աւուրս եւթն զի ցուցից քեզ զայն զոր կամի Բարձրեալն
յայտնել քեզ. 40 եւ գնաց հրեշտակն յինէն: Եւ եղեւ իբրեւ
լուաւ ժողովուրդն եթե անցին եւս եւթն աւր եւ ոչ եւս եի դար-
ձեալ ի քաղաքն, ժողովեցաւ ամենայն ժողովուրդն ի փոքունց
մինչեւ ցմեծամեծս եւ եկին առ իս եւ ասեն· 41 Զի՞նչ մեղաք
քեզ եւ կամ զի՞նչ յանցեաք զի այսպէս լքեր թողեր զմեզ եւ
աստէն մնացեր յայսմ տեղւոջ: 42 Դու միայն մնացեր մեզ
յամենայն մարգարէիցն իբրեւ զողկոյզ ի կթոց, իբրեւ զճրագ
յաղջամղջին տեղւոջ, իբրեւ զնաւահանգիստ մի միայն փրկութեան:
43 Ոչ էր բաւական չարս որ եհաս ի վերայ մեր, 44 այլ եւ
դու եւս զմեզ թողեալ լքեր. որչափ լաւ էր մեզ կիզուլ եւ
այրիլ ի հուր ընդ Սիոնի, 45 զի ոչ եմք մեք լաւ քան
զմեռեալս նորա: Եւ յասելն նոցա զայս, լացին մեծաբարբառ:
46 Ետու պատասխանի եւ ասեմ ցնոսա. Քաջալերեաց տուն
Յակոբայ. 47 զի կայ յիշատակ մեր առաջի Բարձրելոյն եւ

| այսմ] նովաւ W | նովաւ] զնոքօք W :cf Ψ | զերկե-
ղածս H | զորոց W = Ψ | ընդնին W 39 քեզ 2^0] W = Ψ
om H 40 եւս] om W = E V R β | աւուրքն W | եի դար-
ձեալ] դարձեալ եկ W :cf Ψ | ժողովեցան W* | եկին]
եկեալ W | եւ ասեն] ասեն W 41 յանցեայք H | լքեալ
W 42 մարգարէից W | իբրեւ 2^0] եւ որպէս W | ճրագ
H | յաղջամըղջին W | տեղւոջ] + եւ W = K 44 լըքեալ
թողեր W :cf Ψ 45 զի---լաւ] եւ այն լաւ էր մեզ W |
զմեռեալս] զհին մեռեալս W = Ψ 46 տունդ W 47 մոռա-

place it in a safe place. 38 And you shall instruct the wise of your people in this and you shall place it in a fitting place and you shall enlighten the wise through it and those who fear me whose hearts you know, that they receive it to preserve these secrets. 39 But you, remain here seven more days so that I may show you that which the Most High wishes to reveal to you." 40 And the angel departed from me.

And it came to pass when the people heard that seven more days had passed and I had not yet returned to the city, all the people - from small to great - gathered and came to me and said, 41 "What did we sin against you and in what did we transgress that you abandoned us and remained here in this place? 42 You alone remained for us from all the prophets, like a bunch of grapes from the vintage, like a candle in a dark place, like a single harbour of salvation. 43 Was not this evil which came upon us enough, 44 but will you too abandon us as well? How much better were it for us to be scorched and burned in fire with Zion, 45 for we are no better than her dead!" And as they said this they wept loudly.

46 I answered and said to them, "Be of good courage, house of Jacob, 47 for memory of us remains before the Most High and the Mighty One will not

Հզաւրն ոչ մոռացի զմեզ ի սպառ. 48 եւ ես ոչ թողի զձեզ,
այլ եկի ի տեղիս յայս աղաչել զՏէր վասն աւերածոյն Սիոնի եւ
խնդրել զողորմութիւն վասն տառապանաց մերոց: 49 Եւ արդ,
երթիցեն իւրաքանչիւր ոք ի ձէնջ ի տուն իւրեանց եւ ես եկից
առ ձեզ յետ այսց աւուրց: 50 Եւ գնաց ժողովուրդն ի քաղաքն
որպէս ասացի նոցա, 51 եւ ես նստայ ի դաշտին զեւթն աւր
որպէս եւ հրամայեաց ինձ հրեշտակն եւ ուտեի ի ծաղկաց եւ ի
բանջարոց դաշտին եւ եղեւ ինձ ի կերակուր այն զաւուրսն:

13:1 Եւ դարձեալ տեսանեի ի տեսլեան գիշերոյն 2 եւ
տեսանեի ի ծովէ կողմանէ հողմն մեծ, զի շարժէր զամենայն
ալիս նորա: 3 Եւ հանէր ինքն հողմն ի սրտէ ծովուն նման
մարդոյ եւ ընթանայր եւ թռչէր ընդ նոսա մարդն ամպովք հան-
դերձ եւ ուր զերեսս իւր դարձուցանէր եւ հայէր, դողայր
ամենայն յորս հայէրն. 4 եւ ուր հասանէր բարբառ բերանոյ
նորա հաշեին եւ մաշեին ամենեքեան որ լսեին զձայն նորա,
որպէս հալի մոմ յորժամ մերձենայ ի հուր: 5 Եւ տեսի յետ
այնորիկ ժողով լինէր բազմութեան մարդկան ի չորից կողմանց
երկրի, որոց ոչ էր թիւ, զի մարտիցեն ընդ մարդոյն որ ելանէր
ի ծովէ անտի: 6 Եւ տեսանեի թե որպէս կոփէր իւր զլեառնն
մեծ եւ մտանէր ի նա. 7 եւ ես խնդրեցի զտանել զերկիրն եւ

ցաւ W = Ψ 48 եւ1^0] այլ W = Ψ | թողից W | այլ] բայց W 49 իւրեանց] իւր W = Ψ 51 զաւուրս եւթն W | հրեշտակն] + տեառն W = Ψ | ի2^0] om W :haplgr | ծաղկանց W | բանջարաց W | եւ եղեւ---զաւուրսն] om W
1 տեսանեի---եւ (vs 2)] om H :hmt 3 նման] ի նմանութիւն W = Ψ | մարդ W | ամբաւք H | եւ հայէր] om W = Ψ
4 յորժամ] W = Ψ որ H | մերձեսցի W = Ψ 5 տեսանէի W = Ψ | այնորիկ] + զի W | անդի H 6 կոփէր իւր] W կոփիւր H :haplgr | զլեառն W 7 եւ1^0] W = Ψ

forget us for ever; 48 and I did not abandon you, but I came to this place to beseech the Lord concerning the ruin of Zion and to seek mercy on account of our tribulation. 49 And now, let each of you go to his house and I will come to you after these days." 50 And the people went to the city as I said to them. 51 And I sat in the field for seven days as the angel had commanded me and I ate of the flowers and of the grasses of the field, and they were nourishment for me during those days.

13 1 And again I saw in the night vision. 2 And I saw a great wind from the direction of the sea, which moved all its waves. 3 And that wind itself brought one like a man out of the heart of the sea and the man was running and flying against them together with the clouds and wherever he turned his face and looked, everything upon which he looked trembled. 4 And where the word of his mouth reached, all who heard his voice were melted and consumed, as wax melts when it comes near to fire.

5 And I saw after that, there was an assembly of a multitude of men without number from the four corners of the earth to fight against the man who ascended from the sea. 6 And I saw how he hewed out the great mountain for himself and entered into it. 7 And I sought to find the land and the place whence

զտեղին ուր փորեցաւն եւ ոչ կարացի: 8 Յետ այնորիկ տեսի
եւ ահա ամենեքեան ժողովեալ առ նա մարտնչել ընդ նա երկնչեին
յոյժ, բայց սակայն կռուեին կռուելով: 9 Եւ յորժամ ետես
զբազումս դիմել զալ հասանել, ի վերայ բազմութեանն ոչ համ-
բառնայր զձեռս իւր առնուլ զզէն ի վեր եւ ոչ այլ ինչ անաւթ
պատերազմի, բայց միայն տեսի ի պատերազմին 10 զի որպէս
եւ բոց հրոյ բղխէր ի բերանոյ նորա եւ ի շրթանց իւրոց որպէս
փայլակն բոցոյ. 11 եւ յարձակէր յարձակելով ի վերայ պատ-
րաստ բազմութեանն կռուել եւ կիզոյր յանկարծակի զամենեսեան
առ հասարակ, առ ի չզտանել բնաւ ամենեւին յանչափ բազմութենէ,
բայց միայն աճիւն մոխրոյ եւ հոտ ծխոյ. տեսանեի եւ զարմացայ
ի միտս իմ: 12 Եւ յետ այսորիկ տեսի այր մի զի իջանէր ի
լեռնէ միոջէ եւ կոչէր առ ինքն այլ եւս բազմութիւն խաղաղու-
թեան: 13 Եւ գային առ նա տեսանել բազումք ի մարդկանէ,
ոմանք ի նոցանէ ուրախութեամբ եին եւ ոմանք տրտմութեամբ եւ
ոմանք կապեալք եւ ոմանք ի նոցանէ զկապեալսն ածեին. եւ ես ի
բազմութենէ ամբոխին զարթեայ եւ աղաչեցի զԲարձրեալն եւ ասացի.

om H | խնդրէի W = Ψ | փորեցաւն] W = Ψ փոխեցաւն H |
կարացի] W = Ψ^{m} զտանէր H 8 ժողովեալ] ժողովեցան W
= Ψ | մարտընչել H | նա 2°] նմա W = Ψ + եւ W |
երկընչեին H W | կովեին կռովելով H 9 դիմեալ W = T
| բազմութեանն] W = T բազմութիւնն H = Ψ^{m} + եւ H :cf
Ψ | զձեռն W = Ψ 10 զի] W = Ψrel om H = R | եւ 1°]
om W = Ψ | զբոց W | բղխէր W | որպէս 2°] իբրեւ W = Ψ
| զփայլակն W = Ψ | բոցոյ] լուսոյ W = Ψ 11 առ ի--
-ամենեւին] W = Ψ om H | յանչափ] H = T ի յայնչափ W :
cf Ψrel | բազմութենէն W | տեսի W = Ψ 12 խաղաղու-
թեամբ W 13 նոցանէն W | եւ 3°] om W | ի նոցանէ 2°]
om H | զկապեալս W | ածեին] W = Ψ լուծանեին H |
ասացի] ասեմ W = Ψ 14 ծառայիս W 15 ինձ] + եւ W

it was hollowed out and I was not able.

8 After that I saw and behold, all of those who had assembled to him to fight against him were greatly frightened, but nonetheless they indeed fought. 9 And when he saw many men coming up to him at a run, he did not raise his hands against that multitude to take up a weapon or any other instrument of war, but I only saw in the fight 10 that as a flame of fire streamed forth from his mouth and from his lips like the flash of flame. 11 And he rushed swiftly upon the multitude (which was) prepared to fight and he burned (them) suddenly all together until there existed nothing at all of the innumerable multitude except the dust of ashes and the smell of smoke. I saw and I wondered to myself.

12 And after this I saw a man descending from a mountain and summoning still another, peaceful multitude to himself. 13 And many men came to him to see (or: be seen); some of them were joyous and some sorrowful; some (were) bound and others of them led those who were bound.

And I woke up from the multitude of the host and I beseeched the Most High and I said,

14 Դու Տէր ի սկզբանէ ցուցեր ծառայի քում զսքանչելիս քո
զայս եւ արժանի համարեցար զիս ընդունել զխնդրուածս իմ. 15
Արդ, եւ այժմ յայտնեա ինձ զայսր երազոյ մեկնութիւն. 16 որ-
պէս կարծեմ մտաւք իմովք, թէ այսիցեն որք մնայցեն յաւուրսն
յայնս, ապա եղուկ են մնացեալքն յայնմ. 19 տեսանեմ վիշտս
մեծամեծս եւ տառապանս բազումս, որպէս եւ նշանակէ երազս
այս: 20 Արդ ապաքէն աւգուտ էր հասանել ի ժամանակն յայն,
թե անցանել իբրեւ զամպ եւ մի տեսանել որ հասանելոց է ի վախ-
ճան ժամանակի: Ետ պատասխանի հրեշտակն եւ ասէ ցիս. 21
Ասացից քեզ զայսր երազոյ մեկնութիւն, այլ եւ վասն մնացելոցն
22 եւ վասն որոց խաւսեցաւն, առ ի վախճան ժամանակաց, այս
բանք են. 23 երանի այնոցիկ որ գտանիցին յաւուրսն յայնոսիկ,
որ պահիցեն ի համբերութեան զհաւատսն եւ զճշմարտութիւն եւ
զողորմութիւն. 24 գիտա այսուհետեւ զի առաւել երանեցան
մնացեալքն քան զանցեալսն: 25 Իսկ երազոյն մեկնութիւնն
այս է. զայրն զոր տեսեր որ ելանէր ի ծովէ անտի, 26 այն է
զոր առաքեսցէ Բարձրեալն յետ բազում ժամանակաց եւ ի ձեռն
նորա փրկեսցէ զարարածս իւր,եւ նա դարձուսցէ զմնացեալսն:
27 Եւ զի տեսանեիր շունչ հրոյ զի ելանէր, 28 եւ զի ոչ
ունէր ի ձեռին զէն եւ ոչ կահ ինչ պատերազմի, եւ զի յաղթեաց

16 յայնմ] յաւուրսն յայնս W = Ψ 19 բազում W
20 զամբ H | հասանելոցն W | է] իցէ W = Ψ | ժամանա-
կին W 21 քեզ] + եւ W = Ψ^{m} | զմեկնութիւն W
22 խաւսեցաւն] խաւսեցաւ նա W = Ψ 23 երանի] + իցէ
W = Ψ^{m} | զտանիցին] հասանիցեն W = Ψ | որ 2^{0}] եւ որ W =Ψ
| եւ 1^{0}] + զհամբերութիւն W :dittog 25 մեկնութիւն
երազոյն W = Ψ | անդի H 26 բարձեալն W 27 տեսանե-
իր] տեսեր W = Ψ | զի ելանէր ի նմանէ շունչ հրոյ W :cf Ψ
28 բազմութեան յարձակելոցն W | որ] որք W = Ψ | քան]

14 "Lord, from the beginning you showed your servant these wonders of yours and reckoned me worthy to accept my supplication. 15 Therefore, now too make the interpretation of this dream known to me. 16 As I think with my own mind, these will be those who will remain in those days: then woe to those who remain in that (scil. time)! 19 I see very great troubles and numerous tribulations as this dream shows. 20 Now then, were it more profitable to attain that time or to pass away like a cloud and not to see that which is going to happen at the end of time?"

The angel replied and said to me, 21 "I shall tell you the interpretation of this dream, but both concerning those who remain 22 and concerning those of whom he has spoken, at the end of times, these are the matters: 23 blessed are those who will be found in those days, who will observe the faith in patience and truth and mercy. 24 Know therefore that those who remain are more blessed than those who have passed away. 25 But this is the interpretation of the dream: the man whom you saw who ascended from the sea, 26 that is he whom the Most High will send after many times and through him he will save his creation and he will bring back those who remain. 27 And that you saw a fiery breath that went forth 28 and that he had no weapon in (his) hand nor any instrument of war and that he overcame the multitude who were about

բազմութեանն յարձակելոց որ գային կռուել ընդ նմա, այս այն
բան է. 29 զի ահա աւուրք եկեսցեն յորժամ կամիցի փրկել
Բարձրեալն որ ի վերայ երկրի. 30 հասցեն զարմանք ի վերայ
ամենայն բնակչաց երկրի. 31 խորհեսցին ընդ միմեանս տալ
պատերազմ, տեղի ընդ տեղւոյ, ազգ ընդ ազգի, թագաւորութիւն
ընդ թագաւորութեան, ժողովուրդք ընդ ժողովուրդս, առաջնորդք
ընդ առաջնորդս, քահանայք ընդ քահանայս, հաւատք պաշտաման
բաժանեսցին յիւրաքանչիւր կողմն: 32 Եւ եղիցի ի լինել
նշանացս այսոցիկ զոր ես քեզ ասացի, երեւեսցի Բարձրեալն զաւ-
րութեամբ մեծաւ. սա է այրն այն զոր տեսեր զի ելանէր ի ծովէ
անտի. եւ փշրեսցեն ի հեթանոսաց զպատկերս պղծութեան իւրեանց.
33 եւ յորժամ լուիցեն զնմանէ հեռասցին, չտալ ընդ միմեանս
պատերազմ, 34 եւ ժողովեսցին միանգամայն բազմութիւն անչափ
յամենայն բնակչաց երկրի ծառայել Տեառն հաւատովք, եւ առ ի
մերձենալ վախճանին քակտեսցին ի միմեանց: Այս է բազմութիւնն
զոր տեսեր որ կամէր գալ եւ տալ պատերազմ ընդ նմա: 35 Այլ
նա կացցէ ի վերայ գլխոյ լերինն որ է Սիոն. 36 զի ի Սիոնէ
եկեսցէ եւ երեւեսցի ամենայն պատրաստողաց, 37 եւ յանդիմա-
նեսցէ զամբարշտութիւն այլոց եւ զչարաչար գործս նոցա եւ
ցուցցէ նոցա զդատաստանն որով դատի զնոսա. 38 եւ յետ
այնորիկ առանց աշխատութեան կորուսցէ զնոսա: 39 Եւ զի

W = Ψ om H 31 ազգի] + եւ W | ժողովուրդս] + եւ W = L | քահանայս] + եւ W = Ψ | կողմանց W = Ψ
32 ի1^{0}] om W = Ψ :haplgr | ասացի] + եւ W = M S T | բարձեալն W | զի ելանէր] ելեալ W :cf Ψ | անդի H
33 չտալ] + ւ W 34 երկրի] followed by lacuna 7 lett W | առ] om W | բազմութիւնն] բազմութիւն W 35 գլխոյ լերինն] H = T ~ W = Ψrel | սիոնի W 36 ամենայն] տէր W 37 զամպարըշտութիւնս W = Ψ | դատեսցի W :cf Ψ

to charge, who came to fight with him, this is that matter: 29 for behold, days will come when the Most High will wish to save those who are upon the earth. 30 Amazement shall come upon all the inhabitants of the earth. 31 They shall think to fight with one another-place with place, nation with nation, kingdom with kingdom, peoples with peoples, leaders with leaders, priests with priests: the faith of worship shall be split into various sides. 32 And it shall come to pass when these signs happen which I told you, the Most High shall appear with great power. He is that man whom you saw, that he ascended from the sea. And some of the heathen will destroy the images of their abomination, 33 and when they shall hear about him they shall draw apart so as not to fight with one another. 34 And they will be assembled at one time, an innumerable multitude of all the inhabitants of the earth, to serve the Lord faithfully, and at the approach of the end they will be separated from one another. This is the multitude which you saw which desired to come and fight with him. 35 But he will stand upon the peak of the mountain which is Zion. 36 For he will come from Zion and will appear to all those who are ready. 37 And he will rebuke the impiety of others and their evil deeds and he will show them the judgement by which he will judge them. 38 And after that, without labour he will destroy them. 39 And that

տեսերն զնա զի ժողովէր այլ բազմութիւն խաղաղութեան, 40A
նոքա են որք յանարգ հեթանոսաց ժողովեալ վարեցան եւ ի
զաւակէ Աբրաամու խառնեցան ընդ նոսա: 40B Այս է բազմու-
թիւնն ժողովեալ եւ խաղաղական, եւ որք համբերենն ի նոցանէ,
ցուցցէ նոցա Բարձրելան առաւել նշանս եւ պաշտպանեսցէ նոցա:
40C Եւ ասացի թե Երանի իցէ այնմ ազգի քան այժմու ժողովր-
դեանս: 40D Եւ ասաց ցիս. Այնպէս եղիցի որպէս տեսերն եւ
մեկնեցաւ ձեզ: 51 Եւ ասեմ գնա. Տէր, զայս եւս յայտնեա
ինձ. ընդէ՞ր տեսի մարդ ելեալ զալ ի ծովէն: 52 Եւ ասաց
ցիս. Որպէս ոչ ոք կարէ տեսանել կամ քննել կամ գիտենալ
զանդունդս խորոց, այնպէս այժմ ոչ ոք կարասցէ ի վերայ երկրի
ճանաչել կամ գիտել զխորհուրդս Բարձրելոյն եթե ոչ ի ժամանա-
կի փառաւոր յայտնութեանն: 53 Այս է մեկնութիւն երազոյն
զոր տեսեր եւ վասն այնորիկ քեզ միայնոյ յայտնեցաւ այս
յերկրի: 54 Թողեալ զքո հոգս, որ հոգաբարձու եղեր վասն
անուան եւ աւրինաց նորա, խնդրեցեր եւ վասն ժողովրդեան նորա
եւ աղաչեցեր. 55 զի զկեանս վարեսցես իմաստութեամբ եւ
գիտութեամբ: 56 Վասն այնորիկ եցոյց քեզ զայս ամենայն, զի
յետ այլ երից աւուրց ասացից քեզ եւ երեւեսցին քեզ զարմանա-

39 տեսեր W = Ψ 40A որք] որ W = Ψ | զաւակէն W |
խառնակեցան W 40B ցուցանէ W | բարձեալն W | նոցա]
W = Ψ om H | առաւել] աւելի W = Ψ 40C այժմուս W |
ժողովրդեան W 40D ասէ W = Ψ | այսպէս W = Ψ
51 տէր] + եւ W = Ψ | ծովէն] ծովէ անտի W = Ψ
52 ասէ W = Ψ | գիտել W | այնպէս] H = Ψrel այնպէս եւ
W = T | յայտնութեան նորա W = Ψ 53 այնորիկ] H = Ψ
այսորիկ W 54 եղեր] H = Ψ om W | անուանն W | եւ
վասն աւրինաց W = Ψ | եւ 2⁰] դու W = Ψ | ժողովրդեանն W
55 զկեանս] + քո W = Ψ | վարեցեր W = Ψ 56 այնորիկ]
H = Ψ այսորիկ W | զարմանալիքս W 57 զնայի] H = Ψm

you saw him gathering another peaceful multitude:
40A these are those who, having been gathered by the despicable heathen, were led away, and some of the seed of Abraham were mixed with them. 40B This is the assembled and peaceful multitude. And the Most High will show more signs to those who are patient and he will preserve them."

40C And I said, "That generation (or: nation) will be more blessed than this people."

40D And he said to me, "It will be thus as you saw and (as) it was interpreted to you."

51 And I said to him, "Lord, make this further known to me! Why did I see a man ascending and coming from the sea?"

52 And he said to me, "Just as no one can see or investigate or know the abysses of the depths, thus now no one upon the earth will be able to recognize or know the mysteries of the Most High except in the time of the glorious revelation. 53 This is the interpretation of the dream which you saw and concerning that, to you alone upon the earth has it been revealed. 54 You, who took pains for the sake of his name and his Law, abandoned your own cares and sought on account of his people and beseeched 55 that you might conduct (your) life with wisdom and knowledge. 56 Because of that he showed you all of this, for after another three days I shall speak to you and

լիք: 57 Եւ իբրեւ շրջեալ, գնայի ի տեղւոջ ի դաշտին եւ
փառաւորեի զամենազաւրն Աստուած, 58 զի այնպէս դարմանէ
եւ առաջնորդէ եւ ոչ արհամարհէ զազգ մարդկան· եւ կացի անդ
զերիս աւուրս:

14:1 Եւ եղեւ յերրորդում աւուրն եւ ես ննջեի ի
ներքոյ կաղնւոյ միոյ, 2 եւ ահա դէմ յանդիման իմ ի մորե-
նւոյ ելանէր բարբառ եւ ասէր ցիս. Եզրա, Եզրա: եւ ասացի.
Ահաւասիկ եմ ես. եւ իբրեւ զայս ասեի, յոտն կայի ի վերայ
ոտից իմոց, եւ ասաց ցիս. 3 Երեւելով երեւեցայ ի մորենւոյս
եւ խաւսեցայ ընդ Մովսիսի յորժամ ժողովուրդն ծառայէր
յԵգիպտոս: 4 Առաքեցի զնա եւ հանի զժողովուրդն իմ յԵգիպ-
տոսէ եւ ածի զնոսա ի լեառն Սինա. եւ կալայ զնա առ իս աւուրս
բազումս: 5 Եւ ցուցի նմա բազում սքանչելիս եւ յայտնեցի
նմա զխորհուրդս ժամուց եւ ծանուցի նմա զվախճան ժամանակաց եւ
պատուէր ետու նմա ասել 6 (քանս համարձակութեան յայտնի եւ
ինչ որ ծածկեալ:) 7 Եւ այժմ քեզ ասեմ. 8 Զնշանս զայս
զոր յառաջն նշանակեցի եւ զերազն զոր տեսեր եւ զմեկնութիւնն

զայի W | ի 2^{0}] om W = Ψ | զամենազաւրն] զմեծազաւրն W = Ψ 58 զազգս W = Ψ | եւ կացի---աւուրս] W = Ψ om H

1 յետ երրորդ աւուրն W = Ψ | կաղնո H կաղնոյ W
2 մորենւոյն W | եւ 3^{0}] om W | ասեի] ասացի W | կացի W = Ψ | վերա W | ասաց] ասէ W = Ψ 3 ժողովր-դեան W 4 առաքեցի---յեգիպտոսէ] եւ հանեալ W | եւ ածի զնոսա] Ψ ածի զնոսա W om H | կալան W | զնա 2^{0}] զնոսա W = Ψ | առ իս] om W = Ψ | բազումս] W = Ψ ամաց բազմաց H 5 եւ 4^{0}] W = Ψ om H | նմա 4^{0}] + եւ H
6 քանս] H = R զքանս W = Ψrel | եւ] + է W = Ψ^{m} | ծածկեալ] + է W = Ψ 8 զնշանս] զխորհուրդս W = Ψ յառաջ W | եւ զմեկնութիւնն] W = Ψ այս է մեկնութիւնն

wonders shall appear to you."

57 And like one strolling, I walked in that
place in the field and I praised the omnipotent
God, 58 that he thus nurtures and directs and
does not despise the race of men. And I was
there for three days.

14 1 And it came to pass on the third day, I
was sleeping under an oak tree 2 and behold, a
voice came forth opposite me, from a thorn bush
and said to me, "Ezra, Ezra!" And I said, "Here
I am." And when I said this I stood up on my
feet and he said to me, 3 "I indeed appeared
from this thorn bush and spoke with Moses when
the people was in servitude in Egypt. 4 I sent
him and I brought forth my people from Egypt and
I led them to mount Sinai and I kept him with me
for many days. 5 And I showed him many wonders
and I revealed to him the secrets of the times and
I made known to him the end of times and I command-
ed him to speak 6 ⌜open words freely and what-
ever (is) hidden.⌝ 7 And now I say to you. 8
These signs which I indicated previously and the
dream which you saw and the interpretation which

զոր իմացար, ի սրտի քում պահեա. 9 զի դու համբարձցիս ի
մարդկանէ եւ ընդ իս լինիցիս այսուհետեւ եւ որ քեզ նման իցէ,
մինչեւ ի կատարումն ժամանակաց: 13 Հրաման տուր այսուհետեւ
վասն տան քո եւ խրատեա զժողովուրդ քո եւ մխիթարեա զպառապ-
եալս նոցա եւ իմաստացո զիմաստունս նոցա: 14 Հրաժարեա դու
այսուհետեւ յապականական կենաց, եւ մերժեա ի քէն զշփոթեալ
միտս, եւ հեռացո ի քէն զմարդկեղէն ծանրութիւն, եւ ի բաց
ընկեա ի քէն զհոգս եւ զյուզական միտս, եւ փութա փոխել յայսմ
երկրէ: 15 Զոր այժմ տեսեր զպատրաստեալ զչարն, դարձեալ եւս
չար քան զայս տեսցես. 16 զի որչափ կեանքս անցանեն, նոյն-
չափ բազմանան չարիք ի վերայ բնակչաց երկրի: 17 Հեռացի
յոյժ ճշմարտութիւն որ առ Աստուած եւ առ մարդիկս էր. մեր-
ձեցի ստութիւն եւ ատելութիւն. ահաւասիկ փութայ արծուին
զալ զոր տեսեր ի տեսլեանն: 18 Ետու պատասխանի եւ ասեմ.
Խաւսեցայց սակաւ մի առաջի քո Տէր. 19 ահա երթամ որպէս
հրամայեցեր ինձ եւ խրատեցից զմաւտական ժողովուրդն, բայց
միւսանգամ որ ծնանիցի, ո՞ խրատիցէ: 20 Զի կայ աշխարհս ի

եւ H | սրտի] մտի W = Ψ | պահել W 9 նման] + ոք
W = Ψ | կատարումն] W = Ψ կատարման H 13 քոյ1^0 W |
խրատեա զժողովուրդ քո] after նոցա 1^0 W = Ψ | զժողովուրդս
W | իմաստնացոյ W = Ψ^m 14 կենացս W | հեռացոյ W |
փոխիլ W 15 զպատրաստեալ զչարն] զպահեալ չարն W = Ψ
16 կեանքս] + այս W = Ψ | բնակչաց] om W = Ψ 17 յոյժ]
W = Ψ om H | ճշմարտութիւնն W | եւ1^0] H = T եւ որ
W = Ψrel | ստութիւն] սրտմտութիւն W = Ψ | ահա աւանիկ
W :cf Ψ | զալ] W = Ψ om H | տեսլեան W 18 սակաւ
մի] սակաւիկ մեւս եւս W = Ψ 19 որպէս] + եւ W = Ψ |
մաւտաւորական H | բայց] իսկ W = Ψ | որք միւսանգամն
W = T :cf Ψrel միւսանկամ H | ծանիցինն W | ով W = Ψ
20 ի խաւարի] W = Ψ after սորա H | առանց լուսոյ] W = Ψ

you learned, preserve in your heart. 9 For you will be raised up from among men and henceforth you and whoever is like you will be with me until the consummation of the times. 13 Therefore, give instruction concerning your house and admonish your people and comfort their miserable ones and instruct their wise. 14 Take leave, therefore, of the corruptible life and separate the confounded thought from yourself and set human heaviness apart from yourself and cast away care and vexatious thought from yourself and hasten to transfer from this world. 15 (As to) the prepared evils which you just now saw - you shall see again yet worse than this. 16 For in the measure that this life passes, in that measure do evils increase upon the inhabitants of the earth. 17 Truth which was with God and men will be very distant; falsehood and hatred shall draw near. Behold, the eagle which you saw in the vision hastens to come."

18 I replied and said, "Let me speak a little before you, Lord. 19 Behold, I am going as you commanded me and I will instruct the people who are present, but who will instruct him who will be born at another time? 20 For this earth

խաւարի եւ բնակիչք սորա առանց լուսոյ, 21 քանզի աւրէնքն
քո այրեցան եւ ոչ ոք յետ այսորիկ ծանիցէ զգործս զարմանալեաց
քոց եւ ոչ զպատուիրանս զոր պատուիրեցեր. 22 զի եթե զտի
շնորհս առաջի քո, արկ յիս հոգի սուրբ եւ գրեցից զամենայն
որ եղեն ի սկզբանէ յայսմ աշխարհի եւ որչափ ինչ էր գրեալ
յաւրէնս քո. թերեւս կարասցեն մարդիկ զշաւեղս գտանել եւ ոյք
կամին կեալ ի սրբութեան ճանապարհի: 23 Ետ պատասխանի եւ
ասէ ցիս. Երթ ժողովեա դու զժողովուրդն եւ ասասցես ցնոսա զի
մի խնդրեսցեն զքեզ զաւուրս քառասուն. 24 եւ դու պատրաստեա
քեզ տախտակս բազումս եւ առ ընդ քեզ զԴարիան եւ զԱրաբիան,
զՇերմիան եւ զԵղկանա եւ զԵթեն, զնոսա հնգեսեանն զի պատրաս-
տեսցին գրել. 25 եւ եկեսցես ի կարգի եւ վառեցից ի սրտի
քում ճրագ իմաստութեան որ ոչ անցանիցի մինչեւ ի կատարել
զոր գրելոցն իցես: 26 Եւ յորժամ զայս կատարեսցես, է ինչ ի
նոցանէն զոր յայտնեսցես եւ է ինչ որ գաղտնի ի ծածուկ իմաս-
տնոց ուսուսցես. վաղիւ յայսմ ժամու սկսիր գրել: 27 Եւ
գնացի որպէս եւ հրամայեաց ինձ Տէր եւ ժողովեցի զամենայն

om H 21 աւրէնք W | զպատուիրանս] + քո W = Ψ
22 զհոգի քո W :cf Ψ | եւ 1^0] զի W = Ψ | եղեւ W = Ψ |
զշաւեղս H + փրկութեան W = Ψ | կեալ] կալ W = Ψ |
ճանապարհին W 23 աւուրս W = Ψ 24 զդարիան] W :cf Ψ
զդարեն H | զարաբիան] + եւ W = Ψ | զհընգեսեան W |
գրել] ի գրել W = Ψ 25 եւ1^0] H = E om W = Ψ rel |
եկեսցես] W = Ψ եկեսցեն H | վառեցից] + բորբոքեցից
W = Ψ | անցցէ W = Ψ | մինչեւ] W = Ψ մինչ H |
կատարել] Ψ^m կատարալ W կատարած H 26 եւ յորժամ
զայս կատարեսցես (-եցես W)] W = Ψ եւ H :hmt | է]
above ln H^0 | որ] զոր W = Ψ | իմաստնոց ուսուսցես]
W = Ψ իմաստնացուսցես H | սկսիր] W = Ψ եկեսցես H
+ ի W 27 եւ1^0] + ես W | հրամայեա W 28 իմ]

is in darkness and its inhabitants are without light. 21 Because your Law was burned and after this, no one will know the deeds of your wonders nor the commandments which you commanded. 22 For, if I have found grace before you, cast a holy spirit into me and I will write everything which took place from the beginning in this world and as much as was written in your Law. Perhaps men will be able to find the path and those who wish, to live in purity of way."

23 He replied and said to me, "Go assemble the people and say to them that they should not seek you during forty days. 24 And prepare numerous tablets for yourself and take Darian and Arabian, Hermian and Elkana and Et'en with you, those five for they will be prepared to write. 25 And you shall come in due order and I will kindle a candle of wisdom in your heart and it will not pass away until the completion of that which you are to write. 26 And when you will finish this, there is some of it which you shall reveal and there is some of it which you shall teach to the wise secretly, in hiding. Tomorrow at this hour, begin to write!"

27 And I went as the Lord commanded me and I assembled all the people and I said to them,

ժողովուրդն եւ ասացի ցնոսա. 28 Լուր Իսրայէլ զբանս զայս
իմ. 29 պանդխտութեամբ պանդխտեցան հարքն մեր յեգիպտոս ի
նախնմէ եւ փրկեցան անտի. 30 եւ ընկալան աւրէնս կենաց զոր
ոչ պահեցին, զորով եւ դուք անցէք. 31 եւ տուաւ ձեզ ի
ժառանգութիւն երկիր եւ յերկրի ձերում եւ դուք եւ հարքն ձեր
անաւրինեցայք եւ ոչ պահեցէք զճանապարհս զոր պատուիրեաց
ձեզ Բարձրեալն 32 եւ արդար դատաւորն, եւ զերծ եհան ի ձէնջ
ի ժամանակի զպարգեւեալն: 33 Եւ արդ դուք աստ էք եւ եղբարք
ձեր ներքսագոյն քան զձեզ են. 34 եթե դնիցէք ի սրտի ձերում
եւ խրատիցէք եւ հնազանդեցուցէք զսիրտս ձեր, կենդանի
պահեսջիք. 35 զի դատաստան յետ մահու եկեսցէ յորժամ դար-
ձեալ կենդանասցուք, յայնժամ արդարոցն անուն յայտնեսցի:
36 Արդ, առ իս ոք մի մերձեսցի այսուհետեւ եւ մի ոք
խնդրիցէ զիս մինչեւ զքառասուն աւր: 37 Եւ առի ընդ իս
զհնգեսին արսն որպէս եւ հրամայեաց ինձ, եւ գնացի ի դաշտն
եւ եղէ անդ. 38 եւ եղեւ ի վաղիւ անդր եւ ահա ձայն բար-
բառոյ կոչեաց զիս եւ ասէ. Եզրա, Եզրա. բաց զբերան քո եւ
կուլ զոր ես քեզ տամ: 39 Եւ բացի զբերան իմ եւ ահա բաժակ

H = Q* G* զիմ W = Ψrel 29 պանդըխտութեամբ պանդըխտեցան W | անդի H 30 կենաց] W = Ψ om H | զորով] W = Ψrel որով H յորով T 31 ի ժառանգութիւն] after երկիր W = Ψ | երկիր] W :cf Ψ երկրի H | եւ 3^{0}] om W = Ψ | պատուիրեաց] H = Ψ պատրաստեաց W 32 հան W = Ψ 33 եղբարքն W 34 եւ 2^{0}] om W | հնազանդեցուցանէք W | կենդանի] W = G T :cf Ψrel om H 35 դատաստանն W 35 արդ] եւ W = Ψ | ոք խնդրիցէ] H :cf I Z խնդրեսցէ ոք W = Ψrel 37 զհինգեսին W | որպէս եւ] զոր W = Ψ | ինձ] W = Ψ ինձ տէր H 38 բարբառոյ] W = Ψ բարբառոյ եւ H | տամ ես քեզ W :cf A 39 նման] om W = Ψ

28 "Hear, O Israel, these words of mine! 29 Our fathers indeed sojourned in Egypt formerly and they were delivered from there. 30 And they received the Law of life which they did not observe, which you also transgressed. 31 And a land was given to you as an inheritance and in your land both you and your fathers acted wickedly and you did not observe the paths which the Most High commanded you, 32 and the just Judge. And in time he took away from you that which had been given. 33 And now you are here and your brothers are further within than you. 34 If you will set in your heart and instruct and make your heart obedient you shall be preserved alive. 35 For judgement will come after death when we shall live once more. Then the name of the righteous shall be revealed. 36 Now, let no one come near to me henceforth and let no one seek me for forty days."

37 And I took the five men with me as he had commanded me and I went to the field and I remained there. 38 And it came to pass on the following day and behold, the sound of a voice called me and said, "Ezra, Ezra! Open your mouth and swallow what I am giving you." 39 And I opened my mouth and behold, a goblet was given to me and

մի տուաւ ինձ եւ գոյն նորա էր նման ջրոյ. 40 եւ առի եւ
արբի եւ իբրեւ արբի, սիրտ իմ բղխեաց զիմաստութիւն եւ միտք
իմ յաւելին զհանճար եւ հոգի իմ ունէր զյիշատակս. 41 եւ
բացաւ բերան իմ եւ ոչ փակեցաւ: 42 Եւ Բարձրեալն ետ
իմաստութիւնն հնգեցունց արանցն եւ փոխանակաւ գրեցին զասաց-
եալ նշանս գրով զոր ոչ գիտեին, եւ նստան անդ զաւուրս քառա-
սուն. եւ նոքա ի տուընջեանն գրեին 43 եւ ի գիշերի հաց
ուտեին. եւ ես ի տուընջեան խաւսեի եւ ի գիշերին դադարեի:
44 Եւ գրեցին ի քառասուն աւրն գիրս իննսուն եւ չորս:
45 Եւ եղեւ յետ լնուլ քառասուն աւուրն, խաւսեցաւ ընդ իս
Բարձրեալն եւ ասէ. Զառաջինն զոր գրեցեր յայտնի դիջիր եւ
կարդասցեն զնա արժանիք. 46 եւ զերկրորդն պահեսջիր առ
յուսուցանել զիմաստունս ժողովրդեանն· 47 զի ի նոսա են
առակք իմաստութեան եւ աղբիւր հանճարոյ եւ գետ գիտութեան·
եւ արարի այնպէս:

40 առի] H = Ψ առեալ W | եւ2^{0}] om W = Ψ | իբրեւ
արբի] W = Ψrel om H = T | բխեաց H | բըխեաց սիրտ իմ W
| զիմաստութիւն] W = Ψrel իմաստութիւն H = B T |
ունէր] բխեաց W = Ψ | զյիշատակս] W = Ψ զհանճար յիշա-
տակի H 42 զիմաստութիւն W = Ψ + եւ W | հնկեցունց
H հընգեցունց W | փոխանակաւ գրեցին] ∿ W = Ψ^{m} | նշանսն
W | եւ3^{0}] W = Ψ om H | աւուրս W = Ψ | տըւընջեան W
43 տըւէ W = Ψ | գիշերի 2^{0} W 45 եւ եղեւ---աւուրն]
W = Ψ om H | յայտնի] յետ W յայտ Ψ^{m} 46 առ] + ի
W = T 47 աղբեր W | գետ] om W = Ψ

its colour was like water. 40 And I took (it) and I drank and when I had drunk my heart poured forth wisdom and my mind increased in understanding and my spirit kept memories. 41 And my mouth was opened and it was not closed. 42 And the Most High gave wisdom to the five men and in turn they wrote the spoken signs in a script which they knew not. And they sat there for forty days, and they wrote by day 43 and by night they ate bread; and I talked by day and by night I desisted. 44 And in forty days they wrote ninety-four books. 45 And it came to pass after the forty days were completed, the Most High spoke with me and said, "The first thing which you wrote, make known openly and the worthy will read it. 46 And the second you shall keep to teach to the wise of the people. 47 For in them are proverbs of wisdom and a spring of understanding and a river of knowledge."

48 Յամի չորորրդեան շաբաթուն ամաց, յետ ամաց հինգ հազարաց արարածոց աշխարհի եւ երկուց ամսոց աւուրց, ինքն Եզր վերացաւ եւ համբարձաւ ի զունդ նմանողաց իւրոց.

Գրեցի զայս ամենայն եւ եղէ դպիր Բարձրելոյն:

48 ամաց յետ] W = Ψ om H | ամաց /հինգ հազարաց] H = Ψ ~ W | աւուրց] + եւ W = Ψ | եզր] H = Ψ եզրաս W | զունդս W = Ψ | իւրոյ] + ընդ սուրբս եւ ընդ արդարս W = Ψ | եղէ] յոր-ջորջեցայ W :cf Ψ | բարձրելոյն] + կատարեցաւ գիրքս եզրայ W

And I did so.

48 In the fourth year of the week of years after five thousand years of creation of the world and two months of days, Ezra himself was taken up and elevated to the company of those like him.

I wrote all this and became the scribe of the Most High.

THE DIPLOMATIC EDITION

ԵՋՐ ԵՐՐՈՐԴ որ է փո. չերրորդ

3:1 Ես Սաղաթիէլ որ եւ եզր կոչեցայ, 2 եւ ի բաբե-
լոն յամին երեսներորդի՝ կայի յանկողնի իմում եւ զմտաւ ածէի
վասն աւերածոյն սիոնի. եւ վասն շինածոյն բաբելոնի. 3 եւ
անդէն իսկ ապշեալ լինէի ի հոգի իմ. եւ սկսա ասել ցբարձրեա-
լըն զբանս ահագինս՝ 4 եւ ասացի. ասեմ, տէր աստուած իմ.
դու արարեր զերկինս եւ զերկիր. եւ զամենայն որ ի նոսա.
5 եւ յետ այնորիկ ստեղծեր անապական ձեռօք քովք զմարդն.
եւ փչեցեր ի նա շունչ կենդանի. եւ է առաջի քո. 6 եւ
եդիր ի դրախտին փափկութեան՝ զոր տնկեաց աջ քո. 7A որում
պատուէր ետուր զի ծանիցեն թէ քո գործ է. եւ նա էանց զայնիւ.
եւ պատրեցաւ. վասն որոյ յիրաւի որոշեցեր վաղվաղակի վասն
նորա զմահ. եւ ամենեցուն որ ի նմանէ ազգ էին. 8 որք եւ

1 եւ] om F J I | կոչեցար E Q 2 բաբելովնի T |
շինուածոյն J L R B M S C T 3 ասել ցբարձրեալն] ասելոց
բարձրեալն N E Q D^{7} ասելոյ ցբարձրեալն V ասել զբարձրեա-
լըն R 4 ասեմ] այսպէս T | իմ] om I 5 այսորիկ
C | նա] նմա F J 6 եդիր] + զնա T 7A պատուէր]
պտւր. էր Q պատուիր էր C | քո] ոք B T | քո / գործ է]
~ R | պարտեցաւ T | նմանէ] նոցանէ E | ազգէ R T

1 ես] ս om init D I | կոչեցա L P T 2 բաբիլոն C I Z
| երեսներրորդի M S C | ածեի C G | սիովնի T |
բաբիլոնի C Z բաբելովնի T 3 անդեն P | ափշեալ
D* K L R β պ marg D^{0} | լինեի C I | սկսա] A E Q P
սկսայ rel 4 եւ1^{0}] om E* above ln E^{0} | երկիր K*
զ above ln K^{0} | ամենայն I* զ above ln I^{0} | նոսայ M S
5 քոյ T 6 քոյ T 7A պատուեր P | թէ] եթէ D^{2} R
B M S I Z T եթե P C | քո] om G* marg G^{0} | ազգ] ա
over ն G^{0} | եին P C 8 զաւրինօք I Z | հրամանաց]

անցին զօրհնօք սրբոց քոց հրամանաց. 7B զի եղեն ազգք եւ
ազինք. եւ տոհմք ի նոցանէ՝ որ ոչ գոյ թիւ. 9 ածեր ի
վերայ նոցա զջրհեղեղն՝ եւ կորուսեր զնոսա: 11 Խնայեցեր
ի ծառայն քո Նոյ. եւ վասն նորա յորդիսն նորա ամենայն տամբն
իւրով. եւ եգիտ շնորհս առաջի քո. 12 եւ դարձեալ ի զաւա-
կէ նորա բազմացուցեր զմարդիկ: Եւ նոքա նոյնպէս ամբարշտե-
ցան առաջի քո. եւ ելին անօրէնութիւնք իւրեանց. 13 եւ
զհետ գնացին անօրէնութեանն. գտաւ այր մի ի նոսա որում
անուն էր աբրաամ. 14 զոր սիրեցեր՝ եւ հաճեցար ընդ նա
միայն. 15 եւ եդիր ընդ նմա ուխտ՝ բազմացուցանել զզաւակ
նորա. իբրեւ զաստեղս երկնից բազմութեամբ. եւ իբրեւ զաւազ
առ ափն ծովու անչափ. եւ այնպէս ետուր նմա որդի զիսահակ. եւ
սահակայ զյակոբ. 16 եւ յակոբայ՝ այլօք մետասանիւքն հան-
դերձ զյովսէփ. եւ վասն յովսէփայ՝ տարար զհարսն յեգիպտոս՝

8 սրբոյ I Z | քո C I Z 7B ազգ E Q T | նոցանէ] նմանէ L D* նոցանէ D^1 | որ] որոց K T | գոյր T
9 նոցա] նորա L 11 որդիսն G յորդիս B | նորա 2^0] + եւ C I Z | եւ 2^0] om C I Z 12 անօրէնութեամբք E անօրէնութիւնքն T անօրէնութեանք Q* L* -թիւնք Q^0 L^0
13 անօրէնութեան E Q B | որում] որ G | անունն B
15 զզաւակն K | իբրեւ 1^0 ---բազմութեամբ եւ] om M S: hmarkt | այնչափ E 16 զյակովբայ (-կոբ-Z) I Z: haplgr | եւ յակոբայ] եւ յակոբ E Q եւ զյակոբայ S om I Z | մետա-սանիւք R | հանդերձ] + եւ T | զյովսէփ---զհարսն] om C

ն over յ G^0 7B նոցանե P | զո L I 9 վերա V | զնոսայ M S 11 նորա 2^0] om E* above ln E^0 | քո 2^0] քոյ T 12 զմարդիք C | ամպարշտեցան Z 13 գտաւ] գտար G* ւ over ր G^0 | նոսայ M S | աբրահամ B T յ below աա G^0 14 նայ L 16 որդի] om J* marg J^0 | զիսահակ] զիսահ E | սահակա L B P | զյակովբ B զակովբ

եւ կերակրեցեր զնոսա ամս բազումս: 17 եւ յետ այնորիկ
հաներ զնոսա ի ձեռն ծառային քո մօսէսի. եւ տարար զնոսա
յեգիպտոսէ ի յանապատն. եւ կերակրեցեր զնոսա ամս քառասուն
եւ յետ այնորիկ տարար զնոսա յերկիրն զոր խոստացար ծառային
քո աբրաամու. 19 եւ ետուր նոցա օրէնս՝ եւ ոչ պահեցին. եւ
ետուր նոցա դատաւորս՝ դատել եւ խ(210ա)րատել զնոսա յօրէնս
քո ամս բազումս. մինչեւ ցսամուէլ մարգարէն՝ որ կարդայր
զանուն քո. 22 քանզի կայր եւ մնայր ի նոսա ախտ. մերժեցան
օրէնք քո ի սրտից նոցա. 23 մինչեւ կացուցեր ի վերայ նոցա
իշխան զդաւիթ ծառայն քո. 24 ցոր եւ ասացեր դարձեալ շինել
զերուսաղէմ. եւ ի նմա մատուցանել քեզ պատարագս. յետ նորա
յարուցեր զորդ<ի> նորա զսողոմոն. որում հրամայեցեր շինել

I Z | տարար] արար E* տ above ln E^{4} 17 հանել C | քո] քում E T | քումօսէսի Q | տարար 1^{0}] արար I: cf vs 16 | ի 2^{0}] om R | յամս I 19 նոցա 1^{0} ---ետուր 2^{0}] om β: hmt | պահեցեր E Q^{0} եր over eras Q^{0} | ամս] + ամս E: dittog | բազում E | քո 2^{0}] om M S + սուրբ T
22 յօրէնք P 23 ցդաւիթ E 24 ցոր] յոր T | զերուսաղէմ] om B M S P C I Z տաճար T | նմա] նմանէ E Q | քեզ] om I Z | զորդ<ի >] զորդ A | յորում F* I ↓ | զեր-

C* յ above ա C^{0} | յակովբայ T | այլոք V T այլովք R | մետասանօքն C I Z | զյովսեփ P | յօսէփայ N D M S յօսեփայ Q յովսէփա G R B P յօվսէփայ V | զնոսայ M
17 զնոսա 1^{0}] զնոսայ M S | քո 1^{0}] յ below ln G^{0} | մօսեսի D մօսիսի K մովսէսի G L R B M S P C Z T մովսեսի I | զնոսա 2^{0}] զնոսայ M S | կերակրեցե M* ր 2^{0} above ln M^{0} | զնոսա 3^{0}] զնոսայ M S | զնոսա 4^{0}] զնոսայ M S | աբրահամու F J B C I Z T յ below աա G^{0} 19 զնոսայ M S | ցսամուել V ցսամուէլ T 22 նոսայ M S | աւրէնք R B Z 23 վերա T | քոյ T 24 որում] preceding յ eras F ↑ | հրամայցեր E* ե above ln E^{3}

զտաճարն ի տեսիլ գիշերոյն. եւ ի նմա առնել ամենայն ժողով-
րդեանն զաղօթս՝ եւ մատուցանել զպատարագս: 25 Եւ իբրեւ
այն լինէր՝ մեղաւ ժողովուրդն որ ի քաղաքին բնակեալ էր.
27 եւ վասն նորա մատնեցաւ քաղաքն ի ձեռս հեթանոսաց որ
շուրջ զնովաւն էին: 28 իսկ մինչդեռ էաք յերկրին մերում.
ասէի ի սրտի իմում. միթէ լաւագոյն ինչ գործեն որ բնակեալն
են ի բաբելոն. եւ վասն այնորիկ արհամարհեցաւ սիոն. 29 զի
իբրեւ եկի այնր՝ տեսի. ամբարշտութիւն բազում. որ ոչ գո թիւ.
եւ ապստամբս բազում յոյժ ետես անձն իմ. այս ահա երեսուն ամ
վասն այնորիկ զարմացեալ է սիրտ իմ 30 զմտաւ ածելով. թէ
որպէս ներես անօրինաց եւ խնայեցեր յամբարիշտսն. եւ կորուսեր
զժողովուրդսն քո. եւ խնայեցեր ի թշնամիսն քո. 31 միթէ
լաւագոյն ինչ գործեաց բաբելոն քան զսիոն 32 եւ կամ այլ-
ազգի ոք ծանեաւ քան զիսրայէլ. եւ կամ որ ազգ հաւատաց ուխտի

ւոյն C զերոյն I Z | զամենայն C I Z 25 ի քաղաքին /
բնակեալ էր] ~ T 28 յերկրի R | բնակեալն են / ի բաբե-
լոն] A ~ rel 29 գո] գոյր T: cf vs 7B | բազում 2^0]
բազումս T | ամ] + է T | այսորիկ J K 30 inc] + եւ
C | անօրինաց] օրինաց C | յամբարիշտն R T* ս above տ
T^0 | զժողովուրդսն D* ս dotted D^c զժողովուրդ G* սն
above ln G^0 զժողովուրդն R | թշնամիս M S 32 ծանեաւ]

հրամաեցեր L B | զիշերւոյն K R M S | նմա 2^0] նմայ M S
| զաղաւթս R 27 եին C 28 մինչդէռ D B | եաք
P C | ասեի C | սրտի] + eras G | սիոն] սիրն R
սիովն T 29 զի իբրեւ] զիբրեւ B: haplgr | ամբարըշ-
տութիւն] A R ամպարշտութիւն Z T ամբարշտութիւն rel |
գո] A L գոյ rel 30 թե P | անաւրինաց Z |
յամբարշտսն G* ի above ln G^0 յամպարիշտսն Z | քո1^0]
քոյ T | քո2^0] քոյ T 31 եթէ N E Q D^3 F* J K G L R
ե eras F | բաբելովն T | զսիովն R T 32 ծանեաւ]

քում իբրեւ զյակոբ՝ 33 որոց պտուղն ոչ երեւեցաւ: շրջելով
շրջեցա ընդ ազգս՝ եւ զտի զնոսա յղփացեալս, որք ոչ յիշէին
զպատուիրանս քո: 34 Արդ՝ այժմ, եթէ կշռիցես ի կշիռս զմեր
զանօրէնութիւնս՝ եւ զհեթանոսաց՝ զտցի ի կշիռս կշռոցն եթէ
յոր կոյս հակիցէ. 35 եր՞ք ոչ մեղան բնակիչք երկրիս այսո-
րիկ առաջի քո. ո՞ր ազգ պահեաց զպատուիրանս քո. 36 թերեւս
ուրեք նուազարանս զտանիցես ազգ. եւ ոչ ումեք:

4:1 Եւ յետ խորհելոյն իմոյ զայս՝ առաքեցաւ առ իս
հրեշտակ մի. որոյ անունն էր նորա, ուրիէլ. 2 խօսել սկսաւ
ընդ իս՝ եւ ասէ. ապշեալ է սիրտ քո յայսմ կեանս. առ ի կամել
քեզ հասու լինել ճանապարհի բարձրելոյն: 3 Եւ ասեմ. աղա-
չեմ զքեզ՝ խելամուտ արա զիս: Ետ պատասխանի եւ ասէ ցիս:
Առաքեցայ առակս երիս դնել առաջի քո՝ եւ ճանապարհս երիս

+ զքեզ T | իբրեւ] om I | զյակոբ J 33 յիշեցին E
յիշեն G 34 կշռիցես ի] om S | զտի G Q E dotted E^c |
ի2^0] om B T | յոյր F J
1 խորհելոյն] խորհրդին T | էր] om E | նորա] om A* T
above ln A^0 2 խօսել/ սկսաւ] ∿ T | յայսմ] յայս T |
կազմել M S ↓ | ճանապարհին R 3 աղաչեմք M S | զիս]
+ նա T | առաքեցայ] + առ քեզ marg P^0 T առաքայ D*

ծննեաւ Q* ա over ն 1^0 Q^0 | զիսրայէղ G L R | զյակովբ
R T 33 երեւեցաւ] երեցաւ M: haplgr | շրջեցա] A E L
շրջեցայ rel | զնոսայ M S | յղքակեալս G* գ over կ
G^0 | յիշեին L M C 34 կըշռիցես N | զանաւրէնութիւնս
R | ըզհեթանոսաց G | հակիցէ] space between ա and կ B
35 քոյ K 36 թէրեւս Q | ուրէք1^0 2^0 R
1 ուրիէղ L R 2 խաւսել L | ափշեալ E L R C I Z | է]
om D* above ln D^0 | կամել] կա.մել V ↑ ? abbrev mk B |
լինել] լ 2^0 over ն Q^0 | ճանապարհի] հ above ln A^0
3 եւ 1^0] ւ om init S I | արայ B M S | առաքեցա E Q L I

ցուցանել քեզ. 4 յորոց եթէ զմին ասիցես ինձ. եւ ես քեզ
ասացից՝ վասն որոց փափաքեալդ ես գիտել: 5 Ետու պատասխանի
եւ ասեմ. ասա տէր իմ: Եւ ասաց ցիս՝ երթ կշռեա դու ինձ
զկշիռս հրոյ. եւ կամ զծանրութիւն հողմոյ. եւ կամ ընդ կրունկ
դարձոյ՝ զօրն անցեալ. 6 Ետու պատասխանի՝ եւ ասացի. ո՞վ ի
մարդկանէ կարէ առնել զայդ՝ զի ես արարից: 7 Եւ ասաց ցիս՝
ապա թէ էր իմ հարցեալ զքեզ . քանի շտեմարանք են՝ ի սիրտ
ծովու, կամ քանի առաջք երեւին՝ երակաց խորոց. կամ քանի շաւ-
իղք են ի վերայ հաստատութեանն. կամ քանի ելք են դժոխոց. կամ
քանի մուտք են դրախտին: 8 Ապա եթէ ասիցես ինձ ի ծով ոչ
իջի. եւ ոչ ի սկզբանէ եղէ ընդ անդունդս՝ եւ ոչ ելի ի վերոյ
քան զերկինս. եւ ոչ իջի ի դրունս դժոխոց. ոչ մտի ի դրախտն:
9 այժմ ոչ հարցից զքեզ զայդ՝ այլ վասն հրոյ՝ եւ հողմոց՝

եg above ln D^2 4 զմինն R B | որոց] որոյ M S I T
5 ասա] om E marg E^1↓ | հողմոյ] հողոյ T | դարձոյ]
+ ընդ T 6 ասացի] ասեմ T | ես] om E* above ln E^4
7 քանի 1^0 ---կամ 1^0] om β: hmt | քանի 1^0] քանզի R զքանի
S | շտեմարանքն E | առջք D* ա above ln D^2 preceding
առ eras D առաջ E | երակացք C I Z | կամ 4^0] եւ կամ T
8 ոչ 5^0] եւ ոչ T 9 զքեզ] A E Q K քեզ rel | այդ E
| հողմոյ E | որոյ B M S P C I | սովոր T | ես] իցես T

4 եթե P C | փափաքեալդ G M S P 5 ասա] om E* ասայ
E^1 marg M S ↑ | կշռեայ L M S Z | կրուկ D* L R V ն above
ln D^0 | դարձոյ] յ partly eras G | զաւր G* ն above ln
G^0 զաւրն B 6 մարդկանե G | կարե G 7 թէ]
A K G* ե above ln G^0 եթե P եթէ rel | եր P |
զքեզ] զք S | քանի 1^0] քի. F* J ան marg F^0 ն above
ln J^0 here and throughout vs | շաւեղք L | վերա V
8 թէ K եթե P C | սզքանէ D* կ above ln D^0 | եղե
R P | վերո L Q վր. P* վերոյ marg P^0 | դրունս] դ
above eras E 9 տւընջեան L | որոց] eras between ր and

եւ տուրնջեան՝ որոց սովորն ես. եւ յորոց ոչ կարես հեռի
լինել. 10 զի որ ինչ ընդ քեզ սնեալն են՝ ոչ կարես ճանաչել.
11 զիա՞րդ կարես այնչափ ճանապարհաց բարձրելոյն հասու լինել.
քանզի անհաս է ճանապարհ բարձրելոյն. յապականացու ես եւ
յապականելի կեանս բնակեալ ես. ոչ կարես ճանաչել զճանապարհս
անապականին: 12 Ետու՝ պատասխանի՝ եւ ասացի ցնա: Լաւագոյն
էր մեզ՝ եթէ չէաք ծնեալ քան թէ կեցեալ ամբարշտութեամբք: եւ
ի տանջանս մտեալ՝ եւ չիմանալ եթէ ընդէ՞ր զայթագղիմք: 13
Ետ պատասխանի՝ եւ ասէ ցիս՝ լուր առակին. չոգաւ գնաց անտառին
փայտն ի դաշտն խորհեցաւ եւ ասէ ցընկերս իւր՝ 14 եկայք
երթիցուք տացուք պատերազմ ընդ ծովու. զի հեռացեալ մերժեսցի
առաջի մեր՝ զի արասցուք ի նմա այլ անտառս: 15 դարձեալ
ալիք ծովուն խորհեցան. երթեալ կոուեալ՝ ընդ անտառ դաշտին.

| յորոց] յորոյ Z 10 սնեալ T | կարասցես T
11 inc] + եւ T | ճանապարհին T | յապականացու] A T
ապականացու rel | յապականել ի E Q B M S P C ապականացու
K | ոչ] եւ ոչ T | զճանապարհ R 12 ասացի] ասեմ T
| չէաք] + իսկ T | ամբարշտութեան G 13 inc] + նա
T | լուո L R | գնաց չոգաւ L R | դաշտին E 14 երթի-
ցուք] + եւ T | մեր] + եւ T | նմա] նա K | այլ] om
J 15 inc] + եւ T | երթեալ] + եւ T ↓ | անդառն T |

ո 2^{0} P 10 իչ G* ն above ln G^{0} | կարես] + ճանաչել
eras V 11 կեանս] կ over ե G^{0} 12 ցնայ L |
եթէ 1^{0}] եթե P C | ոչ էաք E | ծնալ Q | եթէ 2^{0} 3^{0}]
եթե C | ամպարշտութեամբք Z | զայթակղիմք N E Q D^{3} F V C
I Z զայթղիմք D* 13 չոգօ B | անդառին L R | խոր-
հեցօ B 14 պատէրազմ K | անդառս N E Q D V L R
15 դարձեալ] լ over իք R^{0} | երթալ G R I Z T | կոուեալ]
A B P C կուեալ N E Q D V կուեալ L կոուել G M S I Z T
կուել F^{0} J կոեւել R ա eras after ե F^{0} | ընդ] om G*

պատրաստել իւրեանց այլ տեղի. 16 եկն հուրն՝ եւ այրեաց
զանտառն. 17 նոյնպէս եւ աւազն եկաց ընդդէմ. եւ արգել
զալիսն: 18 Արդ՝ եթէ էիր դատաւոր՝ զո ի նոցանէ արդարացու-
ցանէիր. կամ դարձեալ զո՞վ պարտաւորէիր. 19 Ասացի՝ զեր կո-
սեանն զի ի նանիր խորհուրդ խորհեցան. քանզի երկիր տուաւ
անտառոց. իսկ տեղի աւազոյ ծովու զդէմ ունել ալեացն: 20 Եւ
ասաց ցիս՝ բարւոք խօսեցար՝ ընդէ՞ր զոր ասացի քեզ՝ ապա ոչ
դատեցար. 21 որպէս երկիր տուաւ անտառոց. եւ տեղւոյ
աւազոյ ալեացն. այնպէս եւ որ յերկրի են՝ տուեալ են զերկ-
րաւորս գիտել. եւ որ յերկինս են զերկնաւորն ճանաչել: 22 Եւ
ասացի ես՝ խնդրեմ ի քէն տէր. իսկ ընդէ՞ր տուան ինձ այնպիսի
միտք զայնպիսիսն ածել զմտաւ. 23 զի ոչինչ յօգուտ է ինձ
հարցանել որ ի վեր է քան զամենայն. այլ լաւ է մեզ զայն

դաշտին] + եւ T 16 հուր P 18 կամ] եւ կամ T | պարտաւորէիր] պատուէիր I Z 19 inc] +եւ ես T | զերկուսեան B երկոքեանն T | զի] om T | քանզի] զի E* քան above ln EC 20 խօսեցար] A դատեցար rel + եւ T | զոր] + ես T 21 երկիր] երկիրն որ T | տեղւոյ] տեղի T | որ 1^{0}] որք T | յերկրի են] երկրի էն R | երկինսն T* յ above ln T^{0} | զերկնաւորսն T | ճանաչեն E 22 ասացի ես] ես ասացի ցնա T | այսպիսի T | միտք] պիտք

marg G^{0} | անդառ L R 16 զանդառն L R 17 աւազն] ւ over զ Z^{0} | ընդդեմ] + ընդդեմ with eras mks J: dittog 18 եթե P C | եթէիր S Z* է above ln Z^{0} | էիր] om G* above ln G^{0} | արդարացուցանեիր C | պարտաւորեիր C պարտօրէիր B 19 անդառոց L R անտառաց P C I Z ռ over eras K^{0} | աւազո L Q | զդեմ P | ալեացն] ալե- over այլ Q^{0} 20 դատեցար] ա 2^{0} over another let G^{0} 21 անդառոց L R | տեղո L տեղոյ B Z | աւազո Q L | զերկիրաւորս M S | ճանաչեալ L 23 յաւգուտ B |

գիտենալ. որ ընդ մեզ հանապազ անցանեն վիշտք: Արդ՝ ընդէ՞ր
իսրայէլ մատնեցաւ ի ձեռս հեթանոսաց. եւ զոր աստուած սիրէր
զժողովուրդն՝ մատնեցաւ ի ձեռս ամբարըշտաց. եւ մոռացան
օրէնք հարցն մերոց. եւ գրեալ կտակարանքն ոչ ուրեք զտանին.
24 եւ կամք աստ իբրեւ զմարախ որոց ոչ զոն օրէնք. ոչ հրա-
մանք՝ ոչ կտակարանք. եւ գնամք յաշխարհէս չեղեալք (210բ)
արժանի քո ողորմութեանդ. 25 Զի՞նչ եւս աւելի ընկալցուք
մեք յորս կոչեցաւ անուն նորա ի վերայ մեր: 26 Ետ պատաս-
խանի եւ ասէ ցիս՝ Այժմ մինչդեռ աստէն <ե>ս տեսցես՝ անդր
երթեալ զարմասցիս. քանզի փութայ այս աշխարհս անցանել. 27
առ ի չհանդարտել բառնալ՝ զիւրոյ ժամանակի զչար՝ վասն զի
մարդիկ աշխարհիս այսորիկ լի են անօրէնութեամբ. 28-9 վասն
որոյ եւ անցցեն ի վերայ նոցա կալք. զի եթէ ոչ նախ եկեսցէ ի
վերայ նոցա հունձք. եւ ոչ արդարոցն հասցէ օր բարկութեան որ

R 23 գիտել T | հանապազ] om K 24 ոչ 3^0] եւ ոչ T | աշխարհէս G B | ողորմութեանն K 25 եւս] եւ R | յաւելի C I Z 26 inc] + նա T | աստէն < ե >ս] աստենս A | տեսցես] տեսանես D* V B M S C I T տեսցես marg D^0 տեսանել P | երթեալ] + եւ T | փութայ] A K փութացա E փութաց rel | այս] om E 27 բառնալոյ I Z | ժամանակ M S | աշխարհս B | այնորիկ R 28-9 բարկութեան] բարութեան D* L M^0 կ above ln D^c կ eras M բարկութեա- նց E բարութեանց P | պտուղ E Q 30 ած զմտաւ] ∿ R

իսրայէղ G L R | ամբարըշտաց] A R ամպարշտաց Z ամբարշ- տաց rel | աւրէնք G B | գրեալ] ր over տ A^0 | ուրէք B 24 աւրէնք Z 25 աւելի] om G* marg G^0 | մէք L | վերա V 26 աժմ F* յ below ln F^0 | աստեն M S C | էս V M S P | երթալ G I 28-9 որո Q | վերայ 1^0 2^0] վերա V | եթե P C | աւր P | են] նեն Q

բարութեանցն են պտուղք: 30 Աղէ ած զմտաւ. զի եթէ սակաւ
յանցումն ադամայ՝ այնչափ չար գործեաց աճեցեալ յայնմհետէ
չարն ի վերայ երկրի. որպէս կորուստ որք անօրինին պատրաստինն:
33 Պատասխանի ետու՝ եւ ասեմ. մինչեւ ցե՞րբ իցէ այս:
34 Եւ ասաց ցիս: Չես իմաստնագոյն քան զբարձրեալն. թէ արաս-
ցես վաղվաղակի հասանել զկատարածն. զի դու փութա վասն քո
միայն. իսկ բարձրեալն երկայնամտէ վասն բազմաց. 35 քանզի
վասն նորա խնդրեցին ի բարձրելոյն անձինք արդարոց՝ եւ ասեն.
մինչեւ յե՞րբ եմք աստ. ե՞րբ եկեսցէ հասցէ վարձք ժամանակեա
մերոյ: 36 Ետ պատասխանի տէր նոցա եւ ասէ. համբերեցէք մին-
չեւ լցցի սահմանեալ ժամանակն . 37 քանզի չափով չափեաց
զամս. եւ կշռով կշռեաց զյաւիտենականսն. եւ թուով թուեաց
զժամանակս: մի շարժեսցէ եւ մի զարթուսցէ. մինչեւ հասցէ սահ-
մանեալ ժամանակն: 38 Ետու պատասխանի եւ ասեմ. խնդրեմ ի

| սակաւ] սկիզբն T | անցումն R P C I Z | անչափ T |
յայնմհետէ] յայնմանէ L | անաւրինինն R օրինին M S |
պատրաստին R B P I Z T պատրաստինին M S C 33 ետուն C
| եւ] + եւ D V: dittog | ասեմ] + զնա T 34 չես]
ծեզ B M S ծես C ↓ դու ես T | փութաս K L B T
35 ժամանակեա] ժամանակաց R | մերոց R 36 նոցա եւ ասէ]
եւ ասէ ցնոսա T | մինչ չեւ T 37 ժամանակն] ժամն L R
38 inc] + եւ T 39 անօրինացս] աւրինացս B օրինացս

30 եթե P | սակօ B | յադամայ յ1^0 with eras mk R
ադամա B | վերա V 33 ցյերբ I 34 չես] չ over
eras P^0 ↑ | իմասնագոյն C | զբարձրեալն] ր 2^0 below ln
F^0 above ln S^0 | թէ V Z թե P | փութայ M S P C I Z |
երկնամտէ E երկայնամիտ է I Z T | բազմած C 35 բար-
ձրելւոյն L | անձինք] արձինք C | եմք] om I* above
ln I^0 | ժամանակեայ N Q D F J K G V M P C I Z T | մերո L B
37 կըշռով C | սահմանալ K* ե above ln K^0 38 քեն P

քէն տէր.՛ 39 ի բազում գթութենէ քարձրելոյ՝ զի համբերէ
վասն մեր անօրինացս. առ ի չածելոյ զկատարածն. այլ երկայ-
նամտէ վասն մեր զարդարսն. առ ի վայելել նոցա զքարիս՝ զոր
խոստացեալ է նոցա: 40 Եւ պատասխանի եւ ասէ. այդպէս իսկ է
որպէս ասացերդ՝ բայց եկեսցէ ի ժամու իւրում. զի որպէս կին
մարդ ոչ կարասցէ յառաջ քան զսահմանեալ ժամանակն ծնանել՝ եթէ
ոչ իններորդ ամիսն լցցի. 42 որպէս կին փութա ի հասանել
ժամանակին ապրել յերկանց. եւ ի վշտէ ծննդոցն. նոյնպէս
շտեմարանք երկրի փութան հատուցանել զպտուղն որ հատուցանելոցն
է նմա: 43 արդ՝ յորժամ եկեսցէ ժամանակն՝ տեսցես եւ ծանիցես
վասն որոյ ցանկացեալ ես գիտել: 44 Եւ խնդրեցի ի նմանէն եւ
ասեմ: Աղաչեմ զքեզ տէր՝ եթէ գտի շնորհս առաջի քո՝ եւ եթէ
արժանի եմ 45 յայտնեա ինձ վասն ժամանակին. եթէ աւելի
անցեալ է՝ կամ կացցէ: 47 Եւ ասաց ցիս՝ կաց յաջակողմ կոյս.

M S P C I Z T | վասն մեր] + վասն մեր C I Z: dittog
40 inc] + նա T | կին] զկին C I Z | զսահմանեալն M S |
ժամանակն] + իւր T | եթէ ոչ] մինչ որ T | ամինն K R
+ զի M S 42 inc] + եւ T | հասան D* ել above ln
D[2] | երկայնց E Q յերկանցն R| շտեմարանքն Z | հասու-
ցանելոցն Q 43 ծանիցես] ծիցես D* ան above ln D[3] |
որոյ] A N E G որոյց Q որոց rel 44 նմանէ E P
45 ժամանակին] + եւ E Q | յաւելի B T | կայցէ R
47 յաջակողմն B T | կերպարանս C I Z 48 եցոյց] + ինձ

39 չածելո Q L P | երկայնամիտ է T | առ] over այ A^0 |
նոցա 2^0] նոցայ M S 40 եթե P C | իններրորդ M S P C
42 փութա] A L R B փութայ rel | ծնընդոցն L R T |
ըշտեմարանք N Q D F J G V B P C 44 եթէ 1^0] եթե C |
քոյ T | եթէ2^0] եթե P C 45 յայտնեայ F P M S | եթե
P 46 յաջկողմ R | առակին] առաջին E* կ over ջ E^0

եւ ցուցից քեզ զկերպարանս առակին: 48 Եւ կացի. եւ եցոյց
հնոց բորբոքեալ: եւ եղեւ յորժամ վախճանեցաւ բոցն. եւ ելա-
նէր ծուխ. 49 եւ յետ վայր միոջ եկն ամպ ջրալից՝ եւ արկ
անձրեւ սաստիկ յոյժ եւ յետ անցանելոյ անձրեւին՝ ցօղ. 50 եւ
ասաց ցիս՝ ի միտ առ զայս. որպէս յաճախէ հուրն՝ քան զծուխն՝
եւ անձրեւն քան զցօղն. այնպէս յաճախէ՝ անցեալ մասն ժամանակի:
51 Դարձեալ աղաչեցի զնա եւ ասեմ. ո՞ ի մէնջ կենղանի իցէ
արղեօք. եւ կամ ո՞վ ի մէնջ իցէ արղեօք՝ յաւուրսն յայնսն.
եւ կամ զի՞նչ նշան իցէ ժամանակացն այնոցիկ: 52 Եւ պատաս-
խանի եւ ասէ ցիս՝ վասն նշանացն կարեմ քեզ ասել. իսկ վասն
կենաց ծերոց ոչ առաքեցայ ասել քեզ:

5:1 Լուր վասն շնորհացն. ահաւասիկ աւուրք զան. եւ
յաւուրսն յայնսն զարմասցին մարդիկ զարմանալիս մեծամեծս՝

K | ծուխն T 49 վայրի E | անցանել ո E ↓
50 յաճախէ 1^0] յաճախ D* L R + է D^3 | հուրքն P | անձրեւ
B | զցաւղ B | յայնպէս T | յանցեալ R | ժամանակին R T
51 inc] եւ ղարձեալ T | մէնջ 1^0] ծէնջ E B | եւ 2^0 ---ար-
ղեօք 2^0] om R C I: hmt | ի մէնջ իցէ] իցէ ի ծէնջ Z |
մէնջ 2^0] ծէնջ E M S P Z | յայնս E | նշանակ B T
52 inc] նա ետ T | կենացն T
1 զան] om K կան M S | յաւուրն E | յայնս E | յուղ-
ղութեան Z | հաւատոց E | ճշմարտութիւն L ճշմարտութեանն

48 վաղճանեցաւ B C 49 յետ 1^0] ետ B M S P C I Z |
յետ 2^0] ետ C I | անցանելո L Q ↑ 50 զցաւղն R |
յաճախէ 2^0] աճախէ E յախէ T* աճ marg T^0 51 արղեօք
1^0] արղեաւք B P | իցէ 2^0 ---յայնսն] illeg L | արղեօք
2^0] արղեւք P I 52 պատասխասխանի S: dittog | նշացն
I: haplgr | առաքեցա E L R T
1 մարդիք B մարդիկք T | ղօղեսցէ] աւղեսցէ C | հօա-

ղօղեսցէ յուղղութենէ հաւատոցն ճշմարտութեան. 2 եւ յետ
բազմանալոյ ամբարշտութեանն՝ եղիցին ոմանք ի վերայ երկրի
խօսել՝ կամ կորստանօք ստութեամբ. եւ առասպելօք այլայլիւք.
ոմանք մոլորեալք ի կեղծաւորութեան սրբութեան պաշտամանն.
ըմբռնեալք անժուժկալութեան. 3 եւ եղիցի անհանգիստ՝ եւ ան-
ճանապարհ. եւ անապատ այս երկիր. նախ յառաջ զոր դու տեսանես.
4 թէ տացէ աստուած. տեսցես զարմանալիս՝ յետ երրորդ տեսլեա-
նըն՝ եղիցի երկիր ամբոխեալ. եւ երեւեսցի արեգակն ի գիշերի.
եւ լուսին ի տուընջեան. 5 եւ ի փայտէ արիւն կաթեսցէ. եւ ի
քարէ բարբառ լուիցեն. ժողովուրդք ընդ ժողովուրդս հարցին.
6A Եւ բռնասցին նշանագործք. զօրասցին առասպելարկուք: 6B Եւ
ի ժամանակին յայնմիկ՝ ծով բազում անգամ տեղիս փոփոխեսցէ. եւ

E Q 2 եւ 1⁰ ---ամբարշտութեանն] om E* Q marg E[2] |
ամբարշտութեան B յամբարշտութենէն E[2] անօրէնութեանն J
K | խօսելոյ M S | կորստականօք K B կորըստականօք T |
սրբութեան] սրբութեամբ T | յանժուժկալութեան D V L M S P
I Z յայն ժուժկալութեան T 3 անապատ] + եւ անճանա-
պարհ V: dittog յանապատ C + եւ C I Z | երկիրս T
4 երրորդ] երկրորդ D* G* L կ eras D G | երկիրն J |
տուընջեանն T 5 կաթեսցէ] կամեսցէ C I Z | լուիցեն]
+ եւ T | ժողովուրդս] ժողովուրդք R 6A բռնասցին]
բանասցին B T | նշանագործք] + եւ V L R β 6B ժամանա-
կին] + ի L | ծովն T | եւ 2⁰] om C I Z | փոխեսցեն B

տոցն B 2ամբարըշտութեանն R ամպարշտութեանն T Z |
վերա V | կամ] eras follows J | կորըտանօք R | առասպե-
լեաւք P առասպելեօք C I Z | կեղծաւորութիւն C* -եան
over -իւն C⁰ | ընբռնեալք F 4 թէ] եթէ T | ամբո-
խեալ] sign in text and marg L D | տունջեան L Z
6A առասպելարկունք E 6B փոփոխեսցէ] փոխեսցէ R |
վիհք] զիհք R | աւղք B C I | փոխեսցին] փոփոխեսցին G

վիհք եղիցին. եւ օդք փոխեսցին՝ եւ թռչունք երկինք տեղա-
փոխեսցին. 7 եւ սողոմայեցւոց ծովն ձկունս եռացուսցէ՝
8 եւ հուր բազում անգամ առաքեսցէ. եւ նշան ի կանանց ծնցի.
9 եւ ի ջուրս քաղցունս աղւութիւն գտցի: Մարտիցեն մարդիկ
ընդ միմեանս. որդիք ընդ հարս. եւ հարք ընդ որդիս. մարք ընդ
դստերս՝ հակառակք ընդ միմեանս. եղբարք՝ ընդ եղբարս. սիրելիք
ընդ ծանօթս՝ ազգ՝ ընդ ազգս. ժողովուրդք՝ ընդ ժողովուրդս.
քահանայք ընդ քահանայս. եւ թաքուսցեն զարդար զպատուիրանս
բարձրելոյն. եւ հզաւրասցի ի նոսա ստութիւն. եւ մերժեսցի
իմաստութիւն սրբոց. 10 եւ յետ այնորիկ խնդրեսցեն՝ եւ ոչ
գտցի. զի բազմասցին ատելութիւնք՝ եւ յաճախեսցէ ստութիւն. եւ
հպարտասցին հարք նոցա եւ նուազեսցին ուղիղք. 11A եւ հարցէ
երկիր զմերձաւորս իւր՝ եւ ասասցէ. միթէ ոք գնացէ ի վերայ
քո՝ որ ունէր զհաւատս. եւ խօսէր զճշմարտութիւն 11B կամ
գործէր զարդարութիւն. կամ ատէր զանօրէնութիւն. կամ ի կողմ

M S T փոփոխեսցեն P C I Z | եւ 4^{0}---տեղափոխեսցին] om V β marg V^{0} | երկինք] A երկնից rel | տեղափոխ եղիցին R 7 սողոմայեցւոցն R | ձկունք M S 9 եւ 1^{0}] om C I Z | ի 1^{0}] om R | աղւութեան E | հակառակ C I Z | ազգ] ազգք J | ազգս] ազգ L D* ս above ln D^{4} | ժողովուրդք] ժողովուրդ J G | քահանայք] քահանայս E | հզօրասցին S ↓ | սրբոց] սրբոյ S 10 ատելութիւնք] աղտեղութիւնք M S | հարքն C I Z 11A իւր] om β | ոք] om K | որ] om T 11B ատէր 1^{0}] + զարդարութիւն

7 սողոմաեցոց L սողովմայեցւոց B 9 քաղցրունս E | աղութիւն N L R | գտցի] գ over another let E | ծանաւթս L B | թագուսցեն T | ըզպատուիրանս J | հզաւրասցի] A P Z հզօրասցի rel ↑ | նոսայ M S 10 բազմասցին] 1 let space after ս D 11A գնացէ D* ս above ln D^{3} | վերա V 11B անզանէր L | զյափըշտակութիւն]

անկանէր ճշմարտութեան. կամ առնէր զողորմութիւն. կամ ատէր
զյափըշտակութիւն. 11 C կամ խնդրէր զբարձրեալն՝ ամենայն
սրտիւ (211ա) իւրով. կամ սիրէր ոք սրբութեամբ ընկեր
զընկեր իւր. 11D Տացէ պատասխանի եւ ասացէ. եթէ ոչ ոք
զտանի առ իս այսպիսի. 12 A ըստ այնմ ժամանակաց ակն
կալցին մարդիկ առնուլ ինչ ի բարձրելոյն. խնդրեսցեն եւ ոչ
առցեն. 12 B վաստակեսցեն աշխատանօք՝ եւ ոչ հանգիցեն. ճաշեսցեն՝ եւ ոչ վայելեսցեն ի գործոց ձեռաց իւրեանց. գնասցեն՝
եւ ոչ ուղղեսցեն. ճանապարհք իւրեանց 12C ըմբռնեսցին ի
վախճան ժամանակաց. ի ցաւոց եւ ի տրտմութենէ եւ ի հեծութեանց.
քանզի ոչ միայն փոխեցին զօրէնսն. այլ եւ զնոյն եւս զբարձրեալն ի վերայ երկրի որչափ ի նոսա էր. 12D վասն այնորիկ
եկեսցէ ի վերայ նոցա չար. եւ թագաւորեսցէ ի վերայ նոցա

կամ ատէր R: dittog | կողմն C I Z | ճշմարտութիւն C I Z ճշմարտութեանն T 11C inc] + եւ T | զընկեր] om T: haplgr 11D ոչ ոք] ∿ C I Z 12A ըստ] ընդ I | ակն] մի ակն T 12B հանգիցեն] հանիցեն S | ճաշակեսցեն B T | ի 1^{0}] om T | գործս D* ս eras ոց above ln D^{2} | ուղղեսցեն] + ի S 12C ըմբռնեսցեն R E | ի 2^{0}] եւ B M S P C I Z եւ ի T | տրտմութենէ] սրտմտութենէ Q G* ս eras տ above eras G^{0} տրտմութենէն Z տրտմութեան T | եւ 3^{0}] om L | եւս] իսկ R 12D այսորիկ β | ի վերայ նոցա 2^{0}] A: dittog յատենի rel | զնոսա]

A զշտակութիւն eras after զ G* յափ above ln G^{0} զափշտակութիւն C I զյափշտակութիւն rel 12A առցեն] ացեն eras after ա D* ռ above ln D^{c} 12B վաստակեսցեն---վայելեսցեն] marg V^{0} վաստակեսցեն crossed out V text | աշխատանօք---վայելեսցեն] om V* | յուղղեսցեն B 12C ցաւուց R | հեծութեաց C I Z | զաւրէնսն Z | նոցայ M S 12D վերայ 1^{0}] վերա V | ոչափ Z* ր above ln Z^{0}|

բարձրեալն. եւ եկեսցէ <փոխ>եսցէ զնոսա` եւ ցուցցէ յիւրմէ
զփառս բարձրեալն ի նոսա. 12E յայնժամ հատուսցէ նոցա զտան-
ջանս որպէս խորհեցանն ամբարտաւանութեամբ եւ անարգեսցէ զնոսա
նոյնպէս: 13 Զայս նշանս հրամայեցաւ ինձ ասել քեզ: թէ
դարձեալ միւս անգամ պահօք եւ արտասուօք խնդրեսցես ի բարձ-
րելոյն իբրեւ աւուրս եւթն. եւ լուիցես քան զայս մեծամեծս:
14A Եւ իբրեւ զարթեայ` եւ լուեալ զայս ի մտի ունէի. եւ
յերկեղէն եղձան կերպարանք մարմնոյ իմոյ. եւ զօրութիւն իմ
հեռացաւ յինէն. եւ մերձեցաւ անձն իմ ի նուազել: 14B Աձի
զմտաւ եւ ասեմ. եթէ ոչ ոք կարէ ապրել ի մէնջ. եւ մեռանիմ
որպէս զանասունս. յորս ոչ գոյ ի նոսա իմաստութիւն. եւ
տանջին ի տանջանմն յաւիտենից: Զայս իմ յոյժ զմտաւ ածեալ
հոգայի: 15 Եկն դարձեալ ուրիէլ հրեշտակ եւ զօրացոյց զիս`

+ ▽ զնոսա I: dittog | եւ 4^{0}---նոսա] om E* marg E^{2}:
hmt | իւրմէ R | յիւր մեզ փառս B M S P C I Z մեզ յիւր
փառս T | զբաձրեալն փառս mark above զ R 12E որպէս]
+ եւ E | խորհեցան E 13 նշանս] A P զնշանս rel |
զաւուրս E B T 14A լուեա E Q L | յերկեղէ I | մեր-
ձեցաւ] + յինէն եւ մերձեցաւ P C I: dittog | նուազել]
+ յինէն T 14B inc] + եւ T | ոք] om K | մէնջ]
ձէնջ K | մեռանիմք L R | յորս] յորոց T | տանջանս
K G* R B T + ն above ln G^{0} 15 հրեշտակն R T | զի]

փոխեսցէ] փ over ի վր. A: dittog | զնոսայ M S | նոսայ
M S 12E զնոսայ M S 13 հրամաեցաւ L B | պահաւք C
| արտասուաւք V | խընդրեսցես B 14A եւ 1^{0}] ւ om init
S | զարթեա E Q L B T | լուալ G* ե above ln G^{0} |
յերկիւղէն L R T | զաւրութիւն Z | նւազել N Q D V
14B եւ 1^{0}] om P* above ln P^{0} | եթե C | զո B |
նոսայ M S | հոգաի L B 15 ուրիէղ L R ուրիէ C |
հաստատեալ] հաստատեաց G* լ over ց G^{0} | վերա V |

եւ հաստատեալ կացոյց զիս ի վերայ ոտից իմոց. եւ ասաց ցիս՝
մի տրտմիր՝ զի ցուցաւ քեզ յառաջ քան զժամանակն զոր առնելոց
է բարձրեալն. յաւուրսն վախճանին՝ զտեր շնորհս յաստուծոյ:
16 Եւ յետ այսորիկ եկն առ իս փանուէլ որ էր առաջնորդ
ժողովրդեանն. եւ ասէ ցիս՝ ընդէր այդպէս տգեղացաւ գոյն
երեսաց քոց՝ 17 ոչ գիտես եթէ իսրայէլ քեզ յանձնեաց յայսմ
աշխարհիս պանդըխտութեանս մերոյ. 18 յոտն կաց՝ եւ ճաշակեաց
հաց՝ զի մի վախճանեսցիս՝ եւ թողուցուս զմեզ՝ որպէս հովիւ
զհօտ իւր՝ ի ձեռն զայլոց չարեաց: 19 Եւ ես ասացի գնա ի
բաց երթ յինէն՝ եւ մի մերձենար յիս ցեւթն օր. եւ գնաց
յինէն ըստ բանին: 20 Եւ ես լալով եւ ողբալով պատմէի զմեղս
իմ. եւ պահեցի զեւթն օր՝ որպէս եւ հրամայեաց ինձ հրեշտակն:
21 Եւ եղեւ յետ լնլոյ եւթն աւուրցն. դարձեալ խորհուրդք
սրտի իմոյ ստիպէին զիս յոյժ. 22 ընկալաւ սիրտ իմ զհոգի
իմաստութեան. եւ սկսայ ասել առաջի բարձրելոյն զբանս զայս:

+ զի M S: dittog | քեզ] om E* above ln E^2? | առաջ M S P | բարձրեալ C | աստուծոյ E Q 16 ետ C | յերեսաց R B 17 յիսրայէլ C | յանձնեաց] յայտնեաց R | այսմ C I Z | յաշխարհիս B 18 ձեռս R | զայլոց] զալոց C P այլոց S 19 յիս] + մինչեւ T | յեւթն P 20 եւ 4^0] om K 21 եղեւ] om R 22 inc] + եւ T | ասել] խօսել T 23 զամենայն] + ինչ T | վարեր

ասաց] ա ▽ om աց P | վաղճանին F C 16 եւ 1^0] ւ om init C | փանուէղ L | ընդէր] ընդէ R* ր above ln R^0 | տգեղեցաւ B vertical stroke after ղ G 17 իսրայէղ G L R | պանդըխտութեանս] A R պանդխտութեանս rel 18 վաղճա-նեսցիս F B | հօվիւ L հովու Z | զհոտ Q | չարաց E 19 ցեօթն C 20 ես] ս over լ A^0 | պատմեի C Z 21 լնլո E Q L | ստիպեին C 22 սկսա E F J L P

23 Եւ ասացի՝ ո՞վ տէր՝ դու ես որ կամօք բարձրելոյն
զամենայն արարեր՝ եւ պատրաստեցեր. եւ իմաստութեամբ քով
զամենայն վարես. եւ հատուցանես իւրաքանչիւր ըստ ճանապարհաց
իւրոց. դու տէր յամենայն նիւթոց փայտից ընտրեցեր զքեզ զորթ
ծառ. 24B եւ յամենայն ծաղկանց զշուշան ծաղիկ. 26 եւ
յամենայն թռչնոց աղաւնի. եւ յամենայն չորքոտանեաց զոչխար.
25 եւ յամենայն բազմութեամբ ջուրց զյորդանան գետ. յամենայն
քաղաքաց զսիոն քաղաք. 24A եւ յամենայն բնակութեանց երկրի՝
զերկիրն սրբութեան 27 եւ յամենայն ժողովրդոց երկրի՝ ընտ-
րեցեր զզաւակն աբրաամու. եւ յամենայնէ ընտրեալք առ ի քէն
օրէնք զոր շնորհեցեր ցանկալի ժողովրդեանն: 28 Եւ տէր իմ
երկայնամիտ է՝ որ ոչ յիշես զմեղս. եւ ընդէ՞ր մատնեցեր
զժողովուրդս քո ի ձեռս ամբարիշտ ազգի՝ յորոց կոչեցեալ էր

R | հաuուցանես Z | իւրոց] A իւրեանց D G V M S P I
իւրց. rel | յամենայն] զամենայն B ամենայն T |
փայտից] om G* marg G^0 | զքեզ] քեզ D F J K G L I Z
om B T 24B ամենայն E Q C 26 յամենայն 1^0] ամենայն
E Q C | աղաւնի] զաղաւնի L R I Z զզաղաւնի T |
յամենայն 2^0] ամենայն E Q C I 25 յամենայն 1^0] ամենայն
E Q C | բազմութեամբ] A N E Q D† F J K G V բազմութեան
D* L R β | ջրոցն T | գետ] + եւ T | յամենայն 2^0]
ամենայն C 24A յամենայն] ամենայն E Q | յերկրի C |
սրբութեանց G 27 յամենայնէ] ամենայնէ E Q յաստուծոյ
է M S C I Z 28 յիշէ R | ձեռն L | ամբիշտ D* ար
above ln D^2 | յազգի B | յորոց] + վերայ P^0 I Z T ↓ |

23 բարձրելւոյն L | զքեզ] քեզ G F eras precedes G
space 1 let precedes F 24B ծաղկաց G* ն above ln G^0 |
զշուշ C* ան above ln C^0 27 ընդրեցեր N D V |
զզաւակն] space 3 lett follows ւ N | աբրահամու E F J I Z T
| ընդրեալք L | աւրէնք Z 28 ամպարիշտ Z | յորոց]

անուն քո. եւ զոր սիրեցեր զաւակ. այնպէս ցրուեցեր ընդ հեթա-
նոսս. 29 եւ կոխան արարեր որպէս զհող երկրի ի ներքոյ ոտից
նորա. 30 եւ ատելով ատեցեր զժողովուրդն քո վասն չար գոր-
ծոց նոցա. պարտ էր զնոսա ի ձեռաց քոց խրատել: 31 Եւ եղեւ
իբրեւ խօսէի ընդ նմա զայս ամենայն. առաքեցաւ առ իս հրեշ-
տակն որ յառաջ խօսեցաւ ընդ իս՝ յանցանելն ի գիշերին. 32 եւ
ասէ ցիս՝ լուր ինձ. եւ ունկնդիր լեր՝ եւ հայեաց՝ եւ յաւելից
ասել առաջի քո: 33 Եւ ես ետու՝ պատասխանի եւ ասեմ. խօսեաց
տէր իմ. զի լուիցէ ծառայ քո: Եւ ասէ ցիս՝ ընդէ՞ր այդպէս
զարմացաւ սիրտ քո՝ խորհել զայդպիսի զխորհուրդս. միթէ դու
առաւել եւս քան զբարձրեալն սիրեցեր զիսրայէլ: 34 Եւ ասացի՝
ոչ տէր՝ այլ առ վշտի խօսեցայ քանզի պահանջեն յինէն հանապազ
երիկամունք իմ. եւ խնդրեն հասու լինել շաւղաց բարձրելոյն.
եւ քննել զմասն մի ի դատաստանաց նորա: 35A Եւ ասէ ցիս՝ որ

կոչեալ E^{*} + եց above ln E^{1} | յանուն E | զոր] om M
29 յերկրի K | նորա] նոցա I Z 30 զժողովուրդ N^{*}
+ ն above ln N^{0} 31 յառաջն G յառաջին R | խօսեցաւ]
A խօսեցաւն rel ↓ 33 եւ 2^{0}] om R | խօսեաց] խօսեայ
R խօսեցար E | ծառայս R | այսպէս S | խորհուրդս
T | զբարձրեալն] +∇ զբարձրեալն V: dittog 34 լինել]
շինել V | զմասն] մատն S | մի] զմի V | ի] om R
C I Z | դատաստանացն L 35A մի քններ] om R | եւ 2^{0}]

+ վերայ above ln P^{0} ↑ | քոյ T 29 եւ 1^{0}] om F^{*} above
ln F^{0} | ներքո E Q L C 30 քոյ T | եր B P | զնոսայ
M S 31 եւ] ւ om init F | խօսեի C | խաւսեցաւն I ↑
32 ասե C | հաեաց L B | քոյ T 33 այդպիսի] ի 1^{0}
over է Q^{0} | միթէ] A R I Z մի եթէ rel | իսրայէղ G R
34 խաւսեցա̇ Q | շաղաց F^{*} ւ above ln F^{0} շօղաց E Q S C
35A զքեզն] զքեզ D^{*} ն above ln D^{0} | յորդոց L B |

ի վեր քան զքեզն է մի քններ. եւ զծածկեալն յորդւոց ի մարդ-
կանէ մի զններ. որ ինչ ասացաւն քեզ՝ զայն պահեա առ քեզ. եւ
մի քններ զճանապարհս բարձրելոյն՝ զի մի վրիպիցիս ի նմանէն.
զի ոչ է պիտոյ քեզ վասն զաղտնեաց. 35B եւ ասացի՝ ապա
ընդէր ծնայ՝ եւ ոչ եղեւ ինձ գերեզման յարգանդ մօր իմոյ՝ զի
ոչ տեսեալ էր իմ զկորուստն յակոբայ՝ եւ զմահն իսրայելի. եւ
զլիութիւն հեթանոսաց. որ ոչ ճանաչեն զաստուած: Եւ ասաց
ցիս՝ մի բռնադատիր զիտել զանզէտսն. ահա ասացի քեզ բան մի
եթէ ասասցես ինձ: Եւ ասացի ասա ինձ: 36A Եւ ասէ՝ ասա
ինձ զթիւ ծնելոցն. եւ զմեռելոցն. պատմեա ինձ զլայնութիւն
ծովու. եւ զբազմութիւն ձկանց. կամ զբարձրութիւնս երկնից.
կամ զգունդս աստեղաց. կամ զընթացս արեգական. կամ զգնացս
աստեղաց. կամ զկերպարանս հաստատութեան. կամ զընդարձակութիւն
երկրի կամ զ(Ձ̣11բ)թանձրութիւն հողոյ: 36B Համարեա դու ինձ

om E | յորդւոյ S | ի 2^{0}] om T | մարդկան T | ինչ] + որ I | պահեաց Z | նմանէն] նմանէ E G* C I Z ն 3^{0} above ln G^{0} 35B յարգանդ] A B արգանդ rel | տեսեալ] տեալ Q | իմ] ի M S + ի P | բռնադատեր G* L ի over ե G^{0} | ասացի 3^{0} ---ասա (vs 36A)] om E C I Z: hmt 36A զթիւ] զի թիւ C | զբարձրութիւնս] A զբարձրութիւն rel | արեգականն L 36B inc] + եւ T | մարմնոյ T |

զընններ I | պահեայ R M S P C I | վրիպիցիս] վրիպիցես E Q G* T ի over ե G^{0} | նմանէն] eras precedes M 35B ասացի1^{0}] ասաց S* ի above ln S^{0} | ապայ M S | ծնա E Q C | գերեզման] գ over յ A^{0} | յակոբա Q յակովբայ R B I T | ըզմահն G | իսրայեղի D K L R G S P I | բռնադատիր] բ over դ Q^{0} | անզետսն N M S P C | եթե C P | ասայ R M S 36A ասայ M S | զմեռելւոցն L | պատմեայ M S | հողո L Q S 36B համարեայ R M S C I Z | զթիւ] om J* marg J^{0} | մազո L Q | քոց] ց over զ R^{0}

զթիւ մազոյ մարմնոց քոց. կամ զքթթել ական քո. կամ զլսելոյ
զօրութիւն. կամ զհոտոտելոյ զպատրաստութիւն. կամ զձեռաց
զշօշափումն. կամ զխաղալ երակաց. 36C կամ զմտաց զտցես
զհետս. կամ զշնչոյ զտցես զտեսիլ. կամ զչափ՝ կամ զկերպարանս.
կամ զգոյնս՝ կամ զիմաստութեան զքոյնս. կամ զհաւուց թռչնոց
զիմաստութիւն. 36D կամ զընտրութիւն զեռնոց. որ ի ցամաքի՝
եւ որ ի ջուրս միմեանց թշնամի են՝ կամ զընթացս առանց ոտից.
կամ զշնչել հողմոց. եւ ամփոփեա դու ինձ զտարած եւ զսփիւռս՝
եւ զշիթս անձրեւաց. եւ դալարացո զցամաքեալ ծաղիկս. 37 բաց
դու ինձ զաղխեալ շտեմարանս երկրի. եւ մատո դու ինձ որ ի նմա
արգելեալ եւ փակեալ կան հողմք. եւ կամ ցոյց ինձ զկերպարանս
հողմոյ. եւ կամ զհոգւոյ զտեսիլս. եւ յայնժամ հասու լիցիս
շաւղաց բարձրելոյն. եւ ծանիցես զընտրութիւն ճանապարհաց

զզօրութիւն E Q | զհոտոտելեաց L 36C զհետս--
-զտցես 2^0] om B T: hmt | շնչոյ C I Z | զիմաստութիւն T
| զքոյնս] om B T | թռչնոց] + կամ զքոյնս կամ B |
զիմաստութիւն 2^0] զիմաստութեան T 36D ընտրութիւն R T
| տարած B | զսփիւռս] A զսփիւռ rel + | դալարացոյց
E Q G* յց eras G 37 բաց] բայց J* G* I յ eras
J G | զաղխեալ] + ի T | փակեալ] փափաքեալ I |
հողմոց ց dotted L | տեսլիս I տեսիլս Z | զշաւղաց
K | նորա] նոցա R 38 զարմացեալ] զարմացայ T |

| զք ▽ թել B զք թել S | ակն P* ա above ln P^0 | քոյ
K Z | զլսելո Q L | զհոտոտելո E Q 36C զշնչո E
Q L | զիմաստութիւն A* զիմաստութեան A^0 | զհաւոց Q
36D զընդրութիւն L | ամփոփեայ R M S Z T | զսփիռ R |
անձրեւոց R | դալարացո] A G^0 V B դալարացոյ rel |
զցամաքեալ] զ over ց Tc 37 շտեմարանս] մ over ր A^0
| մատո] A E K G^0 L R մատոյ rel յ eras G | զհոգո L
զհոգոյ B P Z T | շօղաց E Q G շաղաց C | զընդրութիւն

նորա: 38 Եւ զարմացեալ ընդ բանս ընդ այսոսիկ եւ ասացի՝
ո՞վ տէր տէր. եւ ո՞վ ի մարդկանէ կարէ զայդ գիտել կամ առնել՝
եթէ ոչ այն որ ընդ մարդկան չէ իւր բնակութիւն: 40 Եւ ասէ
ցիս՝ որպէս ոչ կարես ի նոցանէն մի ինչ առնել՝ կամ ասել.
նոյնպէս ոչ կարասցես զիմաստութիւն բարձրելոյն քննել եւ
գիտել զզօրութիւն ճանապարհաց նորա. եւ կամ զտանել զղատաս-
տանս նորա. կամ զվախճան սիրոյ նորա՝ զոր խոստացաւ սիրելեաց
իւրոց. եւ կամ առ ի նմանէ զքարիսն. զոր ակն ոչ ետես՝ եւ
ունկն ոչ լուաւ. եւ սիրտ մարդոյ ոչ անկաւ. եւ ոչ զմտաւ
երբէք ած մարդ՝ զոր պատրաստեաց աստուած սիրելեաց իւրոց:
41 Պատասխանի ետու եւ ասեմ. ահա զայս որպէս ասացեր ցիս՝
որ սրբութեամբ ծառայեցին՝ եւ որք լինին նմա հաճոյ՝ խոս-
տացեալ է. մեք զին՞չ գործեսցուք մեղաւորքս. զի անօրինեցաք
յառաջ քան զգիտելն զայս. եւ ահա երթամք մեք անդ ունայնք՝ եւ
սոսկք: 42 Եւ ասէ ցիս. պսակի նման են իրաւունք նորա. որ-

ընդ 1^{0}] om E | զքանս E բանսս T | այնորիկ R C
զայսոսիկ T | մարդկան] մարդկանէ S | բնակութիւն]
A E Q β բնակութիւնն rel 40 որպէս] om I × mark
above ln I | ասել] ասեր B M S P C | զօրութիւն D* I*
զ above ln D^{2} I^{0} | ճանապարհաց] A E K G R ճանապարհացն
rel | սիրոյ] om T | զքարիքն E | ի սիրտ Z T |
երբէք զմտաւ J | երբէք ած] ∿ T 41 հաճոյս E հաճոյք
T | է] + նոցա T | ունայք D* ն above ln D^{3} | սոսկ
R I Z ↓ 42 են] + եւ β | իրաւունս P | նոյնպէս--

L զնդրութիւն P 40 բարձրելոյն] ե over ծ A^{0} |
խւրոց] ※ marg A N | եւ 5^{0}] om F* above ln F^{0} | անզաւ
L | երբեք N D F | ած] with abbrev mk R 41 հաճո L B
| քան] om G* marg G^{0} space 4 lett precedes M | զիտելն
G* զ above ln G^{0} | սոսք C P* կ marg P^{0} 42 պսակ ի
նմանէն (նմանեն E Q) N E Q F J B C P I Z T | հեղգութենէ]

պէս ոչ նուազի ի հեղգութենէ նորա. նոյնպէս ոչ յառաջանայ
յարագութենէ նորա: 43 Դարձեալ յաւելի եւ ասացի ցնա. ոչ
կարէ առնել արդեօք որք անցինն՝ եւ որք կանն. որք լինելոցն
իցեն միանգամայն. զի վաղվաղակի անցցէ այս աշխարհս. եւ եկես-
ցէ դատաստան. եւ իւրաքանչիւր ոք զիտացէ. եթէ զի՞նչ պատրաս-
տել նմա: 44 Ետ պատասխանի հրեշտակն եւ ասէ ցիս՝ զիտեմ զի
որոշեաց բարձրեալն ըստ ժամանակի. եւ ի ժամանակի առնել որ
ինչ լինելոցն իցէ. եւ ոչ կարեն փութալ արարածք որպէս սահ-
մանեալ է բարձրելոյն. քանզի եւ ոչ յանձն իսկ առնոյր. զամե-
նայն միանգամայն: 45 Եւ ես ետու պատասխանի թէ զիա՞րդ ասաց
բարձրեալն դարձուցանել զամենայն զմարդկեղէն արարածս զի եթէ
ասաց բարձրեալն զամենեսեան միանգամայն յարուցէ զոր եւ զտցէ,
յայնմ ժամանակի զկենդանիս մեռելոք հանդերձ. եւ յորժամ
յարիցեն՝ եւ նորոգեսցէ զամենեսեան. եւ ընկալցի զամենեսեան
յայնմ աշխարհ եւ համբարիցէ. ընդէ՞ր այժմ այս աշխարհս ոչ

-նորա 3^{0}] om E: hmt 43 դարձեալ] + եւ C I Z | անցցին I | կանն] + եւ T | զի] om T | եւ 4^{0}] om T | զինչ] A E Q K զինչ է rel 44 ինչ] om R | արարածս M S արարաք I | է] էր L | իսկ] om R 45 զմարդկեղէն] զմարդիկք եղէն C մարդկեղէն T | զորս R | զտցէ] զայցէ S | մեռելօքն T | յորժամ] յայնժամ R | եւ 5^{0} ---զամե-նեսեան 3^{0}] om C: hmt | ընկալցին K |
յայնմ 2^{0}] յայն R յայսմ E | աշխարհ] յաշխարհ G աշ-խարհի T | համբարիցէ] համբերիցէ D* L* R β ե dotted ա marg L^{0} D^{0} | յայժմ V | այս] om E | միանգամայն]

հ over գ F^{0} | յառաջանա G L B 43 արդեւք P I T | եւ 3^{0}] om S* above ln S^{0} | պատրաստեալ L R T 44 փութեալ C | միանգանայն Z* միանգամայն Z^{0} 45 եթէ] թէ G R | յայնմ 1^{0}] մ above ln I^{0} | համբարիցէ] ր over ի

կարաց ընդունել զամենեսեան միանգամայն: 46 Եւ ասաց ցիս՝
հարց դու ցարգանդ կնոջ. եւ ասա ցնա. զի եթէ ծնանելոց իցես
տասն անգամ. ընդէ՞ր զամենեսեան միանգամ ոչ ծնանիս. այլ
մի ըստ միոջէ: 47 Եւ ասացի ցնա. եթէ ոչ կարասցէ զայն
առնել: 48 Ետ պատասխանի՝ եւ ասէ ցիս նոյնպէս եւ երկիր ոչ
կարէ զայս առնել՝ քանզի արգանդ <ի նման է>՝ եւ որոշել ժամա-
նակաց, եւ հրամայեալ է ի հնազանդութիւն կալ. 49 զի որպէս
մանուկ ոչ կարէ ծնանել. եւ ոչ յորժամ պառաւէ կարէ ծնանել.
նոյնպէս եւ երկիր ոչ յառաջ քան զժամանակն կարէ առնել:
50 Ետու պատասխանի եւ ասեմ ցնա. որովհետեւ զտի շնորհս
առաջի քո՝ հարցից քեզ բան միւս եւս. զի եթէ արդարեւ արգանդ
է երկիր՝ եւ ի նմանէ եմք. յայնժամ մանուկ էր եթէ ծեր: 51 Եւ
ասաց ցիս՝ հարց ցծնօղն 52 եւ ասա՝ եթէ ընդէր զորս ծնարն՝
ոչ են նմանք առաջնոցն. այլ նուաղք են հասակաւ. եւ տկարք

om D 46 ցարգանդ] զարգանդ E G* գ over զ G⁰ | իցես] ես դու K | մի ըստ միոջէ] միոջէ D* ըստ մի D¹: haplgr 47 ցնա] om R | զայս V R 48 անգանդի նման է] D K L G⁰ արգան ի նմանէ G* ի eras տի marg G⁰ արգանդ ի նմանէ rel: cf 5:42 | եւ 3⁰] om T | յորո-շել T | հնազանդութեան G | կեալ ե with eras mk G 49 ոչ 2⁰] om B | պառաւէ] պատառել E պատառէ Q + ոչ B | ոչ երկիր V Z T | զժամանակս S 51 ասաց] A ասէ rel | ցծնօղն L R ↓ 52 նմանք] ոմանք I Z | յառաջ-նոցն E առաջնոյն β | տկար C 53 զքեզ N E Q D V B M

Q⁰ 46 ցանգանդ C | ասայ M S 47 եթե C
48 ցիս] + space 3 lett D | արգանդ] անգանդ Z | որոշեալ C I Z | հրամաեալ L B 49 ոչ 3⁰] om A* L* above ln A⁰ marg L⁰ 50 արդարեւ] A D G L R I Z արդար եւ rel
51 ցծնօղ J* ն above ln J⁰ ցծնողն L 52 ասայ M S | եթե C | նուազք K M S T | զաւրութեամբ R 53 ասացէ

զօրութեամբ. 53 Եւ ասացէ ցքեզ արգանդն՝ թէ այլ զօրութիւն
էր որ ի մանկութեանն ծնանէի՝ եւ այլ որ ի ծերութեանն:
54 Իմացիր եւ դու թէ տկարք էք դուք քան զառաջինսն. 55 Եւ
որ յետ ձեր լինելոց են քան զձեզ. իբրեւ թէ ի ծերութեանց իցէ
երկիր. եւ անցեալ է մանկութիւն իւր: 56 Ետու պատասխանի՝
եւ ասեմ ցհրեշտակն. խնդրեմ ի քէն տէր՝ մի դարձուցաներ
զերեսս քո յինէն. որ հարցանեմ զքեզ վասն բազմաց. զայս հրա-
մայեա ինձ ուսանել ի քէն՝ վասն որոց կամիմ հարցանել:

6:1A Եւ ասէ ցիս՝ հարց որում ցանկացեալ է անձն քո.
եւ ես պատմեցից քեզ՝ զոր պարտ է քեզ գիտել: 1B Եւ ասեմ ես
աղաչեմ զքեզ՝ լուր ինձ երկայնմտութեամբ. հարքն մեր երկայն-
մտութեանն հաւատացին քանզի յայտնի ցուցանէր զինքն նոցա.
ենովքայ՝ նոյի, աբրաամու. իսահակայ. յակոբու. մօսէսի. ահա-
րոնի. եւ ամենայն սրբոցն նորա: 1C եւ յետ սոցա ամենեցուն՝

S P* քեզ P^{0} C I Z | արգանդ Q | էր] էիր C I Z |
մանկութեան B | ծնանէիր C I Z | ծերութեան B
54 էք] էրք C 55 երկիր] om J 56 զհրեշտակն N E
Q D V M S C | տէր ի քէն M S | որ] զոր T | կամիմ]
A K կամիմս L R կամիս rel
1B ես ասեմ C I Z | երկայնմտութեամբ] մտութեամբ E^{0}
երկայն marg E^{1} | երկայնմտութեան B | աբրաամու]
+ աբրաամու K: dittog 1C զգիրս I Z | նոցանէն L R |

S* ս above ln S^{0} | եթէ R | ծընանէի G | ծերութիւն
Q* -եան over -իւն Q 54 եթէ J 55 անցցեալ C I
անցցէ ալէ Z 56 հրամայեայ M S P I Z
1B ասէմ V | երկայնամտութեամբ J | երկայնամտութեանն
N E Q D F J V R M | ենովքա E Q L | աբրահամու F J I Z |
իսահակա E L իսահակայ Q F J R B P C I Z | յակովբու B R
յակովբայ T | մօսէսի] A N D F J մօսիսի K մովսէսի
rel | ահարովնի R T 1C յետ] ետ L* յ above ln L^{0} |

ունէր ժողովուրդն զգիր օրինացն. եւ ի նոցանէ ուսուցանէին

առնել զկամս բարձրելոյն. 1D Իսկ այժմ ոչ բարձրեալն յայտնի

խօսի. եւ սուրբքն փոխեցան աստի. եւ կտակարանքն այրեցան. որ-

պէս այս անխրատ ժողովուրդս զկամս բարձրելոյն գիտացէ:

1E Ետ պատասխանի եւ ասէ ցիս: Բարձրեալն եկեսցէ եւ արասցէ

եւ ուսուսցէ. բայց ժողովուրդս այս խստապարանոց է, եւ անթլ-

փատ ամենայնիւ. եւ մինչեւ ցվախճան թերահաւատք. զի եկեսցէ

ի վերայ նոցա չար: 1F Եւ ասացի ցնա՝ որպէս եկեսցէ բարձ-

րեալն (212ա) եւ կամ ե՞րբ լիցի զալուստ նորա: 1G Եւ ասէ՝

նախ յառաջ եկեսցէ յետ սակաւ ժամանակի ի կերպարանս որդւոյ

մարդոյ. եւ ուսուսցէ զծածկեալսն. եւ անարգեսցեն զնա եւ

ուրասցեն. եւ արասցեն իւրեանց չար. եւ յետ այնորիկ բազմասցին

անօրէնութիւնք. 1H եւ մոլորեցուսցէ զնոսա հոգին մոլորու-

թեան հարթել զլերինս բարկութեամբ. եւ առնել նշանս՝ որպէս

եթէ եւ զոմանս ի սրբոցն մոլորեցուցանել՝ 1I եւ յետ այնորիկ

զկամ B 1D բարձրեալն] + ի L 1E ետ] + քրիստոս (dotted C) M S C + հրեշտակն B P* T eras P[0] + | յայս P | ամենայնի T | զվախճան D 1F եւ1[0]] + ես T | ասացէ R | կամ] om D* above ln D[5] | յերբ E | լինի R 1G որդւոյն I | զծածկեալն M S | ուրացին F J G | բազմասցէն S 1H զնշանս K M S Z 1I մոլո-

սցայ M S | աւրինացն B I | ուսուցանեին C
1D այրեցան] ե + space 2 lett I | զկամքս P 1E եւ1[0]] քրիստոս marg opposite this vs A N Q D[c] քրիստոս left marg յիսուս right marg G քրիստոս opposite բարձրեալն K + | ցվաղճան F J C ցվաղխճան P 1G եւ1[0]] քրիստոս right and left margs opposite this vs G | որդոյ P Z | մարդո Q 1H զնոսայ M S | հարդել E | բարկութեամբ] -ութեամբ over -ութեան E[0] | եթէ] թէ T 1I բարձրեալն] քրիստոս left and right margs G | ղաղարեցուսցէ] ս over ց R[0] |

բարձրեալն եկեսցէ ի տեսիլ փառաց՝ եւ դադարեցուսցէ զհոգին
մոլորութեան եւ թագաւորեսցէ նա. եւ հատուսցէ սրբոց սրբութիւն
եւ ամբարըշտաց զանօրէնութիւն. 1J եւ յայնժամ ամենայն
անօրէն ազգք եւ ժողովուրդք կոծեսցին. եւ ոչինչ օգուտ լիցի
նոցա. քանզի ուրացան ի նմանէ: 1K Անա պատմեցի քեզ զխոր-
հուրդս ամենայն. եղիցի քեզ իբրեւ զկնիք վասն այնորիկ անա
պատուիրեմ քեզ՝ ունել քեզ ի մտի մինչեւ ի լնուլ ժամանակացն.
1L քանզի պատրաստեաց բարձրեալն եւ յառաջ քան զլինել բնութ-
եան երկրի եւ յառաջ քան զկշռել զեւլս աշխարհիս այսորիկ. եւ
յառաջ քան զբազմութիւն օդոց. եւ յառաջ քան զգոչել ձայնի
որոտմանց. 2 եւ յառաջ քան զլուսաւորական զկարգս աստեղաց.
եւ յառաջ քան զհաստատել յատակս դրախտին. 3 եւ յառաջ քան
զերեւել զեղեցկութեան նորա. եւ յառաջ քան զօրանալ սաստկու-
թեան շարժմանցն նորա. եւ յառաջ քան զգումարել զանթիւ գունդս

րութեանն M P T | թագաւորեցուսցէ B 1J ամենայն]
om C I Z | ազգ E C I Z | եւ ժողովուրդք] marg A^{0}
ժողովրդեանն E Q β ժողովրդեան rel | նմանէ] նոցանէ
S 1K ամենայն] + եւ T | եղիցի] եկեղեցի I |
քեզ 2^{0}] om B 1L զլինել---յառաջ քան 2^{0}] om β: hmt
զլինելն G | բնութեան] բնակութեան L | աշխարհս B |
զգոչիլ E 2 կարգս C I Z | յատակս] A E զյատակս
rel 3 քան 1^{0}] + զհաստատել V: dittog | նորա 1^{0}]
om C | զզօրանալ Z | գունդս] A զգունդս rel

նայ C | ամբարըշտաց] A R I ամպարշտաց Z ամբարշտաց
rel 1J անաւրէն B | աւգուտ B P 1L աշխարհսիս E |
յառաջ2^{0} ---քան 3^{0}] om V* marg V^{0} | յառաջ3^{0} ---քան4^{0}]
om T* marg T^{0} | օդւոց L աւդոց
R B I | զգոջել G | որոտմանց] ն over g Q^{0}
3 նորայ L | զաւրանալ R | շարմանցն Z* ա above ln Z^{0}

հրեշտակաց. 4 եւ յառաջ քան զարարեալ հաստատութեան երկնից.
եւ յառաջ քան զառնել զհիմն երկրի. զհաստատութեան ցամաքի.
5 եւ յառաջ քան զմտաւ ածել զաշխարհս ամենայն. եւ յառաջ քան
զկնքել զվարձս հատուցման. որք զճշմարտութիւն հաւատոցն
պահիցեն: 11 Ետու պատասխանի եւ ասեմ. որովհետեւ զտի շնոր-
հըս առաջի քո. 12 ցոյց ինձ զնշանն որ լինելոցն է ի վախճան
ժամանակաց: 13A Եւ ասէ ցիս՝ որովհետեւ խուզես եւ քննես
զճանապարհս բարձրելոյն. արի կաց ի վերայ ոտից քոց. 17A եւ
յարեա կացի. եւ ասէ ցիս՝ 13B եթէ լուիցես զձայն զոչման.
14 եւ եթէ շարժեսցի տեղին յորում դուն կայցես. 15 մի երկ-
նչիցիս. զի ի զլուխ ելանելոց է առ ի նմանէն բանն: 16
դողասցէ երկիր՝ եւ շարժիցէ առ ի խօսելն ընդ քեզ: Եւ յետ
խօսելոյն իմոյ զայս. ահա փառքն տեառն լուսաւորէին զտեղին

4 զառնել] զառնել M S C արկել B T | զհիմն] զհիմունս T 5 զկնքել] զկնել S | ճշմարտութիւն K | պահե-ցին L 11 որովհետեւ] + եւ S: dittog 12 լինելոց G* V + ն above ln G^{0} 13A ցիս] ցնա K | որով P* + հետեւ above ln P^{0} | խուզեր R 17A կացի] կաց J* ի above ln J^{0} om K 13B լուիցէ G* ս above ln G^{0} | զոչմանն G 15 երկնչիցես E Q* L T ի over ե Q^{0} | ի 1^{0}] om Q: haplgr 16 inc] + եւ T | դողայցէ C | փառք R | լուսաւոր լինէին B T | յորում] յորուն K

4 յառաջ 1^{0} ---քան 2^{0}] om V* marg V^{0} | քան 2^{0}] om R* above ln R^{0} | զառնել] ա over հ L^{0} | հաստատութեան T* զ below ln T^{0} 11 ետու] տու init om C | շընորհս M | քոյ T 12 զնըշանն L | լինելւոցն L | վաղճան C
13A բարձելոյն N D 17A յարեա] A E Q G L B P C յարեայ rel 14 եթե C 15 երկընչիցիս R | նման են P
16 խօսելւոյն L | իմո Q L | լուսաւորեին P C
17B խօսելո Q L | հոսանեաց S | զառիվայր] ո over ր A^{0}

յորում կային. 17B եւ անղէն ձայն եղեւ խօսելոյ. եւ բարբառ
նորա իբրեւ զձայն ամբոխի յոյժ եւ կամ որպէս զջուրց հոսանաց
բազմաց հեղեղատեալ զառիվայր ընթանայցէ. եւ ասաց ցիս՝ 18
ահաւասիկ եկեսցեն աւուրք՝ որում կամեցայց այց առնել բնակչաց
երկրիս. 19 տեսից զանիրաւութիւն անիրաւաց եւ զանօրէնութիւն
անօրինաց. եւ զուրացութիւն ուրացօղացն. եւ որով զայթագղե-
ցուցանէին զժողովուրդս իմ. եւ յորժամ լցցին տառապանք
ծառայից իմոց՝ 20A եւ յորժամ կամիցիմ մերձեցուցանել զվախ-
ճան այսր կենացս ծերոց. այս նշան եղիցի ձեզ սիրեսցի ստութ-
իւն. եւ ծնցի նախանձ. գրգռեսցի անօրէնութիւն եւ ատեսցի ար-
դարութիւն. յաճախեսցէ անժուժկալութիւն. եւ խափանեսցի զգաս-
տութիւն. աճեսցէ պատերազմ. եւ նուազեսցի խաղաղութիւն: 20B
արհամարհեսցի ողորմութիւն. եւ փառաւորեսցի արդարութիւն. եւ

17B անղէն] անղրէն K eras after ղ G յանղէն Q |
բարբառ] A E K G* + ն above ln G^0 բարբառն rel |
եւ 3^0] om E 18 որում] A յորժամ D* L ու above ա
eras D^0? յորում rel | կամեցայ R | երկրիս] երկրի
V L R β 19 inc] + եւ T | եւ զանօրէնութիւն անօրինաց]
om G* marg G^0: hmt | զուրացութիւն] զօրացութիւն S
զուրացողութիւն R | զժողովուրդ S | իմոց] քոց F J
20A կամիցի β | այսր] այս R I | սիրեսցի S P* C ս
above ln P^0 | զստութիւն T | ատեցի C | յաճախեսցի T
| խափանեսցէ B M | աճեսցի L T աճախեսցէ C |
նուազեսցի] A նուազեսցէ rel 20B արհամարհեսցէ M |
փառաւորեսցէ S | յաճախեսցեն R P C Z | ամբարտաւանութիւն

19 զանաւրէնութիւն P | զուրացութիւն] րա over illeg lett
Q | ուրացողացն E Q K L R B P C I Z T | զայթակղեցուցանէին
E L P C I Z 20A զվաղճան C | անաւրէնութիւն B |
անժուժկալութիւն] ա 1^0 over ն A^0 20B փառօորեսցի B
❈ marg L^c | ամբարըշտացն] A K ամպարըշտացն R ամպարշ-

յաճախեսցին տառապանք ծառայից իմոց. եւ բարձրասցին ամբարըշ-
տացն ամբարտաւանութիւնն. 20 C վասն այնորիկ եղիցին ի տեղիս
տեղիս սովք՝ եւ շարժմունք՝ եւ ընկղմութիւնք. եւ եղիցի նշան
յերկնից. հուր յաճախ յօդս երեւեսցի. եւ յերկրի եղիցին նշանք
բազումք ի տեղիս տեղիս. 21 եւ մանկունք տարեւորք խօսեսցին
եւ որ յղիքն են շնորհս ծնցին. եւ կեցցեն՝ եւ զարգասցին.
22 եւ յանկարծակի ի տեղիք սերմանեալք առանց սերման ուն-
այնք զտցին. 24 եւ յարիցեն քաղաքք ի վերայ քաղաքաց. օրէնք
ի վերայ օրինաց. որդիք զհարս սպանանիցեն. եղբարք զեղբարս.
ազգ՝ զազգս. սիրելիք զսիրելիս. տոհմք զտոհմս. եւ եկեսցէ
յայտնի ապստամբութիւն. զալով եկեսցէ անուն իմ նոր նորոգմամբ
անճառ փառաց իմոց՝ եւ զօրութեան. եւ զբազումս զայթագղեցու-
ցէ՝ եւ զօրացի. եւ որք չհաւատանն ի նա. հնազանդեցուսցէ, եւ
յետ այնր նշանացն եղիցի այս ի բազում քաղաքս եւ ի գեւղս՝ եւ

B S 20C երկնից T | ի 2^{0}] om I 21 յոր Q որք
M S | եւ կեցցեն եւ] om M S: hmt 22 ի] om I Z |
յունայնք E | զտցեն E 24 քաղաք B C I Z | օրէնք]
անօրէնք M S | օրինաց] անօրինաց M S յօրինաց P |
եղբարս I | ազգ] ազգք D V B M S P Z T | յայտնի---
եկեսցէ 2^{0}] om E Q marg E^{2}: hmt | ապստամբութիւնն L R
| զալով] զոլով T | նոր] om P: haplgr | բազումս
M S C | չհաւատան G* M S + ն above ln G^{0} | ղաղարեսցեն

տացն Z ամբարշտացն rel 20C ընկըղմութիւնք E R |
նշան] space follows ա P 21 մանկուն Z* ք above ln Z^{0}
| խաւսեսցին I Z | յըղիքն N Q D V M S 22 սերմանելք
M | առանց] ց above ln D^{0} 24 յարիցեն] ի over ե Q^{0}
| աւրէնք B C | վերայ1^{0}] վերա V | ըզտոհմս G |
յայտնի] յայտն E^{2} | նորոգմամբ] մ 2^{0} over ն D^{0} |
զայթակղեցուսցէ E F C P I զայթագղեսցուսցէ S | զաւրացի
P | բազում] + eras L | գեւղս] ւ above ln N^{0} գիւղս E

ի զաւառս. եւ ղաղարեսցին ջուրք՝ եւ մի գնասցեն յաւուրսն
յայնոսիկ՝ մինչեւ ի ժամանակս երիս: 20D Եւ յետ կատարելոյ
նշանացս այսոցիկ ի վերայ երկրի. գիրք բացցին. եւ յայնժամ
երեւեսցին փառք իմ. 26 եւ տեսցեն առ իս զթռուցեալսն ի
բարձունս զամենայն զսուրբս իմ. եւ ամենայն որ զտանի արդար
արժանի ինձ. եկեսցէ եւ փառաւորեսցի: եւ լուսաւորեսցի առաւել
քան զարեգակն. յայնժամ դարձցին սիրտք բնակչաց աշխարհիս
այսորիկ յայլ բարիս. 27 ջնջեսցի եւ բարձցի չարն. եւ
անցցէ նենգութիւնն եւ յամօթ լիցի թերահաւատութիւնն. 28
ծաղկեսցեն հաւատք, յայտնեսցի ճշմարտութիւն որ կայր եւ մնայր
մինչեւ ցայժմ առանց պտղոյ յայսչափ ամս: կորիցէ ստութիւն եւ
երեւեսցի անապականութիւն. վախճանեսցի ապականութիւն. եւ այն-
պէս եկեսցէ հասցէ կատարած աշխարհիս: 29 Զայս իբրեւ ասաց
ցիս՝ իբրեւ զտեսիլ փայլատականց երեւեցան ինձ փառքն աստուծոյ.

R | այնոսիկ C* յ above ln C^c 20D կատարելոյն T
26 բարձունսն I Z | սուրբս D* V զսուրբս D^0 զսուրբն
C I զսուրբսն Z T | եւ լուսաւորեսցի] om E լուսաւո-
րեսցի marg E^2: hmt | բնակչացն T | այլ B
27 նենգութիւն E Q β | թերահաւատութիւն E Q B թերահաւա-
տութեան S 28 ծաղկեսցին T | ճշմարտութիւնն P |
յայնչափ L այսչափ R β | անապականութիւն] անապանութիւն
D* ակ above ln D^5 անապականութիւնն R + եւ T |
անապականութիւն վախճանեսցի] om G* marg G^0 ⸸: hmt |
վախճանեսցի ապականութիւն] om R: hmt | այսպէս T |
եկեսցէ] + եւ C I Z | աշխարհի R 29 իբրեւ 2^0] om

ւ over another let L զեօղս R 20D կատարելո E Q |
վերա V 26 եկեսցէ] է over ի G^0 27 ջնջեսցի] A
ջնջեսցի rel | թերայ հաւատութիւնն P 28 մինչեւ] ւ
over another let L | սըտութիւն R | անապականութիւն] ան
above ln M^0 | վաղճանեսցի G^0 29 փայլատականց] լ over

եւ տեղին յորում կայի շարժէր սակաւ մի. եւ սկսայ խռովել՝ եւ
ոչ կարէի հանդուրժել փառացն՝ եւ ըմբռնեաց զիս երկիւղ. եկն
հրեշտակն՝ եւ զօրացոյց զիս. 30 եւ ասաց ցիս՝ մի երկընչիր՝
եւ մի (212բ) զարհուրիր. երանի է քեզ՝ 32 զի զտեր շնորհս
ի հզօրէն. գիտացի զուղղութիւն սրտի քո. եւ զսրբութիւն անձին
քո՝ զոր ունէիր ի մանկութենէ քումմէ՝ 33 եւ վասն այնորիկ
արժանի եղեր բարբառոյն ատուծոյ. եւ խորհրդոցն ընդ երկար
ժամանակաց. 31 պահեա դու այլ եւս աւուրս եւթն եւ յայտ-
նեսցէ քեզ աւելի եւս քան զայս: 35 Եւ եղեւ յետ այսորիկ՝
եւ պահեցի զեւթն օր. 36 եւ դարձեալ սիրտ իմ խռովէր. եւ
սկսայ ասել առաջի բարձրելոյն. 38 եւ ասեմ. տէր աստուած
իմ. դու արարեր զերկինս եւ զերկիր եւ զամենայն որ ի նոսա.
40 դու հրամայեցեր ծագել լուսոյ. որոշեցեր ի խաւարէ՝ եւ
կոչեցեր զնա տիւ. եւ որ խառներն 41 A ընդ բազմութեան
ջուրցն ընդ երկրէ՝ դու բաժանեցեր. եւ որոշեցեր զերկիր ուր-

C I Z | որում C 30 մի 2^0] om E 32 զտէր] զիտէր
M S P C | ի] om C I Z | հզօրէն] + զի I | քո 1^0] om
B | քո 2^0] քում L 33 այնորիկ] այսորիկ R
31 յայտնեսցի K* է over ի K^0 | քեզ] om C | աւել
C I Z 36 բարձրեալն L 40 inc] + եւ T | խառներն]
խաւարնէրն M 41A բազմութեամբ B բազմութիւն R |
երկրի] երեկի β | ուրոյն] որոյն R | որոշեցերն P |

another let + eras L | սկսա L B eras approx 17 lett precedes
G | հանդարժել K | ըմբըռնեաց R | զիս] om D* above
ln D^0 30 երկընչիր] A երկնչիր rel | է] om M*
above ln M^0 32 քո 1^0] քոյ K T 33 այնորիկ]
+ այնորիկ eras F 31 պահեայ M S I Z 36 սկսա E G
L C 40 հրամաեցեր B | լուսո Q L P | խառնէրն V R M
S P I Z T 41A վերա V | վերո E L | որո E որ G*
ոյ above ln G^0 | ներքո L B P | ծեղուան] ծերանոյ M S |

ոյն մեկուսի. մասն մի ի ջրոյն յանդունդս ի ներքինսն որոշե-
ցեր հաստատեալ զերկիր ի վերայ նորա. եւ մասն մի ի վերոյ քան
զերկինս կացուցեր. որոյ ի ներքոյ նմանութիւն ծեղուան ծգեցեր.
եւ սահմանեցեր զհաստատութիւնն. 41B եւ որ մնացեալն էր
ժողովս ջուրց· աւազով պարսպեցեր՝ եւ արգելեր քանզի յառաջ
էին խառնակ ընդ միմեանս՝ յորոյ վերայ հոգին շրջէր. եւ խաւար
ունէր անչափ. եւ չեւ եւս էր երկիր քանզի բարբառ մարդոյ չեւ
եւս էր. հրամայեցեր մատչել ճառագայթից լուսոյ՝ որով երեւ-
եցին գործք քո զարմանալիք: 42 Իսկ յերկրորդում աւուրն
զհաստատութիւնն երկնից անջրպետեցեր. եւ բարձրացուցեր ի բար-
ձունս. եւ հրամայեցեր ջրոցն ներքնոց մասին միոյ անջրպետել ի
միմեանց զի մասն մի նորա ի վեր անջրպետեսցի. եւ մասն մի
նորա ի խոնարհ մնացի: 43 Եւ դարձեալ <յերրորդում> աւուրն
որ մնայ զերկիր հաստատեցեր. բղխել ի նմանէ զբանջար սերմա-

եւ 2^0] om I | ներքոյ] + ի P | զհաստատութիւն E Q B S P C 41B ջուրց] + առ L | յառաջ էին] յառաջին R | յորոյ] յ 2^0 over վ Q^0 | երկիր---եւս էր 2^0] om E* marg E^2: hmt | բարբառս C I Z | մարդոյ] + եւ I T
42 յերկրորդումն F J | աւուր F J following ն eras F | զհաստատութիւնն] A զհաստատութիւն rel | ջրոյն R | ներքնոցն I Z ներքոցն C ↓ | խոնարհ] + մի I | մնաս-ցէ L R 43 <յերրորդում>] յերկրորդում A | մնայ] նմա B T | հաստատեսցի G* հաստատեցեր G^0 | զտունկս

սահմանեցեր] ա 2^0 over ն Q^0 41B պարըսպեցեր R | արգելէր S | եին C | վերա Q R | անչափ] այնչափ C | չեւ 2^0] չ below ln M^0 | հրամաեցեր L B | մատչել] մատ ∇ P | զարմանալիք] ր over another let Q 42 յերկրորդում K յերկրորդ L* ում above ln L^0 | ներքոց R ↑ | անջր-պետեալ E | մասն 1^0] ման G* ս above ln G^0 | ի վեր---նորա 2^0] om V* marg V^0: hmt | ի վեր] ի over ե G^0

նեաց եւ զծաղիկս խոտոց. եւ զտունկ ծառոց պտղաբերս. 44 եւ
բղխեաց զազգի ազգի բազմութիւնս՝ զսերմանիս ի կերակուր
զօրութեանց. եւ զհոտս անոյշ ի քաղցրութիւն քոմաց. եւ զպտու-
ղըս ծառոց յանոյշ ճաշակս: 45 Եւ ի չորրորդում աւուրն
հրամայեցեր արեգական լինել՝ լուսաւորել՝ եւ սնուցանել
զաճումն եւ զբղխումն երկրի. նոյնպէս եւ զլուսին լուսաւորել
զխաւար գիշերոյ եւ մեկնել զփոփոխմունս ժամուց. եւ զընթացս
ժամանակաց: 47 Իսկ ի հինգերորդում աւուրն ասացեր երկրի
բղխել զեռունս կայտառ շունչ կենդանի. եւ թռչունս ազգի ազգիս.
եւ եղեւ բազմութիւն կերպարանաց կարգել զեղեցիկ զունովք.
եւ ազգի ազգի տեսլեամբք առ ընտրութիւնն. 48 այնպէս եւ ծով
բղխեաց բազմութիւն ձկանց. զմեծամեծս ի նոցանէ ի վայելել
կերակրով յազման. եւ զմանունս առ ի յաճումն: 53 Եւ դար-

B T | պտղաբերեաց R 44 եւ 1^{0}] om R | զազգի] ազգի
J R C I T | բազմութիւն M S | ի 1^{0}] om C I Z | զհոտս]
զխոտս E D* L* R β խ dotted հ marg L^{0} D^{0} | ի քաղցրու-
թիւն---յանոյշ] om I: hmt | քաղցրութեան R | յանոյշ]
անոյշ B M S P C Z յանոյշս T | ճաշակաց S
45 արեգակն P C I Z | լուսաւոր E Q | լուսինն M S T |
ընթացս T 47 զեղեցիկք M S | ընտրութիւն E Q β
48 այնպէս] A նոյնպէս D* V β ս over ն 1^{0} D^{0} սոյն-
պէս rel | զծով J | ի 2^{0}] om R | կերակրելով B T |
զմանունս] զմասունս L R զմանկունս E B M S
53 վեցերորդումն] A վեցերորդում rel + 54A տէր M S

43 մնա E Q G R մընայ V | ծաղիկս Q* զ above ln Q^{0}
44 անուշ K E | քմաց D L R B M S P C Z քըմաց J V T
քիմաց K | յանուշ K 45 սնուցանել eras precedes P |
նոյնպէս---ժամանակաց] om T* marg T^{0} | ժամանակաց] over
illeg word G^{0} 47 հինգերրորդում F* M S ր 2^{0} eras F |
աւուրն] ա over ն E^{0} 48 բխեաց L 53 վեցերրորդում

ծեալ ի վեցերորդումն աւուրն բանիւ հրամանաւ քով բղխեաց
երկիր զչորքոտանիս. զսողունս՝ եւ զթռչունս. 54A եւ յետ
սոցա զտէրն տերունական ձեռօք ստեղծեր զմարդն. եւ ի նման
քաղաքի տնկեցեր զդրախտն՝ եւ եդիր զնա ի ներքս. 54B եւ որ-
պէս ոք որդւոյ իւրում զամենայն ինչ առաջի արարեր նմա ի վայ-
ելել եւ ի քաղցրութեան եւ ի փափազման՝ այնպէս ամենայն կեր-
պարանօք զարդարեցեր զդրախտն. եւ իբրեւ ժառանգորդի ի ձեռս
ետուր զոր ի հողոյն ստեղծեր. եւ շնչով կենդանացուցեր.
54C եւ ի կողմից նորա զկինն նորա ստեղծեր բնակել ընդ նմա.
եւ խօսակից յարգահատել ազգի մարդկան՝ զարդարեցեր զնա կամօք
ազատութեան եւ յօժարութեան. իշխան եւ թագաւոր ի վերայ ամե-
նայնի որ ի քէն եղեալ էին ի վերայ երկրի կացուցեր զնա.
54D այլ եւ յերկրաւոր սպասաւորէն. ոչ արարեր զնա կարօտ
եւ իբրեւ զգիրս պատուոյ եւ ընտրութեան ետուր նմա զպատուի-
րանն. զոր ընկէց ի ձեռաց եւ ել ի դրախտէն փափկութեան.

| ստեղծեր] om R | քաղաքին C I 54B ամենայն] om G* above ln G^{c} | եւ 4^{0}] A om rel | ետուր] om S | հողոյն] հոգւոյն I 54C կողմից] կողից V Z | զկինն նորա] om V: hmt | զկինն] A զկին rel | նորա2^{0}] om A* above ln A^{0} | եւ 2^{0}] եւ ▽ եւ M եւ եւ S: dittog | մարդկան] + եւ T 54D երկրաւոր E S | յերկրաւորս B T | սպասաւորութենէն D* V^{0} L β -ութէն. with eras mks D[1] above ln V^{0} | կարօք E* R տ over ք E^{c} | զգիր E |

M S | բխեաց L R | զսողմունս N 54A սոցայ R M S | զտէրն] զ dotted A | եւ 2^{0}] above ln M^{0} | եդեր R C I Z 54B որդոյ L B | փափաքման R | շընչով R 54C բնա-կել] բընակել K բնակել ▽ բնակել second word eras mks P բնակեալ I | յաւժարութեան P | վերայ 1^{0}] վերա V | քէն] ն over վ Q^{0} | եին C 54D պատւոյ K C | նմա] preceding զ crossed out V | ընկեց P C | աւտարացաւ B M

օտարացաւ յանապականութենէն. եւ արժանի եղեւ աշխատութեան.
եւ սպառնացեալ հրամանացն ի ձեռն մահու մատնեցաւ. հող էր եւ
ի հող դարձաւ: եւ ի նմանէ ամենեքեան մեք մարդիկ սերմանե-
ցաք: 55 Զայս ամենայն ասացի առաջի քո. 56 զի ասացեր
զհեթանոսաց թէ չեն ինչ եւ ոչինչ համարեցան. եւ նմանեալ են
փշրեալ յապակւոյ. եւ շթոց անձրեւաց յանօգուտ. 57 զիա՞րդ
իշխեն հեթանոսք՝ ժողովրդեան քում ընտրելոյ. եւ զծառայի քո
աբրաամու կոխել զզաւակ. 58 եւ զժողովուրդ քո զոր ընտրե-
ցեր՝ եւ կոչեցեր ընտրեալ՝ զոր անուանեցեր սեպհական՝ որում
խոստացար տալ ի վիճակ ժառանգութեան զերկիրն բարեաց՝ եւ
զաւետեաց. եւ մատնեցեր ի ձեռս անպիտան հեթանոսաց զժողո-
վուրդն եւ զերկիրն խոստմանց. 59 զի եթէ ժողովրդեան քում
խոստացար տալ: զիա՞րդ հեթանոսք որ ոչ ընկալան զօրէնս՝
առին զնա ի վիճակ ժառանգութեան. եւ մեք ի պանդխտութեան
զերիվարեալք հնազանդիմք ընդ նոքօք եւ իշխեն ի վերայ մեր:

ընկէյ V | փափկութեան] om I Z | յապականութենէն M S | յաշխատութեան B 56 ինչ] ցինչ I | եւ ոչինչ] A յինչ C I Z եւ յոչինչ rel ↓ | յապակւոյ] A ապակւոյ rel ↓ | յանձրեւաց անօգուտ C | անօգուտ I Z
57 ծառայի T | կոխել] կոչել L* խ marg L^0
58 ընտրեալ] + եւ T | զոր 2^0] զորս T | յորում I T + եւ T | ի 1^0] om P C I Z | հեթանուաց] om P | զժողովուրդն] զժողովուրդս L 59 որ] որք T | զերիվարեալք] + ի C | հնազանդիմ K* ք marg K^0 հազան-դիմք D* ն above ln D^3 | եւ 2^0] om S

S P յօտարացաւ T | սպառնալեացեալ G | մարդիք K մար-դիկք C Z 55 առաջի] առջի I 56 ոչինչ] յոջինչ Q | ապակո L ապակոյ R B T preceding յ eras N 57 ընտրելո E Q L | աբրահամու Z 58 սեպհական] A F J Z սեփհական rel 59 ժողովըրդեան R | զաւրէնս Z |

7:1 Եւ եղեւ իբրեւ կատարեցի զբանս զայսոսիկ առաքեաւ
առ իս հրեշտակն այն որ յառաջն խօսեցաւ ընդ իս՝ 2 եւ ասէ
զիս՝ եզրա արի եւ լուր զոր խօսելոցս եմ ընդ քեզ. 3 յարեայ
եւ կացի եւ ասեմ խօսեաց: Եւ ասէ ցիս՝ ծով եթէ կայցէ
յընդարձակի տեղւոջ 4 եւ մուտն իւր իցէ նեղ. զի եղիցի նա
նեղ զետոյ նման. 5 եթէ ոք կամեսցի մտանել ի ծովն. եւ
տիրել ի վերայ նորա ապաքէն. եթէ ոչ նախ ընդ նեղն անցանիցէ.
զիա՞րդ կարասցէ մտանել ի լայնութիւն նորա. 6 եւ կամ դար-
ձեալ յաւան քաղաք մի զարդարեալ. եւ զեղեցկացու(213ա)ցեալ
ամենայն բարեօք. 7 եւ մուտ նորա իցէ նեղ եւ նուրբ եւ
դժուարատեղիք. իբրու թէ յաջմէ կողման իցէ հուր. եւ ի ձախմէ
ջուր խոր յոյժ. 8 եւ ճանապարհ մի միայն ընդ մէջն անցանիցէ
հրոյն եւ ջրոյն. մի ինչ այլում ումեք լինել տեղի. բայց միայն

1 կատարեաց K | այն] om R 3 ասեմ] om A* marg A^0|
ընդարձակի K L B | տեղւոց K 4 իցէ] + ի E
5 կամեսցի] կամիցի T | ապաքէն] om D* L marg D^1 | ընդ
նեղն] ընդեղն R: cpt | կարասցէ] կարէ R 6 կամ]
+ եւ C I Z | եւ 2^0] ի R 7 մուտն C I Z | իցէ] + ի
E | եւ 2^0] om P | իբրու թէ] ի բրութեան E ի բրութենէ
Q | կողման] կողմանէ D G V L R β | իցէ 2^0] om L
8 ճանապարհաց S | մի միայն] մի մեան E ∼ T | մէջ

պանդըխտութեան R | նօքօք V
1 եւ] ւ init om I 2 եւ ասէ ցիս եզրա] over illeg lett
K^0 | եզրայ K B S C I Z T | խօսելոցս] ց over զ Q^0
3 յարեա E L B T | տեղոջ L B P I Z 4 զի---նեղ2^0] om
V* marg V^0: hmarkt | նայ L | զետո L B P 5 եւ տիրել]
եւ տ- over illeg lett I^0 | վերա V | եթէ 2^0] եթե C թէ R
6 քաղաք] om K* marg K^0 | մի] մ over ի A^0 | բարեաւք
R B P 7 դժուարայտեղիք L դժուարտեղիք R 8 մի
ինչ] մինչ T* ի above ln T^0 | ումէք K | օտին B

շաւիղ ոտին մարդոյ. 9 եթէ ոչ որ կամեսցի զնա ժառանգել՝
անցանիցէ նախ ընդ նեղն ոչ կարէ ըմբռնել զժառանգութիւնն:
10 Եւ ես ասացի թէ այդպէս է: Ետ պատասխանի եւ ասէ ցիս՝
ըստ նմին օրինակի՝ տացի իսրայելի մասն ժառանգութեան. 11 զի
վասն մարդկան արար աստուած զաշխարհս զայս՝ եւ ելից զնա
ամենայն բարութեամբ. եւ ետ նոցա օրէնս. զի որով վարեսցին.
եւ թագաւորեսցեն թագաւորութիւն բարի. եւ զգաստ՝ եւ անբիծ:
իսկ նոքա ոչ պահեցին՝ այլ մերժեցին զնա. եւ բարձրեալն եդ ի
մտի մերժել զնոսա որ ապստամբ եղեն ի նմանէ. 12 վասն այս-
որիկ մուտ աշխարհիս այսորիկ խիստ են՝ եւ դժուարին, եւ լի
տառապանօք. 13 զի թէ նախ մտցեն ընդ նեղ եւ ընդ նուրբ
շաւիղ աշխարհիս այսորիկ. 14 եւ մտեալքն չերկայն մտիցեն՝ ոչ
ընկալցին զնոցա պատրաստեալ բարիսն որ յառաջ քան զաշխարհս էր:
15 Բայց դու մի շփոթիր զի մահկանացու ես. 16 եւ մի խռո-
վիր՝ զի ապականելոց ես. այլ հպեա առ մօտաւորն եւ դիր ի մտի՝

E Q | այլում] այլ E 9 կամեսցի] կամիցին T | զժառանգութիւն B 10 ես] om C | է] + նա T | ցիս] om P | ժառանգութիւն E Q 11 արար] որ I | ամենայն] om D* above ln D^3 | զի] om K | թագաւորեսցին G* R C* Z ե over ի G^0 C^0 | զաստ Q↓ | մերծեցին E* ժ over ծ E^0 մերժեսցին B | մտի] om R | զնոսա] զնա E Q with abbrev mk Q | որ] որպէս L R: dittog 12 այսորիկ 1^0] այնորիկ R 14 զնոցա պատրաստեալ] A զպատրաստեալ նոցա rel | էր] om C I Z 16 մտի] A

9 եթե C | զնայ L | անցանիցէ] անց- over զնա I^0 | ըմբռնել] ըմբել T* ռն above ln T^0 10 իսրայեղի D K G L R P 11 աւրէնս Z | զսզաստ L | ամբիծ B M P T ամբծ Q* ի above ln Q^0 | զնայ L | զնոսայ M | ապըստամբ K R 13 թէ] եթէ T 15 բաց G* յ above ln G^0 16 ապականելոց ես] ապական + eras G* ելոց ես marg G^0 |

որ առ յապայն լինելոց իցէ: 17 Եւ ես ասացի՝ ապա ուրեմն
արդարք ժառանգեն զքարիս. եւ վասն այնորիկ բարւոք համբերեն
մտանել ընդ նեղ եւ ընդ նուրբ ճանապարհն. 18 իսկ որ տկարքն
են եւ սրբութեամբ զկեանս իւրեանց ոչ անցուցանեն. եւ զփորձ
նեղութեան ոչ գիտէին. ի մշտընջենաւոր բարութեանցն հեռացան:
19 Եւ ասէ ցիս՝ եւ ես քեզ ասեմ. եթէ ոչ ես դու լաւ քան
զբարձրեալն. եւ ոչ քաղձր քան զաստուած. եւ ոչ մարդասէր
իբրեւ զնա. 20 կորիցեն ամենեքեան որ անցանեն զպատուիրա-
նաւն տեառն, քան թէ արհամարհեսցին օրէնքն աստուծոյ. 21
պատուիրելով պատուիրեաց աստուած մարդկան՝ թէ զին՞չ արասցեն
եւ կեցցեն թէ զին՞չ պահեսցեն եւ <մի> տանջեսցին. 22 իսկ
նոքա յամենայնէ հրաժարեցին. եւ ի վերայ այսր ամենայնի ասա-
ցին. թէ ոչ բարձրեալն է եւ ոչ հատուցումն բարեաց եւ չարեաց
զործոց. զճանապարհս իւրեանց խոտորեցին՝ 24 եւ զօրէնս նորա

մտի քում rel | յառապայն M S Z 17 յապա N Q D F J K G^0 յ below ln G^0 | արդարք] + եւ Q | ժառանգեսցեն B T | ճանապարհայն M S 18 որ] որք D* G V β ք dotted D | տկարք C* ն above ln C^0 19 եւ ես] om C I Z | իբրեւ] քան E D* L* C I Z T իբրեւ քան B M S քան marg P^0 իբրեւ marg L^0 D^4 20 անցանիցեն P | զպատուիրան I | արհամարհեսցեն E 21 արասցեն---զին՞չ2^0] om V* β marg V^0: hmt | մի] om A 22 յամենայնէ] յաստուծոյ է B M S P C յաստուծոյ I Z T | հրաժարեսցին E | ամենայնի] ամենայն R | ոչ 2^0] om C I Z 24 ուխտ E զուխտն T |

հպեայ M S I Z 17 արդաք J* ր above ln J^0 18 անու- ցանեն E* ց above ln E^0 | զիտեին C | մշտընջենաւոր] A N Q R C I մշտնջենաւոր rel 19 եթե C 20 օրէնքն] է over illeg let Q^0 աւրէնքն B C 21 պատուիրելով] ելո unclear L | թէ2^0] A V* Z եթէ marg V^0 rel 24 անազեսցին S* ր above ln S^0 | բանից] ն over ց Q^0

մերժեցին. եւ զհրամանս նորա անարգեցին. եւ ուրացան զուխտ
նորա. եւ ի բանից սրբոց նորա թերահաւատեցին. եւ զընտրեալս
նորա արհամարհեցին. 25 եւ վասն այսորիկ լուր դու եզր.
ունայնութիւն ունայնից եւ լիութիւն լիոց. 26 ահա եկեսցէ
ժամանակաց՝ յորում եղիցի նշանն որ յառաջն ասացաւ քեզ. յայտ-
նեսցի քաղաքն որ այժմ ոչ երեւի. եւ ամենայն ծունր ի վերայ
երկրի սողեսցի. 27 եւ ամենայն որ զտցի անբիծ, տեսցէ զփառս
բարձրելոյն. 28 յայնժամ երեւեսցի օծեալն աստուծոյ յայտնի
մարդկան եւ ուրախ արասցէ զմնացեալսն ի հաւատս՝ եւ ի համբե-
րութեան. 32 եւ ամենեքեան կանգնեսցին որ թաղեալ են յերկրի
ծայնիւ տեառն. 33 եւ կայցեն առաջի հզօր դատաւորին. եւ
եկեսցեն հասցեն կեանքն որ ոչ երեւին. 34 եւ անցցէ ապակա-
նութիւն. եւ ղաղարեսցէ ողորմութիւն. եւ պարապեսցեն զթու-
թիւնք. եւ խափանեսցին դրունք ապաշխարութեան. յինքն ամփոփես-
ցի երկայնմտութիւն. եւ հաւատք ցուցցեն զպտուղ իւրեանց.
35 եւ հետ զործոց վարձք իւր. եւ արդարութիւնն ծաղկեսցէ.

ի] om S* above ln S^0 25 այնորիկ P I | լուր] լուար
E Q | յունայնութիւն լիոց E: haplgr 26 ժամանակ
D V L R β | եղիցի] om G* marg G^0 | առաջն P |
զքաղաքն P* զ dotted P | սողեսցի] աւաղեսցին I
27 զտցէ E 28 օծեալն] յօծեալն E + քրիստոս marg A
N Q D^c G 32 թաղեալ] թողեալ L 33 կացցեն R | ոչն
T | երեւէին V I 34 ղաղարեցուսցէ V | պարապեսցին
G | խափանեսցեն C | զպտուղս T 35 հետ] յետ G
հետք I Z զհետ T | զործ B | արդարութիւն E Q β

26 ահայ M S | վերա V | սողեսցի] ո above ln Q
27 բարձրելլոյն L 28 աւծեալն B Z օծելն M S
32 կանգեսցին R | երկրի G* յ below ln G^0 34 ապակա-
նութիւն] ա 1^{0}over ն L^0 | ապաշխարութիւն Q -եան over-իւն
Q^0 | անփոփեսցի E F J B C I | երկայնամտութիւն T |

36 եւ յայնժամ երեւեսցի տեղի հանգըստեան սրբոցն՝ եւ ճշմա-
րիտ ղրախտն փափկութեան. եւ դէմ յանդիման սոցին՝ բովք հրոյ.
եւ տանջանք յաւիտենից. եւ որդն անմահ զոր պատրաստեալն է
ամբարըշտաց՝ եւ անօրինաց. 37 եւ յայնժամ ասիցէ բարձրեալն
ցարդարսն. տեսէք զտեղին հանգըստեան ձերոյ. զոր պատրաստեալն
էր ձեզ ի սկզբանէ արարածոց. մտէք այսուհետեւ եւ հանգերուք
եւ խայտացէք իբրեւ զորթս արձակեալ ի կապոյ. ասասցէ ցամբարի-
շտըն՝ եւ ցանօրէնսն՝ տեսջիք եւ իմասջիք զիս որում ոչն ծառայ-
եցէք եւ կամ յորմէ ուրացայքն. եւ կամ զոր օրէնս արհամար-
հեցէք. 38 հայեցարուք՝ որ առաջի կայ ձեզ. պատրաստեալ
արդարոցն փափկութիւն. եւ ձեզ ամբարըշտաց հուրն՝ եւ տանջանք
յաւիտենից: 39 Եւ եղիցի օրն դատաստանի այսպիսի ոչ արեգակն

36 սրբոց L | սոցին] տացին R | հրոց R | որթն E |
պատրաստեալ R 37 էր] է K I T | ձեզ] ձեր E Q |
յայսուհետեւ M S P | եւ 2^{0}] om S | կապոյ] կատո L
+ եւ E Q T | ասասցէ] + եւ I Z | զամբարիշտն I
ամպարիշտն Z ցամբարիշտսն T | յանօրէնսն I | զիս] զի
T | որում] որով E որ I Z | ծառայէք D^{*} եց above
ln D^{2} | յորմէ] յորժէ Q | ուրացաքն E | զոր օրէնս]
զօրէնս R B P^{*} + աւր marg following զ P^{0} զօր օրէնս C
38 փափկութեան C P I Z | եւ 1^{0}] om B 39 այնպիսի

ցուցեն B M S P ցուցին T 36 երեւցի F^{*} եւ above ln
F^{0} | տեղ K | հանգըստեան] A N D F J հանգստեան rel |
ամբարըշտաց] A N Q D R ամպարշտաց I պ over բ Z ամբար-
շտաց rel 37 զտեղի G^{*} ն above ln G^{0} | հանգըստեան]
A N E J G R հանգստեան rel | ձեզ] om J^{*} marg J^{0} |
ցամպարիշտն I Z | եւ 5^{0}] om M^{*} above ln M^{0} | իմասջիք]
ի 2^{0} over ե G^{0} | արհամարհեցէք] eras follows հ G ե
marg G^{0} 38 կա E L R B | արդարոց I^{*} ն above ln I^{0} |
ամբարըշտաց] A մ dotted ն marg L^{0} ամպարշտաց I ամբար-
շտաց rel | հուր G^{*} ն above ln G^{0} 39 աւրն B |

կացցէ լուսատու՝ եւ ոչ լուսին. եւ ոչ աստեղք պայծառացեալք.
40 եւ ոչ ամպք հովանաւորք. եւ ոչ որոտումն նշանաւոր ժամանա-
կաց. եւ ոչ հողմ զովացիկ եւ ջուր ի ծարաւ հանգըստեան.
եւ ոչ հողմ քաղցրախառն. եւ ոչ երեկոյ ի հանգիստ վաստակոց.
եւ ոչ գիշեր ի ղաղարել աշխատութեանց. եւ ոչ յաջողութիւն
գործոց ի յօժարութիւն. եւ ոչ հասարակ օր ի ճաշակումն կերա-
կրոց. ոչ ծմեռն ի գործ երկրի պատրաստութեան. 41 ոչ ի
զարուն ի ծնունդ երկրի պարարտութեան. ոչ յամառն տօթ.
եւ ոչ յաշուն ի խնամ ածել. պտղոյ հասաւոյ. ոչ կարկուտ ի
բռնութենէ օդոց. եւ ոչ անձրեւ յաճումն ծառոց. ոչ ցօղ ի
մխիթարութիւն տնկոց. 42 եւ ոչ առաւօտ՝ որ նշանակէ զլոյս
տուընջեան. եւ ոչ ղամբար գիշերոյ՝ խաւարի յայտնիչ. բայց

G I Z | արեզական S | պայծառացեալք] A C I Z պայծառա-
ցեալ rel 40 ամպք] ամք C | հովանաւոր G S |
հողմ 1^{0}] հողմք E հողմն Q T | ծարաւ] + ի M S |
վաստակաց E | աշխատութեանց] ապաշխարութեանց I Z |
յաջողութիւն] A B T աջողութիւն rel | հասարակ օր]
հասարակ աւր L հասարակ որ B հասարակ ար M C Z հարկր·
S հասարակ առ P հասարակ ի space precedes ի I հասարա-
կաւոր T | կերակրոյ C Z 41 ոչ 1^{0}] եւ ոչ K |
յաշուն] A C I Z անունն T աշուն rel | հասաւոյ]
հասաւո E հանաւոյ D V R B M S P I Z հանաւո L հաւանոյ
C | յանձրեւ C | աճումն G յաճում C | ի 5^{0}] om β
| մխիթարութեան T 42 արղարոց E արղարոն Q |

աստեղք] աստեղք R 40 հովանաւորք] ա 2^{0} over ի Q^{0} |
նշաւոր P* ան above ln P^{0} | ջուր] illeg sign precedes L |
հանգըստեան] A K R հանգստեան rel | երեկո E Q L | եւ
ոչ 7^{0} ---յօժարութիւն] om T* marg T^{0} | ղաղարել] լ eras
follows ա 1^{0} L | յաւժարութիւն B | ի գործ] ի above ln
F^{0} 41 պտղո L P | աւղոց B P | ցաւղ R 42 առա-
ւաւտ M առաւոտ C | տունջեան L | ղամպար M S ղամար

միայն պսակ փառաց. արդարոցն ուրախութիւն. իսկ ամբարշտացն
հուրն անշէջ, եւ աղջամուղջ յաւիտենից. եւ տանջանք մշտնջենա-
ւոր՝ 44 այս է դատաստանն: 45 Ետու պատասխանի յոգւոց
հանելով եւ ասեմ: Երանի է նոցա՝ որ սակաւ ժամանակս համբե-
րեցին վասն բարձրութեան փառացն. եւ եղուկ մեք զոր առ սակաւ
ժամանակս արարաք զկամս մարմնոց մերոց. եւ ի տանջանսն յաւի-
տենից մտանեմք եւ յանշէջ հուրն տանջիմք (213բ) հանապազ.
լաւ էր թէ չէաք իսկ ծնեալ. 46 ո՞վ ի մարդկեղէն կենդանեացս
ոչ մեղաւ. եւ կամ ո՞վ ի ծնելոցն ոչ անց զհրամանաւ նորա.
47 որպէս տեսանեմս՝ սակաւուց է այն աշխարհ ուրախութիւն. եւ
բազմաց ի տանջանս. 48 զի ամենեքեան առ հասարակ անօրէնու-
թեամբք թաթաւեալ եմք. զնացաք զճանապարհս կորստեան. եւ զշաւի-
ղըս մահու. եւ հեռացաք ի ճշմարտութենէ կենացն: 49 Ետ
պատասխանի եւ ասէ ցիս՝ 51 դու ասացեր թէ սակաւք են արդարք
եւ բազումք են ամբարիշտք. եւ արդ լուր առ այս. 52 ականս

հուրն] ն above ln A^0 | մշտնջենաւոր] A մշտնջենաւորք
rel 44 դատաստան C 45 մեք] մեր P I Z | զոր] որ
D* զ D^0? | տանջանսն] A I տանջանս rel | անշէջ
E S* յ below ln S^0 | չէաք] չէ էաք E 46 մեղաւ]
մեռաւ S I | զհրամանաւն T 47 է] om E | յաշխարհ
M S աշխարհս T | ուրախութիւն] A C I Z յուրախութիւն
rel | բազմաց ի] բազմացի R 48 թաթաւեալ եմք]
թաթաւեմք T | ճշմարտութենէն R | կենաց R
52 ապաքէն] om I | նոցա] om I ↓ | արժանաւորութեան

C Z | զիշերւոյ K T | իսկ] սկ om init I | ամբարըշտա-
ցն R ամպարշտացն I Z | մշտընջենաւորք D K G R մըշտն-
ջենաւորք V 45 յոգոց L B I Z | եթէ R | չեաք Z
46 ով 1^0] om E* marg E^2 | էանց T 48 անաւրէնութեամբք
B | թօթաւեալ P C | կորըստեան E K R M S
51 սակօք S T | ամպարիշտք I Z 52 իցէ] + ըստ crossed

պատուականս թէ ունիցիս՝ ապաքէն զամենայն ինչ ըստ նոցա
արժանաւորութեանն պատրաստեսցես զնիւթն միթէ որ անարժանն
իցէ՝ նոցա նման համարիցիս՝ եւ կամ նման կապարոյ. եւ կամ
խեցւոյ՝ եւ կամ այլ իմիք նման. 53 եւ ասացի ոչ. 54 եւ
ասէ ցիս. ասա դու ցերկիր, 55 ընդէ՞ր որպէս զխեցին շատ
ծնանիս. նոյնպէս եւ զոսկին ոչ բխես. 56 եւ նա պատասխանի
տացէ քեզ՝ եւ ասիցէ. քանզի յաճախ է խեցին քան զերկաթն. եւ
երկաթն քան զկապարն. եւ կապարն քան զպղինձն. եւ պղինձ քան
զարծաթն. եւ արծաթ քան զոսկին. եւ ոսկին քան զականս պատուա-
կանս. 57 ընտրեա այսուհետեւ եւ տես՝ թէ ո՞ր պատուական է
եւ ցանկալի. 58 եւ ասացի թէ ո՞վ ոք ոչ գիտէ՝ թէ սակաւն եւ
նուազն է ցանկալի: 59 Եւ ասէ ցիս՝ թէ որպէս մարդկան թուի
նուազն պատուական եւ ցանկալի. 60 նոյնպէս եւ բարձրելոյն
սակաւ արդարք պատուական են. եւ ուրախ լինի ի վերայ սակաւու-

B I | անարժան B I Z T արժան C | համարեսցիս E | նման 2^{0}] om I 55 որպէս] ոչ I 56 եւ 1^{0}] om I Z | զերկաթն] զարկաթն L կ over anther let L^{0} յերկաթն C | եւ երկաթն քան զկապարն] եւ կապարն քան զերկաթն R | եւ կապարն] om R C + եւ անագն R | եւ պղինձ] om N* G* marg N^{0} G^{0} | պղինձ] A N^{0} Q պղինձն rel | զարծաթ I Z | արծաթ] A արծաթն rel | զոսկին] զ above ln I^{0} | եւ ոսկին] om N* G* marg N^{0} G^{0} եւ զոսկին B 57 եւ 1^{0}] + ∇եւ V om S: haplgr 58 ոք ոչ] ~ I Z | ոչ] om B T | սակաւն] սակայնն E Q | սակաւն եւ նուազն] ~ T 60 լինին E C | սակաւուցն] սակաւուրցն I Z | եւ 4^{0}]

out նոցա above ln V^{0} | նման 1^{0}] նըման D om L* marg L^{0} illeg sign precedes S | խեցո L խեցոյ E D* I Z ւ above ln D^{0} 54 ասայ M S 55 բղխես B 56 զպղինձն I Z | պղինձն I Z 57 ընտրեայ Q M S P I Z | ցանկալի] ց over զ Q^{0} 58 գիտե I 60 վերայ 1^{0}] վերա M S T | սակաւուցն L* ւ above ln L^{0} | վերայ 2^{0}] վերա V | օրհնի

ցըն որ փառաւորեցին զանուն նորա ի վերայ երկրի. եւ ի ձեռն
նոցա անուն նորա աւրհնի՝ եւ զովւի. վասն այնորիկ ծաղկեսցին
արդարքն եւ փառաւորեսցին առաջի աստուծոյ. 61 իսկ բազմամ-
բոխն՝ անխրատ մրրկի նմանեսցէ. եւ պատրաստեալ է հրոյն բորբո-
քելոյ. եղիցին երեսք նոցա յամօթ եւ յանարգանս: 62 Եւ զայս
մինչդեռ խօսէր ընդ իս՝ ես հանի յոգւոց եւ խռովէի. եւ նուա-
ղէր յիս հոգի իմ. եւ ասէի՝ ո՞վ երկիր ընդէ՞ր ծնար զմարդն՝
64 զի ի տանջանս յաւիտենից մատնեցաւ. 65 վասն այսորիկ
սգասցէ ազգ մարդկան. եւ ցնծայ զազան վայրի՝ եւ կոծեսցին
ամենայն ծնունդք բանաւորաց. եւ ուրախ լիցին ամենայն չորքո-
տանիք. 66 յոյժ լաւ է նոցա քան զմեզ՝ զի ոչ յարութեան
ակն ունին ՝ եւ ոչ դատաստանաց մնան. 67 մեզ զի՞նչ օգուտ
է՝ եթէ ի դատաստան մտանեմք. եւ ի տանջանս անդադարս. 69
երանի թէ չէր մեզ յարութիւն. զի յաւիտենից տանջանացն ապրէաք

ի I | զովւի] զովութիւն M S P C I Z T ↓ | այնորիկ]
+ եւ C I Z | ծաղկեսցին] A G ծաղկեսցեն rel | փառաւո-
րեսցեն F 61 բազմամբոխին C I Z | մրրկի] + եւ C I Z
մրրկին T | հրոյն] + հրոյն L: dittog | եղիցի B եւ
եղիցի T | նոցա] նորա P | ամօթ G* C I Z յ below ա
G^{0} | անարգանս E P 62 խռովի T | նուազէր E Q |
յոգի I 65 ազգք P | ցնծասցեն զազանք T | վայրի]
+ եւ յազեսցին C | կոծեսցին] կործանեսցին E | լինիցին
E Q | չորեքոտասանիւք M S չորեքոնտասանիք C չորեքոյ-
տասանի P 66 մեզ E F J preceding զ eras F
69 յաւիտեաց I 70 յերեսաց B T | յառաջազէտն բար-

L D | զովի K L R զովուի B | փառաւորեսցին] ս over գ
A^{0} 61 նմանեսցի J* է over ի J^{0} | բորբոքելո Q L T
ք 2^{0} over ք R^{0} 62 յոգոց L B C Z | խռովեի C | ասեի
C 65 ցնծա J L B I | ծնունդք] ծունդք M S
67 աւգուտ B P I | եթե C 69 ապրեաք C Z 70 աձեի

70 Եւ զայս մինչդեռ զմտաւ ածէի. եւ ասէ ցիս՝ ի սկզբանէ
արարածոց յառաջ քան զմարդն լինելոյ ի վերայ երեսաց երկրի.
յառաջագէտն բարձրեալ՝ յառաջագոյն պատրաստեաց զտեղի փափկու-
թեան՝ եւ զտանջանաց. 71 իմաց այսունհետեւ 72 զի ունէին
օրէնս՝ որով կարէին ապրել. եւ ոչ պահեցին՝ այլ արհամարհեցին,
73 զի՞նչ պատասխանի ունիցին տալ յաւուրն վախճանի. 74 զի
այնչափ ժամանակս երկայնամտեաց բարձրեալն. եւ նոքա արհամար-
հելովն կորուսին զանձինս իւրեանց: 75 Ետու պատասխանի եւ
ասեմ ցհրեշտակն տեառն. խնդրեմ ի քէն տէր ասա ինձ. եթէ յետ
մահու յորժամ պահանջի ի մէնջ զիւրաքանչիւր զոգիս մեր՝ երթայ-
ցեմք ի տեղի տանջանաց. եթէ յանդորրութեան լինիցիմք մինչեւ
ցոր դատաստանին՝ եթէ յայսմհետէ մտանիցեմք ի տանջանս: 76 Ետ
պատասխանի եւ ասէ. ասացից եւ զայս քեզ՝ դու մի հաշուիր զքեզ
ընդ մահապարտսն. 77 զի քեզ՝ եւ նմանողաց քոց պատրաստեալ է
զանձ լի բարեօք. որ ոչ յայտնեսցին քեզ՝ մինչեւ ի վախճան ժա-
մանակաց. 78 Լուր այսունհետեւ վասն որոյ հարցերդ՝ այսպէս է

ձրեալ] om β: hmarkt 71 իմաց] իմոց E B* M S P իմայ T
75 տեառն] տէր M S | խնդրեմք I | տէր] om M S |
տեղիս T | յանդորրութիւն P անդորրութեան E | ցօրն
R յօր M S | եթէ 3^0 ---տանջանս] om E | մտանիմք I Z
ցե above ln Z^0 76 ասէ] + ցիս K 77 զի] + եւ I Z
| զանձս M S զանձ I Z | որ ոչ] որոց E 78 այսու-

C | լինելո Q L լինե ∇ նելոյ G: dittog | վերա V |
յառաջագետն N Q G | բարձրեալ] բ below ln J^0 | զտեղի] զ
corrn G^0 | զտանջանաց] զ above ln K^0 72 ունեին C |
աւրէնս B Z | կարեին C 75 ասայ M S | եթէ1^0] թէ
L R | եթէ2^0] թէ R | ցաւր P | եթէ 3^0] եթե P C I
76 ըզքեզ G 77 նմանօղաց B | բարեաւք C | յայտնեսս-
ցին] ն 2^0 below ln I | վաղճան B C | ժամանակաց] ա 4^0

բանն. զի յորժամ հրաման մահու ելանէ յառաջ քան զմարդոյն
ոգիս հանելոյ՝ անդէն վաղվաղակի բաժանի շունչն ի մարմնոյն.
եւ երթայ ի տեղի որոշման իւրոյ. 89 եւ եթէ լի գործովք բա-
րեօք. եւ պահեալ զպատուիրանս բարձրելոյն. եւ յորում ժամանակի
էր <յապականական> ի բնական մարմնոյն բնութեան. ծառայեաց
ամբծութեամբ ի հաստատութեան յամենայն ժամու վշտաց՝
91 նա գնծայ եւ ուրախ լինի հանգստեանն յեւթնեկեան
ճանապարհին: 92 Առաջին ճանապարհն որ բազում
աշխատութեամբ ճգնեցաւ առ ամենայն մեղս. 93 Երկրորդ
ճանապարհն տեսեալ զպատրաստական զմեղացն զտանջանսն.
94 Երրորդ ճանապարհն վկայութեանն զոր վկայէ նմա
աստուած. եթէ մեծ հաւատովք պահեաց որ տուան նմա օրէնքն:
95 Չորրորդ ճանապարհն յորում յայտնին նմա պատրաստեալ բա-

հետեւ] + եւ I: dittog | որոյ] A որոց rel | ոգիս] ոգիք E Q յոգիս R | հանելոյ] հանգոյ β | անդէն] + եւ T | բաժանին L | որոշմանն E 89 լի] om B T | բարեաց L | պահել B | <յապականական >] յապանական A յապական B ապականական C ապական I Z յանապական T | բանական C I Z | բնութեան] om K | ամբծութեան B M S P C T անբծութեան I Z ↓ | ամենայն V P | ժամու] + ի G + եւ C I Z 91 հանգըստեան K G ↓ | եւթնեկեան I 93 մեղացն T 94 վկայութեան E Q B C I | զոր] զի C | օրէնք P 95 յայտնին] յայտնի են G յատնին Q |

over ի Z^0 78 այսպէս] այպէս R | հանելո E Q L | բաժանի] ա 2^0corrn Q^0 | երթա E L | իւրո F L B
89 եթե P C | գործք R* գործօք L R^0 | բարեաւք P C | ծառաեաց L B | անբծութեամբ L R ↑ 91 նայ L | գնծա E Q L | հանգըստեանն Q V R T ↑ | յեօթնեկեան K L յեաւթնեկեան C 94 վկա L B | եթե C | աւրէնքն B C Z
95 եթե P C | ընդ] om P* marg P^0 96 հինգերրորդ

րիքն. եթէ որպէս ընդ հրեշտակս ի բազում խաղաղութեան սպասա-
ւորեալ պահի: 96 Հինգերորդ ճանապարհն՝ փառաւորեալ է ուրա-
խութեամբ. զի մերկացաւ զապականութիւն. եւ <այնուհետեւ> ընդ
հրեշտակսն հաշուի ժառանգել զանվախճան լոյսն: 97 Վեցերորդ
ճանապարհն յորում ցուցանի թէ ո՞րպէս երեսք իւր լուսաւորին
իբրեւ զարեգակն. եւ ոչ այնուհետեւ ապականութեամբ <մթանան> :
98 Եւթներորդ ճանապրհն՝ որ ի վեր է քան զամենայն ճանապրհս.
յորում պարծի վստահութեամբ եւ համարձակութեամբ ոչ ամաչելով.
եւ կամ պատկառելով. այլ գնծալով փութայ տեսանել զերեսս
աստուծոյ. որպէս ծառայեաց ամբծութեամբ ի կենդանութիւնն.
որով եւ փառաւորելոցն է՝ եւ ընդունելոց է զվարձս հատուցմանն.
99 այս են ճանապարհք հոգւոցն արդարոց. 79 իսկ ամբարըշ-
տացն հոգիք եւ որք ոչ պահեցին զպատուիրանն բարձրելոյն եւ
արհամարհեցին զօրէնս նորա. եւ զարշեցան ի ծառայից նորա.
80 նոքա ոչ մտցեն յաւիտեան ի տեղի հանգըստեան. այլ վաղվաղա-

հրեշտակն K 96 <այնուհետեւ>] այնու A | հրեշտակսն] A հրեշտակս rel | զլոյսն I T 97 որում R | ցուցանէ B T | յայնուհետեւ V | <մթանան>] մթանանան A 98 ի] om B | վստահութեան B | եւ2^{0}] om L ↓ | գնծալ B T + եւ T | ամբծութեան V | կենդանութիւն B S կենդանութեանն R | եւ4^{0}] + ընդ C | ընդունելոյ C ընդունելոցն B | հատուցման K 99 ոգւոցն K | արդա-րոց] A L արդարոցն rel 79 հոգիքն K | որ I | ոչ] A ոչն rel | ծառայիցն C I Z 80 մտցին I | վորո-

M S | զանվաղճան E 97 վեցերրորդ M S 98 եւթներ-րորդ M S | վէր M | եւ2^{0}] above ln G^{0} ↑ | փութայ] + գնծալով փ erased V | անբծնութեամբ E K T
99 հոգոցն L I Z 79 ամբարըշտացն] ամբարշտացն N D G V L B M S P C ամբարիշտացն E ը over ի Q^{0} ամպարշտացն I Z | զաւրէնս Z | զարշեցան] ր above ln Z 80 հանգըս-

կի որոշեալ հոգիքն ի մարմնոյն (214ա) տրտմութեամբ եւ վշտօք.
ընդ եւթն ճանապարհ մտցեն ի տանջանսն յաւիտենից: 81 Առաջին
ճանապարհն, զի թողին զօրէնս՝ եւ փոխեցին զհրամանս բարձրե-
լոյն: 82 Երկրորդ ճանապարհն՝ զի ոչ կամեցան դառնալ՝ եւ
ապաշխարել մինչդեռ յայսմ աշխարհի էին: 83 Երրորդ ճանապա-
րհըն յորում նեղին տեսանելով զարդարսն ի հանգիստն. եւ
զիւրեանց տանջանսն: 84 Չորրորդ ճանապարհն՝ որ կայ եւ
մնայ ի վախճան ժամանակաց ի մշտընջենաւոր հուրն: 85 Հինգե-
րորդ ճանապարհն յորում տեսանեն զայլոց հանգիստ հաճոյ բարձ-
րելոյն. եւ պահպանեալ ի հրեշտակաց սպասաւորութեան. եւ յան-
քձութեան յոյժ. 86 Վեցերորդ ճանապարհն՝ որ տեսանեն յայն-
մհետէ զպատրաստեալ արքայութիւնն սրբոց. եւ զիւրեանց անձանց
ամենեւին զկորուստն: 87 Եւթներորդ ճանապարհն՝ որ է քան

շեալ C | հոգիք L | մարմնոցն M* S յ marg M^{0} |
սրտմտութեամբ E սրտմութեամբ Q | եւթն] եւթէ M S |
ճանապարհն C T 81 զի] որ I Z | զօրէնսն R | փոխե-
ցին] կոխեցին K | զհրամանս] զհը∇ ճանապարհս K ↓
82 աշխարհ B աշխարհիս T 83 յորում] om M S |
տեսանելովն K | զարդարնն R | հանգիստ C I Z հան-
գիստսն S | զիւրեանց] + ի T 85 յորում] յորու I
յորժամ T | տեսանել I | զայլոյ R | հանգիստն T |
սպասաւոր B | ամքձութեան B 86 տեսանէին E | արքա-
յութիւն E Q արքաութիւն B + երկնից C 87 որում

տեան] A Q R հանգստեան rel 81 զհրամանս] E^{0} unclear
overwriting Q 82 մինդէր B | եին C 84 կա B |
մնա L B T | վաղճան C | մշտընջենաւոր] A K G R մըշտն-
ջենաւոր V մշտնջենաւոր rel 85 հինգերրորդ M S |
հաճոյ] om E* marg E^{1} | յոյժ եւ յանքձութեան C* small
ք ա above յոյժ, եւ C^{0} | յամքձութեան P ↑ 86 վեցեր-
րորդ M S | զպատ եր աստեալ S | անձանց G* ն above ln
G^{0} | ամենեւին] marg A^{0} 87 եւթներրորդ M S | անար-

զամենայն ճանապարհս ի վեր. յորում հաշին եւ մաշին ամօթով
եւ անարգանօք. եւ պաշարեալ են իմաստութեամբ եւ երկեղին.
իբրեւ տեսանեն զճանապարհս բարձրելոյն. որոյ առաջի մեղան
կենդանիքն ի մարմնի. եւ առաջի արդարոցն տանջելոց են: 100
Ետու պատասխանի եւ ասեմ. տացի ժամանակ հոգոց առ ի տեսանել
թէ որպէս տանջեցին յետ հրաժարելոյ նոցա ի մարմնոյ անտի:
101 Եւ ասէ ցիս՝ տացի ժամանակ ոչ անդորրութեան՝ այլ տանջա-
նաց. զի <ի> տեղիս խոշտանգանաց արգելեալ են մեղաւորացն ոգիք
եւ պահին ի տանջանս ահաւոր հրեշտակաց՝ մինչեւ յօրն յանդիմա-
նութեան եւ դատաստանաց՝ եւ հատուցման բարւոյ եւ չարի: 102
Ասացի խնդրեմ ի քէն ներեա ինձ եւ զայս հարցանել. եւ արդ՝
յաւուրն դատաստանի կարիցեն արդարքն հրաժարեցուցանել զամբա-
րիշտն. եւ կամ մտանել յաղաչանս վասն նոցա. 103 որպէս հարք
վասն որդւոց. եւ կամ որդիք վասն հարց, եւ կամ եղբարք վասն
եղբարց. կամ ա̇զգ վասն ազգի եւ կամ սիրելիք վասն սիրելեաց:
104 Եւ պատասխանի եւ ասէ ցիս՝ մի ոք խաբեսցի յայսմ. զի

C I Z| յիմաստութեամբ T | երկեղիւ L երկիւղիւ R յեր-
կիւղին + եւ T | զճանապարհն S | արդարոյն C Z
100 տանջեցին] տանջիցին N E Q D F J G V R L I Z տանջիցեն
B M S P C T 101 ժամանակս S | <ի> 1^{0}] om A N E Q F J K G
| տանջանսն M S | հրեշտակացն M S Z | չարւոյ M S
102 դատաստանի] + անաչառութիւնն C I Z: cf 7:104 | կարի-
ցեն] անկարիցեն M S | զամբարիշտսն T | զաղաչանս β |
վասն] om L D* marg D^{6} 103 որդիք---եւ կամ 2^{0}] om R:
hmarkt | եղբարց] + եւ B T 104 inc] + եւ T |

զանաւք B | երկիւղին B I Z երկիղին G | որո D
100 ետու] initial ե om C | հոգոց] A E D L B M S I Z T
հոգւոց rel | հրաժարելո Q L S 101 արկելեալ T |
բարո L բարոյ B I Z 102 ներեայ R | զամպարիշտն Z
103 որդոց L R B Z 104 աւրինակ Z | մեռանել S C I Z

յաւուրն դատաստանի անաչառութիւն լինի. եւ ամենայն ճշմարտու-
թիւն կնքեսցի. զի զոր օրինակ ոչ ոք զոր առաքեսցէ զոմն ի
մեռանիլ ընդ նորա. կամ ի քուն կալ. կամ հիւանդանալ. եւ կամ
յուտել՝ եւ կամ ըմպել. 105 նոյնպէս եւ ոչ յայնժամ ոք կար-
ասցէ վասն ուրուք պաղատել. եւ կամ զոք հրաժարեցուցանել ի
տանջանաց: Իւրաքանչիւր իւրեանց զործքն բարեխօսեն:
106 Եւ տու պատասխանի եւ ասեմ. զիա՞րդ գտանիմք. զի թէ աբրաամ
աղաչեաց զաստուած վասն ղովտայ եւ վասն տան նորա. եւ մօսէս
վասն հարցն մերոց որ մեռան յաւուրս նորա. 108 եւ դաւիթ
վասն հարուածոց ժողովրդեանն. եւ սողոմոն վասն սրբութեանն.
109 եւ եղիա վասն զալոյ անձրեւին. եւ եղիսէէ վասն կենաց
մեռելոյն. 110 եւ եզեկիայ վասն ժողովրդեանն յաւուրս սենե-
քերիմի. եւ վասն իւրոյ առողջութեանն. եւ այլք վասն այլոց.
111 զի թէ յորժամ ապականութեանն զարզանայր. եւ անիրաւու-

յաւուրսն N E Q F J K G | կնքեսցի---ոչ ոք] om B T |
զոր 2^{0}] զոք D L R V | եւ 3^{0}] om F J | ըմպել] A P C I Z
T յըմպել rel 105 ոչ յայնժամ] ~ L | այնժամ E |
տանջանացն T 106 գտանիմք] A գտանեմք rel | մեռաւն
F J 108 սրբութեան E Q B 109 վասն 1^{0}] om R |
մեռելին E մեռելոցն R 110 յաւուր E | առողջութեան
E Q B 111 ապականութեանն] A S ապականութիւն E Q B

105 ոչ] om A* above ln A^{0} | պաղատել] ղ over տ D^{0}
պաղատիլ Z 106 զիարդ] զի above eras J^{0} | աբրահամ J
| մօսես B մովսէս E Q R M S P I Z T 108 սրրբութեանն
M 109 եւ եղիա---անձրեւին / եւ եղիսէէ---մեռելոյն]
~ R* small բ ա above phrases R^{0} | եղիայ C I Z T | զալո
E Q K L | եղիսեէ Q F J V R C T 110 եզեկիայ] A B M P C I
Z T եզեկիա rel | սենէքերեմի N D V սենեքերիմայ E
Q* T սենեքերեմի F J G L B սենիքերիմի M S | իւրո
L B 111 թէ] թե P եթէ T | արղաքն Z |

թիւնն աճէր՝ խնդրեսցին արդարքն վասն ամբարըշտացն յաստուծոյ
եւ ընկալան՝ ընդէր յայնժամ այս ոչ լինի: 112 Ետ պատասխա-
նի եւ ասէ ցիս՝ յայսմ աշխարհի եթէ խնդրեսցեն արդարք՝ առցեն.
քանզի յօգնուտ է նոցա ապաշխարութիւն վասն որոյ բարեխօսեսնն.
113 զի աշխարհս այս կատարման է՝ եւ ոչ փառաց. իսկ յայնմ
աշխարհի կենաց՝ յորում անցանէ կարգք ապաշխարութեանն. 114
եւ վախճանեալ է ապականութիւն. եւ լուծեալ է աղքատութիւն. եւ
խափանեալ են հաւատք. եւ զարգանայ արդարութիւն. եւ ծագէ
ճշմարտութիւն՝ 115 ոչ ոք կարէ ողորմել. որ վասն յիւրոց
յանցանաց զործոցն է ի տանջանս եւ ի դատաստանի: 116 Եւ
ասացի ցնա. ոչ ի սկզբանէ իսկ ասացի զայս՝ եթէ լաւ էր եթէ
չէր իսկ ծնեալ ի վերայ երկրի. քան թէ վաղվաղակի կորուսեալ.
117 զի՞նչ օգուտ իցէ մարդոյն եթէ հասեալ իցէ ի բազում
ժամանակս. եւ կեանքն տրտմութեամբ իցեն. եւ յետ մեռանելոյն

ապականութիւնն rel | անիրաւութիւն E Q B S | լինիս E Q լինին C I Z 112 խնդրեսցին P | որոց F J K D B G R Q V 113 յաշխարհս յայս E | յաշխարհի B | կենացն T | անցանէ կարգք] անցակարգ E | կարգ C I Z | ապաշխարութեան E Q B 114 յարդարութիւն K 115 յիւրոց] A իւրոյ E Q* T իւրոց rel 116 իսկ] om K | զայս] զայրս B M S C om E* marg E^1 | ծնեալ] + մարդն T 117 օգուտ իցէ] օգտիցէ E P | յօգուտ T | հասեալ] + է I Z | կեանքն] կանքն S T | մեռելոյն I | ունիցի] ունի D* L ցի D^0? ունիցիք C ունիցին

ամբարըշտացն] A R ամպարշտացն K I Z | ամբարշտացն rel | յայնժամ] յ 1^0 below ln F^0 112 ետ] init ե om C | եթե P C 114 վաղճանեալ C 116 եւ1^0] init ե om C | ցնայ L | եթէ 1^0] եթե P C | եթէ2^0] ե above ln A M | թէ T եթե P C | վերա V | թէ] դէ B C թե P 117 աւգուտ R B | եթե P C 119 աւգուտ B |.

ակն ունիցի տանջանաց. 119 մեզ զին՞չ օգուտ իցէ մեղաւորաց
եթէ խոստացեալ իցէ զյարութիւն յետ մահու. եւ մեք արժանի
մահու գործս գործեցաք. 120 զին՞չ օգուտ իցէ մեզ՝ եթէ ար-
դարոցն պատրաստեալ իցեն զանճառ բարիքն. եւ մեզ մեղաւորացս
ամօթ. 121 զին՞չ օգուտ իցէ մեղաւորացս. եթէ շտեմարանք
փառաց արդարոց են. եւ մեք մոլորեալք եմք չարեօք. 122 զին՞չ
հաղորդութիւն իցէ մեր ընդ յուսոյն բարեաց որ զանձեալն է
բարեաց. մեք ընդ դժուար ճանապարհ գնացաք. 123 զի՞ առնէ
մեզ՝ եթէ երկնաւոր դրախտն պատրաստեալ իցէ անբծացն՝ որոյ
պտուղն անթառամ է՝ յորում կայ փափկութիւն, եւ գնծութիւն ան-
վախճան. 124 թէ մեք ոչ մտանիցեմք. 125 եւ յորում արդա-
րոցն երեսք լուսաւորեսցին իբրեւ զարեգակն. եւ մեր երեսք
մթասցին իբրեւ զգիշեր աղջամղջին. 126 արդարեւ իսկ ոչ
երբէք ածաք զմտաւ ի կենդանութեանն. եթէ զին՞չ ունիցիմք յետ

I | տանջանացն T 119 մեղաւորացս T | յարութիւն C 120 իցէ] է T | զանճառ] A K անճառ rel | յամօթ T 121 եթէ] om R + ի T | արդարոցն T | մոլորեալ P մեղորեալք E | եմ P 122 մեր] մեզ K | բարեաց 2^0] բարեացն T 123 որում R | կաց B | փափկութիւն եւ գնծութիւն] փափազութիւն եւ ցանկութիւն T 124 մտանի-ցիմք E 126 երբէք] om K G* marg G^0 | ածէք M S ածէաք I Z | ի] om C Z | կենդանութեան E Q β

եթե P | խոստովացեալ E* ով eras E խոստացե I 120 աւգուտ B P | եթե C | ամաւթ R 121 աւգուտ B | եթե P C 122 որ---բարեաց 2^0] om V* marg V^0: hmt | զանձեալ G* ն 2^0 above ln G^0 123 եթե C | ամբծացն F J R B M S P C T անբծոցն I Z | որո E Q L S | կա Q L 124 թէ] թե P եթէ K T 125 մըթասցին C | զգիշերեր M 126 իսք I* | երբեք D F J L I | ածաք] above ln

մահուն կրել: 118 Ո՞վ ադամ զի՞նչ գործեցեր. դու միայն
մեղար. եւ քեզ միայնոյ չեղեւ վիշտ այլ առ հասարակ ամենեցուն
որ ի քէն ծնան: 127 Ետ պատասխանի եւ ասէ. աշխատեսցին յեր-
կըրի մերժել զչարն 128 զի մի կրեսցեն զայն զոր ասացին.
այլ մերժելով զչարն ընկալցին զբարիս. առ մարդկան է 129
ընտրել զկեանս եւ զմահ. քանզի մօսէս ասաց զայս նոսա. 130 Եւ
նոքա <ոչ> հաւատացին նմա. եւ ամենեցուն յետ նորա մարգարէից.
եւ աստուած որ խօսեցաւ ընդ նոսա: 132 Ետու պատասխանի եւ
ասեմ. գիտեմ եւ այդպէս հաւատամ. եթէ յողորմել ողորմած է
բարձրեալն. եւ ի գթալ գթած՝ որք դառնան առ նա. 134 երկայ-
նամտէ որք մեղանչենն 135 եւ պարգեւիչ. քանզի յօժար է եւ ի
շնորհել՝ եւ թողուլ զյանցանսն. զի՞նչ շահ իցէ բարձրելոյն.
եթէ կորիցեն այնչափ ոգիք զոր արար. եւ սակաւ ոգիք միայն մի
կորիցեն. 136 գիտեմ (214բ) զի բազումողորմ է. 137 եթէ ոչ
ողորմեսցի. ոչ կարէ ապրել ամենայն մարդ. 138 նոյնպէս եւ
շնորհիչ է. եթէ ոչ շնորհեսցէ՝ եւ թեթեւացուցէ զմեղս մեր

118 առ] om T | որք R 127 աշխատեսցեն L C | երկրի E 128 զոր] որ G om S | զչար E | առ] + ի B I Z T 130 <ոչ >] om A | յաստուած I Z 132 գիտեմ] om E | ողորմել E C 133 գթալ] գթող M S | գթած] + է E | դառնան---որք (7:134)] om β: hmarkt | դառնալն R 134 որ R 135 եւ 2^0] A N E Q F J K G om rel | եւ3^0] + ի E | անչափ P | միայն] om E* marg E^1 138 շնորհիլ T | եւ թեթեւացուցէ] om E: hmt | մարդասի-

P^0 | եթե P C | մահուան R 128 մերժել E* ով above ln E^0 129 մովսէս K L R β 130 նոքա] նք om abbrev mk Z | նոսայ M S 132 եթե C 135 զանցանսն C | եթե P C 136 գիտեմ] + եւ այդպէս eras V^0 137 եթե P C 138 եթե C | թեթեւացուցէ Q* ս above ln Q^0 139 թէ 1^0]

իւրով մարդասիրութեամբն՝ ոչ կարասցէ ամենայն մարմին ապրել:
139 Դատաւոր է՝ որ յանդիմանէ եւ դատէ. եւ յետ յանդիմանու-
թեանն չմեղադրէ. զի թէ ոչ մեղադրիցէ՝ եւ տանջիցէ զբազմու-
թիւն ստահակութեան՝ ոչ ոք մնասցէ յամենայն բազմութենէ արտա-
քըս քան զսակաւսն. եւ ո՞ւր իցէ ողորմութիւն նորա զոր խոս-
տացաւն. կամ գթութիւն կամ քաղցրութիւն. կամ մարդասիրութիւն.
ո՞ւմ յօգուտ իցէ այն՝ եթէ ոչ տառապեալ մեղաւորացն: Միթէ
վասն այնորիկ ստեղծ զայնչափ ոգիս՝ զի կորուսցէ՝ քաւ լիցի.
ոչ գիտութեամբ լի է. չգիտիցէ թէ զինչ գործիցէ մարդն յառաջ
քան զծնանելն նորա. եւ ամենայնի նա գիտակ է յառաջ քան
զլինելն նորա։

8:1A Ետ պատասխանի՝ եւ ասէ ցիս՝ որ ի վեր է քան զքեզ՝
մի խօսիր զայն. եւ մի կեղծաւորիր առաջի աստուծոյ. որ հրա-
մայեալ է քեզ զայն իմաց. 1B զայս աշխարհ վասն բազմաց
արար: Իսկ զայն վասն սակաւուց. զի թէպէտ եւ յառաջգիտութիւն
առ ի նմանէն բազում է. այլ զինքնակամ կամսն շնորհեաց մարդկան.
զգործոյն գիտութիւն՝ զի գիտասցեն զոր գործենն. թէ ոչ՝ տան-

րութեամբն] + իւրով C | մարմինն C 139 յանդիմանու-
թեան E Q B | չմեղադրէ] մեղադրէ E ոչ մեղադրի I
չմեղադրի Z | ստահակութենէ Z | ոգիս] ոգիսն R ոգիք
B T | թէ 2^0] om F* C marg F^0 | գործեսցէ G | մարդկան
S | յամենայնի T
1A ցիս] զիս M S | որ] + է E | յաստուծոյ E
1B աշխարհս E T աշխարհի I | արարի I | նմանէ M S P

եթէ T | եւ ուր իցէ] corrn E^0 Q^0 կամ Q* | յօգուտ
իցէ] օգտիցէ E* օգուտ իցէ E^0 | եթէ 1^0] եթե C թէ R
| զծնանիլն E | նայ M
1B սակօուց B 1D այլ] ա over եւ A^0 | եւ1^0] above

ջին. 1C ընդէ՞ր որք զնոյն մարմին ունին. եւ զնոյն ախտ
շարժմանց. եւ արդարոցն ոչ նմանեցին. 1D այլ միայն զնոցա
ճանապարհն զնացին. այլ եւ արհամարհեցին զնոսա եւ զարշեցան
ի վարուց նոցա. վասն այնորիկ բարձրեալն սակաւս պահեաց յայն
աշխարհ: 2A Ասացից քեզ եւ առակ մի՝ եւ պատասխանի տուր ինձ:
Թէ խնդրեսցես յերկիր՝ տալ քեզ երկիր որ բխէ տեսիլս պատուա-
կանս՝ եւ մեծազնի. 2B եւ տացէ քեզ երկիր որ առնէ տեսիլս
ազգի ազգի. որպէս զպատուականն սակաւ՝ եւ զամարգն կրկին՝ ոչ
նստիցես ընտրիցես քեզ զպատուականն. եւ զանարգն ի բաց ընկե-
նուցուս: 3 Իմացայ այսուհետեւ եթէ ճշմարիտ է օրինակդ. եւ
ասացի թէ ուղիղ է: 4 եւ սկսայ ասել ընդ միտս իմ. ո՞վ անձն
իմ վայելեա որպէս եւ կամիս՝ եւ ցածո զմիտս յերկիր. զի լուի-
ցես՝ 5 եւ երթիցես՝ ո՞ւր ոչ կամիցիս. զի ոչ եթէ քեզ
տուեալ է կամ պատրաստեալ բարիքն վայելչութեան: բայց զայս

1C ընդէր---ունին] om S | մարմինն C I Z | ախտն C I Z
| շարժմանցն E 1D այլ] A ոչ rel | ճանապարհն] A
ճան. ոչ rel | այն P | յաշխարհ E P V աշխարհն C
աշխարհս T 2A ասացից] ասաց M S | յերկիր] A զեր-
կիր E ցերկիր rel 2B սակաւ] om E* marg E^1 |
նստիցիս R | ընտրիցես] om N* K marg N^0 ընտրեսցես T
ընտրեցի ես P 3 այսուհետեւ] + եւ G: dittog 4 իմ]
+ թէ with eras marks I | զանձն E | յերկիր] A I Z T
երկիր rel | լուիցիս K 5 երթիցիս K | կամիցես E
| պատրաստեալ] + է I | վայելչութեանն M S P C T

ln F^0 | զնոսայ M S | սակաւ L* ս 2^0 above ln L^0
2A թէ] եթէ T | բխէ] A R բղխէ rel 2B նստիցես]
om G* marg G^0 | պատուականն E* զ above ln E^0
3 իմացա E L B | այսուհետեւ] եւ above ln V^0 | եթե P |
աւրինակդ B I Z 4 սկսա L E B | վայելեայ F J M P C I
Z T | ցածո] A K G^0 L ցածոյ rel | երկիր] ր 2^0 over ի

միայն սակաւ ժամանակս կենաց: 6 եւ եդի ի մտի դարձեալ ասել
բանս ինչ առաջի բարձրելոյն. եթէ որպէս տացէ մեզ սերմանիս
արդեանց՝ յորում լինիցի մեզ պտուղ. եւ կամ որպէս բերցէ
ամենայն տեղի ապականեալ արդիւնս բարեաց գործոց. եւ ապրեսցէ
թէպէտ եւ ոչ տայցէ: 7 գործ եմք ձեռաց նորա. եւ վասն այսո-
րիկ արժանի եմք ողորմութեան նորա. 8 զի աստ կենդանացուցա-
նէ զմեզ. յայտ է՝ յորոց յարգանդին ստեղծու հանապազ զմարդն՝
եւ տայ կենդանութիւն եւ կերակուր. նոյնպէս եւ տնտեսութեան
ազգի ազգի սերմանցն. գինուով. եւ ծիթով. հրով. եւ ջրով.
իննամսեայ ժամանակաւ ի բնութեան արգանդի մօրն ծնանի զմանու-
կըն. իմաստութեամբ մատակարար է նմա. 9 եւ զգուշութեամբ
պահէ զնա. եւ յորժամ հատուցանէ. եւ տայ ի ժամանակի իւրում
զտղայն 10 զոր նա հրամայեաց ծնանել՝ ի դիել զկաթն մինչեւ
ցժամանակ մի. 11 եւ յետ այնորիկ վարել նմա իւրով իմաստու-

6 մեզ 1^0] om L | բերցէ] A բերիցէ rel | թէպէտ] թէ որպէս J 7 գործք K | եմք 1^0] + ի β | այսոքիկ E* Q այնոքիկ E^0 8 աստ] om B T | որոց C I Z | արգանդին J | կերակուր] + եւ C | տնտեսութեամբ Z | բնութեան] բնակութեան C | յարգանդի E արգանդ I
9 տայ] սա C ✝ 10 դիել] դիտել C | մինչեւ ցժամա-նակ] մինչեւ ժամանակ B C I Z մինչ եւս ժամանակ M S P T | ցժամանակ մի] ցժամանակի E 11 կերակրելի B M S P C Z T

E^0 | լուիցէս M S 5 եթե C P 6 եդ K* ի above ln K^0 | եթե P | գործոց բարեաց L* small ք ա above ln L^0 | ապրեսցէ] A^0 ապրեսցին A* 7 ողորմութեան] ողորմու-թիւն S* 8 կենդանացուցնէ G | եւ 1^0] om I* above ln I^0 | տա L P | սերմանցն with abbrev mk over գ E | գինով L B I Z T | ծիթւով J | իննամսեա G* L B T | ծնանի] init om I | նմա] prec զ eras G 9 զնայ L | տա L P I ✝ 10 մի] om T* marg T^0 12 աւրինօք P I

թեամբ. եւ կերակրել բերովք պտղոյ իւրոյ. 12 եւ խրատէ զնա
իւրովք օրինօք. եւ առ սակաւ սակաւ աճեցուցանել ի նմա զիմաս-
տութիւն. եւ զգիտութիւն ամենայն չարեաց եւ բարեաց. եւ որ
չեն նոյնպէս. 13 եւ յետ այսր ամենայնի մեռուցանէ զնա.
այսպէս ունի իշխանութիւն ի վերայ գործոց իւրոց: 14 իսկ
ապա թէ կորուսցէ զնա. յայնչափ ժամանակս ստեղծեալ եւ ծնեալ
աշխատութեամբ. եւ ցաւօք եւ վաստակօք սնուցեալ եւ խրատեալ
դիւրին կարգօք՝ զի՞նչ օգուտ իցէ: 15 Եւ մինչդեռ զայս
խորհէի. բացի զբերան իմ. եւ սկսայ աղաչել զբարձրեալն՝ եւ
ասէի. տէր աստուած իբրեւ զաստուած գործոց ողորմեա եւ քում
արարածոց եւ օգնական լեր քում ստացուածոց. եւ աւելի եւս
քում ժողովրդեանս. վասն որոյ. ես սգամս 16 եւ ժառանգու-
թեան քում. վասն որոյ ես տրտմեալ եմ եւ ազգիս իսրայելի.
վասն որոյ ես սգամ եւ զաւակի աբրաամու՝ վասն որոյ ես խռո-

| բերովք] իւրովք D* I V երիւրովք B երովք M S P C Z էր իւրովք T 12 առ] om T | իմաստութիւն K զիմաստութեամբ M S | որք T 13 իշխանութիւն] om K 14 այնչափ B T | ժամանակ P C I Z | վաստակօք] հեծութեամբ G 15 բերան B | զաստուած] A N* + ի քում I Z + քում rel | գործոյ M S | ստացուածոց---քում 1^0 (vs 16)] om B T: hmt | յաւելի G^{0}M S I | ժողովրդեանն E Q ժողովրդեան I Z | վասն որոյ---քում (vs 16)] om F* marg F^1: hmt | սգամս] զգամս R 16 սգամ --որոյ ես 4^0]

13 զնայ L | վերա V 14 կորուսցէ] ւ above ln Z^0 | զնայ L T | կարգաւք C illeg P | աւգուտ B P 15 մինչդէռ B | զայս խորհէի] mostly illeg P | խորհեի C | սկսայա Q L G | ողորմեայ M S P C I Z | աւգնական B P | լեր above ln I^0 | վասն որոյ1^0 ---իսրայէլի] om T* marg T^0: hmt | սգամս] ս 1^0 above ln K 16 իսրայեղի D K G L R I աբրահամու F J K B | որոյ 3^0] որո L S 17 հախս L T

վեալ եմ. 17 հայիս ի մեզ՝ եւ հաշուիս զմեզ եւ զյանցանս
մեր. 18 զի լուայ ես զանխնայութիւն մեծ զոր առ յապայն
լինելոց իցէ 19 վասն այնորիկ արարիչ ամենայնի երկայնամիտ
բարձրեալ. լուր ձայնի իմում. եւ ունկն դիր բանից իմոց՝ զոր
խօսիմս առաջի քո՝ յաղաւթս կալ առաջի քո:

Աղօթք մարգարէին եզրայ:

20 Որ բնակեալդ ես յաւիտեան՝ որոյ աչք զամենայն ինչ հաւաս-
տեաւ տեսանեն եւ քննեն. եւ վերնայարկք իւր. յօդս. 21 որոյ
աթոռ անճառ՝ եւ փառք անպատում. զորով շուրջ կան բազմութիւնք
<զօրաց հրեշտակաց> երկեղիւ պաշտել՝ 22 եւ հրամանաւ նորա եւ
բանիւ զօգիս ի հուր դարձուցանէ. 23 որոյ բանն անշարժ եւ
հզօր զամենայն յօր<ի>նէ ըստ իւրաքանչիւր կարգի որոյ հրամանն
սաստիկ՝ եւ կարգն ահաւոր. որոյ հայելն ցամաքեցուցանէ զան-
դունդս. եւ բանն սպառնալեաց պատառէ զերկիր. զամենայն զոր

om M S: hmt | զաւակի] + քում B 17 զմեզ] ի մեզ
P C I Z ընդ մեզ T 18 ապայն C | իցէ] է S T
19A ամենայն M S P | ձայն R I | դիր] om N* G D V M S P*
above ln N^0 P^0 լուր C I Z | մարգարէին] սրբոյն R
20 եւ2^0] om R | վերնայարկ C I Z | իւր] om M S
21 յաթոռ C | անճառ] + է B T | փառքն T | զորով]
յորով T | <զօրաց հրեշտակաց>] ~ A 23 անշար D* M
C I Z ժ above ln D^3 + է L T | օրինէ E C ↓ | սաստիկ]
+ է T | կարգնն Q | զանդունդն E | զեղեալն]

↑18 լուա E G P լըւա L 19 խաւսիմս P | յաղաւթս] A R
M I յաղօթս rel | քոյ K T | աղաւթք G R P C I Z |
մարգարեին C մարգար B | եզրա E 20 որ] ո J ր
I om init | բնակեալդ---հաւաստեաւ] red lett mostly illeg Z
| քնեն P C | վերանայարկք E | յաւդս P 21 զաւրաց
P | երկիւղիւ E G R M S C I Z T 22 դարձոցանէ N D
դարձոյցանէ Q 23 հզաւր P | յօր<ի >նէ] յօրէնէ A
յաւրինէ P I ↑ | յոչնչէ V | ըստեղծու K ստեղու R |

կամի յոչընչէ ստեղծու. եւ զեղեալն զօրութեամբ փոխէ. որոյ
ճշմարտութիւնն վկայէ. 24 լուր ձայնի ծառայի քո. եւ ունկն
դիր խնդրուածոց պաշտօնէի քում. անսա բանից իմոց՝ 25 մինչ-
դեռ կենդանիս եմ խօսեցայց. 26 մի հայիր ի գլորումն որք
ունին կամս պահել զհրամանս քո՝ յաղթեալ են ի խորհրդոց չարին,
այլ ողորմեաց իբրեւ բարերար եւ փրկիչ. եւ խնայեա եւ հաստա-
տեա իբրեւ զղարմանիչ. որ դու միայն ես առանց (215ա) մեղաց՝
այո խնդրեմ ի քէն՝ մի հայիր յանցանս ժողովրդեան քո. այլ որք
<ուղիղն> ծառայեցին քեզ ճշմարտութեամբ 27 խնայեա. մի հա-
տուցանէր ըստ գործս իւրեանց անօրինաց. այլ վասն այնոցիկ որք
երկեղիւ պահեցին զուխտ քո խնայեա. 28 եւ մի ածեր զմտաւ
<վասն> այնոցիկ ոյք գնացին չարութեամբ առաջի քո. այլ յիշեա
որք կամօք զերկեղ քո ծանեան. 29 եւ մի կամիր կորուսանել՝

զսեղեալն Q զեղեալսն T | ճշմարտութիւն E Q B S
26 կամս] կեանս G* կեամս G^0 | եւ 1^0] om I | եւ 2^0]
om R | որ դու] որդւոյ I | այո] այլո E | քո 2^0]
om I Z | <ուղիղն>] ուղիղ են A 27 խնայեա] + եւ T
| ըստ գործս] զգործս F* զ eras ըստ marg F^0 | ըստ]
om J* above ln J^0 | անօրինացն L R | զուխտս T ↓
28 <վասն>] om A | այնոցիկ] այնորիկ S | որք] որ R
29 զքարսն] զքանսն F J զքանս R զքարս G | անասնոյ

զաւրութեամբ Z 24 քոյ K | պաշտաւնէի P I պաշտօնեի
C | անսա] A E K G L R P C անսայ rel 25 մինչդէռ B |
խաւսեցայց P 26 քո 1^0] քոյ T | որորմեաց R* ողոր-
մեաց R^0 | խնայեայ M S P C I Z T | հաստատեայ M P I Z T
over eras wd D^0 | հայիր] eras 6 lett follows E |
քո 2^0] քոյ K G^0 T 27 խնայեայ 1^0 M S I Z T | անաւրի-
նաց P | երկիւղիւ E M S C I Z T | զուխտտ տ 2^0 eras mk
R ↑ | քոյ T | խնայեայ 2^0 M S P C Z 26 քո 1^0] քոյ
K T | յիշեայ M | կամաւք P | զերկիւղ M P C I Z T
29 զթութեամբ] թ 2^0 over բ C^0 30 քոյ T 32 զործ-

որք զքարսն իւրեանց անասնոց նմանեցուցին. այլ հայեաց զթու-
թեամբ 30 ի ծառայս քո որ ի քո փառս յուսացեալ են. 31 զի
մեք եւ որ յառաջ քան զմեզ արժանի մահու կամաց գործեցաք. դու
տէր մարդասէր. վասն մեր մեղաւորաց երկայնամիտ կոչեցար.
32 զի թէպէտ եւ մեք ընդ որպիսի բարուք գործովք էաք. եւ
ոչինչ ըստ կամաց քոց արարաք. այլ զհետ մարմնոյ պղծութեան
գնացաք. դու զթացիս ողորմել. յայնժամ կոչեսջիր ողորմած.
33 քանզի սուրբք քովք կամօք գործեցին սրբութեամբ. ոչ են
կարօտ ողորմութեան. զի յիւրեանց գործոց ունին զվարձս հատու-
ցմանն. 34 զին՞չ եմք մեք մարդիկ՝ զի բարկացիս մեզ
35 ստուգութեամբ. ոչ ոք է ի վերայ երկրի ծնեալ որ ոչ մեղաւ.
36 յայսմ ծանիցի քո զթութիւնդ. յորժամ ողորմեսցիս եւ ներե-
սցես մեզ. եւ թողցես զամբարշտութիւնս մեր՝ որք ոչ ունին
զհիւթ բարեաց գործոց: 37 Ետ պատասխանի ինձ տէր եւ ասէ
ցիս. եթէ դառնալով դարձցին առ իս մեղաւորք յամենայն սրտէ
իւրեանց 38 ոչ խորհեցայց ըստ առաջին մեղաց նոցա հատուցա-
նել. այլ ի վախճանի ելից հոգւոց նոցա. որպէս զտից եւ դատե-

K 30 քո փառս] ~ E 31 եւ 1°] om I* above ln I° | մեղաւորացս T 32 զի---որպիսի] om C | մարմնոյս C I Z | գնացաք] + եւ T 33 սուրբք] սրբովք E սուրբ V | քովք] om E* marg E^1 քոյովք T | սրբութեամբ] + եւ T | ողորմութեամբ C I Z | իւրեանց E C I Z T | գործոցն R T 34 բարկացցի I Z 35 ստութեամբ I 36 ծանիցէ I Z | զթութիւնդ] զիտութիւնդ C I Z | մեր] մեզ I Z 37 ամենայն B M S P C T 38 խորհեցոյց B | հոգւոց նոցա] ~ I Z | զտայց I Z | որ] զի C 39 յարդարն

ւովք P | եաք C 33 կամաւք P | կարաւտ R 34 մարդիկք C I Z 35 վերա V 36 զամբարըշտութիւնս J R զամպարշտութիւնս Z 38 վախճանի] eras 4 lett follows

ցայց. եւ այնպէս ուրախ եղէց ի նոսա որ դառնան ի բարի գործս.
39 որպէս ուրախ իցեմ յարդարս իմ. 41A նմանեցո զիս միամիտ
մշակի. որպէս մշակ՝ վարէ՝ տնկէ՝ որչափ եւ կամի՝ եւ յօժարէ.
եւ ըստ ժամանակի իւրաքանչիւր խնամ տանի որպէս պարտ է.
թէպէտ լինիցի ի նոցանէն ումեք տկարանալ եւ մերժենալ
յապականութիւն. որոց ի դէպ զհոգաբարձութիւնն առնէ.
41B եւ եթէ հոգաբարձութեամբն յաղթէ՝ ուրախութեամբ
ուրախ լինի. զի որ տկարանալն կամէր զօրացաւ. ապա
թէ ոչ ինչ օգտիցի ի դէպ ժամանակի. հոգաբարձութիւնն ի
բաց եղիցի՝ լի տրտմութեամբ. այսպէս եղիցին ի վերայ երկրի.
երկայնամիտ լինիցի ի վերայ նոցա բարձրեալն. զի թէ զղջացին
ընդ այն զոր անօրինեցանն. գործեցին զբարիս՝ ապա թէ ոչ տան-
ջեսցին: 42 Պատասխանի ետու՝ եւ ասեմ. որովհետեւ միանգամ

L 41A զիս] om E | վարէ] + եւ T | տնկէ] om E*
marg E^{1} | եւ ըստ---պարտ է] om I | խնամս T | է]
+ եւ T | թէպէտ] + եւ R | լինիցին R | նոցանէ
E Q B | յանապականութիւն B | դէպ] + է T | զհոգաբար-
ձութիւն E Q I Z զհոգոբարձութիւն B զհոգայբարձրութիւն
C զհոգաբարձրութիւն V 41B հոգաբարձութիւնն R ↓ |
հոգաբարձութիւն E B հոգաբարձրութիւն Q հոգայբարձրու-
թիւն C | եղիցին] + եղիցին R: dittog | զի 2^{0}] om I*
marg I^{0} | անօրինեցանն] օրինեցանն E Q G C | զործեսցին
T | բարիս B T | թէ 2^{0}] om B 42 ինձ 2^{0}] om I Z

G | հոգոց L M I Z | նոսայ M S 41A նմանեցո] A E K
G^{0} L R նմանեցոյ rel յ eras G | մերժանալ C
41B հոգէբարձութեամբն G հոգաբարձրութեամբն S
հոգայբարձրութեամբն C ↑ | ապայ M S | աւգտիցի B |
եղիցի 1^{0}] + հանդերձ eras D | վերա 1^{0} V | լինիցի] ն
over ց Z^{0} | թէ] above ln G^{0} եթէ R B T | գործեցին] ի
over ե G^{0} 42 աղաչեմ զքեզ] om R* above ln R^{0} | ասայ

ներեցեր ինձ խօսել առաջի քո. աղաչեմ զքեզ՝ ասա ինձ ծառայի
քում. 43 սերմանիք մշակին՝ եթէ ոչ առցեն չափով զանձրեւն՝
չորանա. 44 նոյնպէս եւ մարդ որում դու ոչ ողորմեցիս՝ ոչ
կարէ ապրել. 45 վասն այսորիկ խնայեա տէր ի ժողովուրդ քո՝
եւ ողորմեաց ժառանգութեան քում քոց ստացուածոց. եւ գործոց
ձեռաց քոց ողորմեցիս: 46 Ետ պատասխանի եւ ասէ ցիս՝
50 թշուառութեամբ թշուառացին մարդիկ որ բնակեալ են յայսմ
աշխարհի փոխանակ զի բազում ամբարտաւանութեամբ գնացին. եւ
վասն հանդերձեալ ժամանակին՝ ոչ գտաւ ի նոսա ումեք գիտութիւն.
51 այլ դու վասն քո ած զմտաւ. եւ վասն փառացն որ քեզ մնայ
հոգայ. 52 զի բաց կայ քեզ ճշմարիտ դրախտն. եւ տնկեալ ծառն
ճշմարիտ դրախտին. եւ պատրաստեալ են կեանքն հանդերձեալ փափ-
կութիւնն. շինեալ է քաղաքն՝ յօրինեալ է հանգիստն. պաճուճեալ
է բարութիւնն: 53 կնքեալ է· ի ձէնջ հիւանդութիւնն. խափա-

43 զանձրեւս T 44 մարդն T | յորում M S | ողորմիս R 45 այնորիկ M S | ժողովուրդս B T | ողորմեաց] ողորմեա T + ի C | ողորմեցիս] ողորմիս R: cf vs 44
50 որք R | յաշխարհի C աշխարհիս T | բազում ամբարտա-ւանութեամբ] ի բազում ամբարտաւանութեան L ↓ | գիտութեամբ E Q գիտութեան L 51 հոգայ] հոգւոյ C I հոգոյ Z 52 դրախտ V D* ն above ln D^3 | տնկեալ--- դրախտին եւ] om K R: hmarkt | ծառ S | դրախտին] om E* marg E^1 | փափկութիւն E Q փափկութեանն V R M S P C I Z T փափութեան B | շինեցէ E Q* + ի S | բարութիւն E Q B S 53 հիւանդութիւն E Q B S + եւ T | մահն T |

R T M S Z 43 եթե C | չորանա] A N E Q D F J R V չորանայ rel 45 խնայեայ M S P | քոյ T 46 ետ] om init C 50 ի բազում ի eras D | նսայ M S | ումեք] om J* marg J^0 ումէք R 51 մնա E Q G L R B I | հոգա E G R 52 կա G L B 53 դժոխք] ժ over ի Q^0

նեալ է ի ձէնջ մահ. յամօթ եղեն դժոխք. հալածեալ է ի ձէնջ
ապականութիւն. 54 անջատեալ է ի ձէնջ ամենայն աշխատութիւն.
յայտնեալ են ձեզ գանձք անմահութեան. 55 մի եւս աղաչեր
վասն կորըստեան ժողովրդեանն. 59 զի որպէս ձեզ պատրաստեալ է
որպէս վերագոյնն ասացի. նոյնպէս եւ նոցա պապակումն հանդեր-
ձեալ են եւ տանջանքն: 60 Ես արարի զմարդն զի պահեսցէ
զհրամանս իմ եւ խորշեսցի ի մահուանէն յաւիտենից. նոքա յամե-
նայն ժամու հանապազ դառնացուցին զիս. 61 վասն այսորիկ
դատաստան իմ հաստատուն է. 62A եւ խօսեցայ ընդ տեառն եւ
ասացի. աղաչեմ զքեզ տէր խօսեաց ընդ թշուառական ժողովրդեանն.
զի լուիցեն ի քէն եւ հաւատասցեն. երկիցեն եւ դարձցին՝ եւ մի
կորիցեն. այլ ապրեսցին. 62B զի եթէ այլ ոք խօսեսցի. թե-
րեւս ոչ հաւատասցեն յայսմ ի մարդկանէ: 62C Եւ պատասխանի
տէր եւ ասէ՝ ես յամենայն ժամ ծառայից իմոց որ հաճոյ են ինձ
երեւեցուցի զանձն իմ. եւ խօսեցայ ընդ արժանիս իմ. իսկ այլո-
ցըն ի ձեռն մարդկան ծանուցի զիս. 62D ես եմ տէր որ քննեմ

ամօթ E Q 54 ամենայն] om E^* T above ln E^2 | յայտնեալ---անմահութեան] om E^* marg E^2 | են] + ի C I Z
59 ձեզ---որպէս 2^0] om B T: hmt | է] om E | որպէս 2^0] որ L D^* պէս above ln D^3 | վերագոյն L B T | հանդերձեալ են / եւ տանջանքն] ∾ T 60 ես] եւ Z | արարին C | զմարդկան Q | յաւիտենից] + եւ T | ամենայն M S P
61 դատաստանս C I Z 62A թշուառականն E Q | դարձինն C 62C տէր] om G^* V marg G^0 | ամենայն B P | երեւեցուցից I Z | արժանս E Q արժանիսն T | իսկ այլոց] om F^* marg F^1 | իսկ] om S 62D քննեն M S

54 գանձք] ձ above ln F^0 55 աղաչէր C | կորըստեան] A K L R M S կորստեան rel 59 եւ 2^0] above ln G^0
62A խօսեցա E L I 62C եւ ասէ ես] after իմոց small
ք ա over յամեմայն and եւ ասէ ես C | խօսեցա E L I

զսիրտս եւ զերիկամունս. եւ ճանաչեմ զմարդն որ յառաջ քան
զելանել նորա յորովայնէ. ես գիտեմ եթէ խօսեցայց ընդ նոսա
յանդիման. նոքա ոչ հնազանդեցին այլ առաւել եւս ստամբակեւ-
ցին ստամբակելով: 62E Ետու պատասխանի տեառն եւ ասեմ.
խնդրեմ ի քէն բարձրեալ՝ ընդէ՞ր ոչ տուաւ մեզ այնպիսի սիրտ՝
զի գիտասցուք միայն զբարի՝ եւ զայն միայն արասցուք. եւ նմա
միայն ցանկասցուք. եւ զնա միայն գիտել քաղցր. 62F այլ
յորժամ առաք զչարին գիտութիւնն՝ ընդ այն կամիմք զոր դուն
ատես. 62G ընդէ՞ր իսկ բնաւ ստեղծեր զմարդն. զի զայն ունի-
ցիմք՝ եւ նովաւ մեղանչիցեմք: 62H Ետ պատասխանի ինձ տէր եւ
ասէ. ես արարի զմարդն զի մի կորիցէ՝ այլ զի զայս կեանս
պատուով կեցցէ. եւ զայն կեանս ժառանգեսցէ. 62I եւ հանգոյն
հրեշտակաց իմոց ետու նմա զիմաստութիւնն. գիտել եթէ զի՞նչ է
բարին՝ եւ կամ զի՞նչ է չարն. 62J եւ պատուեցի զնա. եւ
ետու նմա իշխանութիւն (215բ) առնել զոր եւ կամիցի. եւ հնա-
զանդ արարի նմա զամենայն որ ի ներքոյ երկնից զի իշխեսցէ
նոցա. 62K ետու օրէնս եւ պատուիրանս. զի աստ մարթասցեն

| զելանելն E T | խօսեցայ R | յանդիման] + եւ T |
զայլ M S | ստամբակ ասելով R 62E այսպիսի C
62F գիտութիւն E Q B 62G իսկ բնաւ] ~ B T | մեղանչի-
ցիմք E G P 62I եւ 1^0] om T | հանգոյն] զհոգւոյն E
զհոգոյն Q | զիմաստութիւն E Q B T | եւ2^0] om E G
62J պատուեցին C I Z | ետուն I Z | զիշխանութիւն E |
եւ 2^0] om G^0 ↓ | արարին I 62K inc] + եւ T | ետու]
+ նոցա T | զօրէնս M S | զպատուիրանս R | զի աստ]
զիարդ R I | մարթացին E | կեալ] կալ R

62D նոսայ M 62E այնպէսի S | նմայ D T յ dotted D
| զնա] զայ G* ն above ln յ eras G^0 62H կեցցէ] ց
above ln Z^0 62J զնայ L | զոր եւ---արարի նմա] om G*
marg G^0 ↑ | ներքո E Q L Z 62K աւրէնս B 62L նայ

կեալ. եւ կամ որպէս զանմահ բարիսն ստացին. 62L իսկ նա զայնպիսի իշխանութիւն յինէն առ՝ զոր բարւոք ստեղծեալ էր՝ ոչ բարւոք ի կիր արկ եւ մեղաւ. ոչ եթէ յոռի ինչ ստեղծի այլ զամենայն զոր արարի բարի յոյժ. իւրաքանչիւր որ եղեն ի պէտս իւրեանց եղեն: զի որպէս եղեւ երկաթ ոչ զի սպանցէ՝ այլ զի զերկիր գործիցէ. եւ ի պէտս մարդկան եղիցի. 62M իսկ մարդիկ ոչ յոր ստեղծան ի նմին կացին. այլ որ ոչն գործեցաւ բարւոք՝ յայն ձեռնամուխ եղեն. նոյնպէս եւ զայլ ինչ բարւոք եղեալ ի չար փոխեցին. 62N ոչ այսուհետեւ որ բարւոքն ստեղծիցէ պատճառք՝ այլ որ ոչն վայելեաց բարւոք. թշնամանեաց զարարիչն նոցունց. վասն այնորիկ կան մնան նոցա տանջանքն. 62O զի որք յինէն եղեալն իցեն. ամենեցուն պարտ է նոքօք առաջնորդեալ զիտասցեն զիս. նա եւ որ ոչն վայելեաց ի նոցանէն ծանեաւ զիս: ղաղարեա այսուհետեւ՝ եւ մի ինչ հոգար վասն նոցա: 63 Ետու պատասխանի եւ ասեմ խնդրեմ ի քէն տէր՝ ոչ պահեա զոխս. ոչ ու-

62L իշխանութիւնն R | ստեղծեալ---բարւոք 2^0] om M S: hmt | յոռի] յառի C I | բարի] + էր T | եղեն 2^0] om R | գործեսցէ L R 62M յոչ R | յոր] որ T | կային M S | յայնմ---բարւոք 2^0] om β: hmt 62N կան] + եւ T | մնասն S 62O եղեալքն E T | առաջնորդել R T + եւ T | ղաղարեաց J S I Z ↓ 63 ժոյժ] յոյժ β | չհարցանել] ցհարցանել R P | լուր---վասն այսորիկ 2^0]

T | ըստեղծեալ E | արկ] ակ Q* ր above ln Q^0 | եթե C | ստեղծ E* ի above ln E^0 | պէտս 1^0] պետս C I | եղեն 2^0] եղէն E C | այլ] eras 1 let precedes E | երկիր G* զ above ln G^0 | պէտս2^0] պետս C 62M եղէն V | բարւոք2^0] բարոք L 62N բարոքն L | բարոք L I | թշնամանեաց] թշնամեաց M S | մնան նոցա] մնանց I 62O զիս] զի I* ս above ln I^0 | ղաղարեայ F M P C T ↑ 63 տէր] ր over ն R^0 | եւ 2^0] om S* above ln S^0 | իցէ]

նի ժոյժ անձն իմ չհարցանել զքեզ՝ վասն այսորիկ լուր ծառայի
քում. վասն այսորիկ յաճախեցեր ինձ զբազմութիւն նշանացն. եւ
ոչ ասացեր ինձ թէ ե՞րբ իցէ կամ որում ժամու:

9:1 Ետ պատասխանի եւ ասէ ցիս տէր. չափելով նշանակեա
դու զգալուստ նշանացն. եւ իցէ յորժամ տեսցես՝ եթէ մերձիցէ
ամենայն առ ի կատարել. 2 յայնժամ իմասջիր զկատարածն. պարտ
է նախ լինել որ ասացան նշանքն. եւ այնպէս զալ կատարածին:
3 Եղիցի ի մերձենալ ժամանակին խռովութիւն ժողովրդոց. շարժ-
մունք տեղեաց հեթանոսաց. նենգութիւն առաջնորդաց. տատանումն
սրբոց. հալածանք քահանայից՝ խոտորումն սուրբ հաւատոց. եւ
երկմտութիւն ժողովրդեան. շփոթ հեթանոսաց. նեղութիւն քաղաքի.
բորբոքումն հրոյ ի տեղիս տեղիս. սասանութիւն բազում. որոշու-
մըն ազգի ազգի քաղաքաց եւ գեօղից. առաւելութիւնք մոլորու-
թեանց յայսոց պղծոց՝ 4 յայնժամ իմացիս՝ եթէ մերձ է վախ-
ճան. 8 եւ որ յայնժամ զտցի ինձ արժանի. նա ապրեսցի եւ
տեսցէ զփրկութիւն իմ. եւ զերկիր նոր. եւ սահմանս իմ. զոր
սրբեցի յառաջ քան զյաւիտեանս. 9 եւ յայնժամ տեսցեն ար-

om E* V* marg E^2 V^0 | որում] A N Q F J K G յորում rel
1 յամենայն I 2 ասացւն T 3 եղիցի] after ժամա-
նակին T | խռովութիւնք L R | ժողովրդոց] + եւ T |
հալածումն K | քահանայից] + եւ C Z | խոտորումն]
խաւարումն T | ժողովրդեանն E Q + եւ T | տեղիս 2^0]
տեղին Q | մոլորութեանս β 8 զտցէ E Q* ի over է
Q^0 | զսահմանսն T | յառաջ] նախ R 9 յայժմ C I Z |

ի over է Q^0
1 նշանակեայ M S P C Z T | նշանացն] ց over կ S^0 | ամե-
նայն] above ln G^0 3 շփոյթ C S | ազգի] ազ∇ I |
գիւղից E T գեւղից K G B C I Z գեղից Q* o above ln Q^0
| առօելութիւնք B 9 զարմասից B: cpt | կա L P I |

համարհոտք. եւ կոծեսցին եւ զարմասցին՝ որ այժմ տեսանեն
զճանապարհս իմ. վասն այնորիկ կայ՝ եւ մնայ նոցա պատրաստեալ
դատաստանն. 10-11 փոխանակ զի ոչ ծանեան զերախտիս օրինացն
իմոց. պահել զամենայն որ ի նմա գրեալն է: 13 Բայց դու մի
խառներ զքեզ ընդ այնպիսիսն զոր քոց հրոյն այրելոց է: 14
Ետու պատասխանի՝ եւ ասեմ. 15 տէր բազում անգամ ասացի՝
16A եթէ բազումք են կորուսեալք՝ եւ սակաւք են ապրեալք. եւ
նոքա բազում աշխատութեամբ. 16B ո՞վ կարացէ զգուշութեամբ
պատրաստել այնպէս, որպէս եւ քո օրէնքն հրամայեն: 16C Ետ
պատասխանի տէր եւ ասէ. ոչինչ ի վեր քան զմարդն հրամայեցի՝
եւ ոչ հնար. բայց ասեմ քեզ համառօտիւք. թէ որպէս դու կամիս
պատուել ի ծառայէ քումմէ զդոյն արա եւ դու ստուծոյ կենդա-
նւոյ. եւ որ քեզ չար թուի՝ դու մի առներ ընկերի քում.
16D եւ որպէս կամիս երախտաւոր լինել եթէ սիրեսցես՝ զնոյն

տեսանեմ L 10-11 աւրինաց R* B ն above ln R^0 օրինաց
I Z T 13 խառներ] խառնիր E խառն ր G* ե marg G^0
խօսէր S | այսպիսիսն V | այրելոցն E 15 ասացի]
+ եւս իմացեմ R 16B օրէնք K | հրամայեսցեն R
16C զմարդկան T | հնար] A N Q F* K G* անհնար rel |
պատուիլ P* T ե over ի P^0 | թուի] չուի I | մի]
after քում T | առնէր / ընկերի քում] A ∾ rel | առնել
E 16D արասջիք P | զայս] զկայս R | զի 2^0] om P

մնա E Q G L B I + eras 5 lett G | պատրաստեալ] տ 2^0 over
g R^0 10-11 նմայ M S 13 ըզքեզ E 16A եւ սակաւք
են ապրեալք] om V* marg V^0 | սակաւ G* ք below ln G^0
սակօք S T 16B աւրէնքն I | հրամաեն L B 16C տէր]
om N* marg N^0 | ըզմարդն G | հրամաեցի B հրայմայեցի
S | համառոտիւք F J համառաւտիւք B | արա] արայ N E
Q D F V B M S I Z | կենդանոյ G C I Z կենդանո L | եւ 4^0]
above ln F^0 16D երեխտաւոր P | եթե C | դիւր] դիր

եւ դու արասջիր. զի եթէ զայս կրել յեղբօրէ քումմէ՝ քեզ
դիւր թուեսցի. եւ դու նմա արասջիր. զի զձերդ՝ իսկ ձեզ պա-
տուիրեցի. 16E զի որպէս եւ կամքն են՝ նոյնպէս եւ գործքն.
եւ որպէս գործքն են՝ նոյնպէս եւ վարձքն. 16F Կորիցէ անզ-
զամն եւ անմիտ ազգ. եւ ապրեսցին պատուականքն՝ եւ մարգարիտքն.
զի ոչ կամիմ ընդ բազմութիւն ամբարշտաց. որպէս փափագեմ սա-
կաւուց եւ սրբոց. 16G այսպէս եղիցի՝ եւ այս կացցի. եւ այս-
պէս սահմանել է յինէն. եւ ոչինչ ի նոցանէն անցցէ՝ մինչեւ
եղիցի դատաստան եւ վախճան բանից իմոց: 16H Եւ իբրեւ դադա-
րեաց տէր ի խօսելոյ ընդ իս. եւ տեսանէի զփառս <բարձրելոյն>
բիւրապատիկ լուսաւորագոյն քան զարեգակն. յայնժամ դեռ եւս
ունէր զիս ահ եւ դողումն յայնչափ ի փառացն. զայր առ իս
հրեշտակն՝ որ յառաջնումն խօսեցաւ ընդ իս՝ 16I եւ զօրացոյց
զիս՝ եւ դարձոյց զզարմանս իմ յիս. եւ պատուէր ետ ինձ եւ ասէ.
մի երկընչիր՝ եւ մի դողար. զի զտեր մեծ շնորհս առաջի աստու-

| իսկ ձեզ] A ~ rel 16E կամք R | եւ գործքն 1^0 --- նոյնպէս 2^0] om B T: hmt | գործքն 1^0] գործք R | որ-պէս 2^0] + եւ E Q D F K G R C I Z 16F անզզամ M S 16G եղիցի 1^0] om C 16H ի 1^0] om C I Z | զիս] զի E | յայնչափ] անչափ P | ի2^0] ել ի T | յառաջանումն G 16I զարմանս M S C I Z | զտեր] զիտեր P 23 եւս]

I* ւ above ln I^0 | թըւեսցի eras follows ւ J | նմայ M S 16E գործքն 1^0] գործն P* ք above ln P^0 16F ամբարըշտց K R ամպարշտաց I Z | փափաքեմ G B M S P C փափկազեմ I 16G կացցի] կեցցի G* ա over ե G^0 կացի B կացցէ C 16H խաւսելոյ B | տեսանեի C | < բարձրե-լոյն >] բարձրե∇ րելոյն A: dittog | դէռեւս B | խոսեցաւ C 16I զաւրացոյց P | ըզզարմանս B space 3 lett before ս G | երկընչիր R երկնչիր Z | մի2^0] om P* above ln

ծոյ. 23 պա՛հեա դու այլ եւս աւուրս եւթն. 24 երթեալ ի
դաշտն՝ ուր ոչ զուցէ տուն՝ կամ յարկ. եւ ոչ այլ ինչ. բայց
միայն ծաղիկք. եւ մի ինչ ճաշակեսցես. բայց միայն ի
ծաղկաց դաշտին ու՞ր դուն իցես. 25 եւ խնդրեա ի
բարձրելոյն առանց ծանծրանալոյ. եւ յետ այնորիկ եկից ես առ
քեզ. 26 եւ գնացի ես <ըստ> բանի նորա ի դաշտ. ի տեղին որ
անուանեալ կոչի արդափ. եւ նստայ անդ ի վերայ ծաղկացն. եւ
ճաշակէի անտի. եւ լինէր ճաշակն նոցա ինձ ի քաղցրութիւն եւ
յագումն. եւ ի կարողութիւն զօրութեան իմոյ: 27 Եւ եղեւ
յետ աւուրց՝ մինչ բազմեալ կայի ես ի վերայ խոտոցն՝ եւ դար-
ձեալ խռովէր յիս սիրտ իմ որպէս զառաջինն՝ 28 եւ բացաւ
բերան իմ. եւ սկսայ խօսել առաջի բարձրելոյն եւ ասել. 29
ո՞վ տէր աստուած որ ամենայն հոգւոց արարիչ ես. յայտնելով

om R 24 զուցէ] զտցէ L + ի M S | յայլ C V | միայն] + ի Q | ճաշակեսցես] + եւ E Q 25 խնդրես R 26 ես] om L D* P* above ln D^0 P^0 | <ըստ>] ընդ A | արդաք E արփաղ R արթափ T | նստաց C նստայց I Z ↓ | ծաղկանց M S I* ցն over նց I^0 ↓ ծաղկացն Z | ճաշակէ-ին I | անտի] անդ L ↓ 27 աւուրցն B | խոտոյն Z 28-29 ասելով E Q B M S P* 29 ով] om T | յերկիր G |

P^0 23 պա՛հեայ M S Z 24 երթալ E G | բաց P* յ above ln P^0 | ծաղկք Q* ի above ln Q^0 + եւ մի ինչ ճաշա-կեսցես բայց միայն ծաղիկք and eras V | ճաշակեսցիս J* ե over ի J^0 ե1^0 over ճ Z | ծաղկանց R T | ուր] ու D* ր above ln D^0 25 խնդրեայ M S Z | ծանծրանալո L S 26 անուանեալ N E Q D F J V | նստա E L B P ↑ | ծաղկանցն R T | անդի K R* տ over դ R^0 ↑ | կարողու-թիւն] կ over ի R 27 կաի L B | վերա V | խօտոյն K 28 սկսա E L P C | խաւսել P 29 հոգոց L M P C I Z | յայտելով N* ն above տ N^0 | ելանեին C |

յայտնեցար հարցն մերոց յերկիրն յանապատ՝ յորժամ ելանէին
յեգիպտոսէ՝ անցանելով ընդ անապատն (216ա) անջուր եւ անպ-
տուղ. եւ ասացեր գնոսա. 30 Թէ լուարուք որդիք իսրայելի. եւ
ունկնդիր լերուք բանից իմոց զաւակդ յակոբայ. 31 ահաւասիկ
ես սերմանեմ զօրէնս իմ. եթէ արասցէ պտուղ՝ փառաւորեցայց ի
ձեզ. իսկ հարքն մեր ոչ պահեցին զօրէնս քո՝ վասն այնորիկ կո-
րեան. 36 նոյնպէս եւ մեք որ ընկալաք զօրէնս քո յանցեաք
եւ անօրինեցաք. 37 բայց օրէնքն քո ոչ կորեան. այլ մնաս-
ցին ի փառս իւրեանց: 38 Եւ մինչդեռ զայս ընդ իս խօսէի.
համբարձի զաչս իմ. եւ տեսի յաջմէ կողմանէ. եւ ահա կին մի
կոծէր եւ ցտէր եւ լայր մեծաբարբառ յոյժ պատառեալ զհանդերձս
իւր. եւ արկեալ մոխիր զգլխով իւրով. 39 եւ Թողուի զառաջին
զբանս իմ յորում էին զմտաւ ածեալ զարմանայի՝ Թէ <յ> այսպիսում
տեղւոջ կին մարդ երեւեցաւ: Դարձեալ առ նա ասէի գնա. 40 Թէ
ընդէ՞ր կոծիս դառնապէս: Ետ պատասխանի եւ ասէ ցիս՝ 41 Թոյլ

յանցանելով T | յանապատն G 30 ունկնդիր լերուք] ունկն դիք R 31 այսորիկ J 36 նոյնպէս---կորեան (37)] om R: hmt | յանօրինեցաք B C I Z T 37 բայց] բաց K | մնասցին] A N E Q J K G մնացին rel 38 կոծէր] զործէր C | ցտէր] + եւ ցտէր B: dittog ↓ | զմոխիր գլխով C I Z 39 էին] էի T | ածեալ] + եւ T | զարմանային S | <յ>այսպիսում] այսպիսում A E M S | կին] էին T | նա] + եւ T | ասէի] ասէ β 40 կոծես K 41 ինձ]

յեգւպտոսէ P | գնոսայ M S 30 իսրայեղի D K G L R S P I | յակովբա L յակովբայ C T 31 զաւրէնս 1^{0} 2^{0} B | ի] om J* above ln J^{0} 36 ընկալան G* ք over ն G^{0} | քոյ T 37 քոյ T 38 մինչդէո B | խօսեի C | մի] մ over ն Q^{0} | կոծեց Q* ր over ց Q^{0} | ցտր. as nom sac M S C ↑ | զգլխով] խ above ո N^{0} 39 տեղոջ L Z | նայ L 41 եմ] ե above ln A^{0} 42 ասայ M S R 43 քոյ

ընդէ՞ր լաս եւ ընդէ՞ր կոծիս դառնապէս: Ետ պատասխանի եւ
ասէ ցիս՝ 41 Թոյլ տուր ինձ տէր. զի լացից զիս՝ եւ
յարելից աշխարել զի յոյժ դառնացեալ եմ յոգի իմ. եւ լի եմ
տառապանօք: 42 Եւ ասեմ ցնա. զի եղեւ ասա ինձ. եւ ասէ
43 ամուլ եղէ ես աղախին քո՝ եւ ոչ ծնայ զերեսուն
ի գիշերի. 45 եւ եղեւ յետ երեսուն ամի եւ լուաւ աստուած
աղախնոյ քում. եւ հայեցաւ ի տառապանս իմ. եւ ետ մեզ որդի՝
եւ ուրախ եղաք ի նա ես եւ այր իմ. եւ ամենայն քաղաքակիցք
ամ կեցեալ ընդ առն իմում. 44 եւ ես հանապազ օր եւ
ժամ յերեսուն ամն յայնս խնդրէի ի բարձրելոյն ի տուէ եւ
իմ. եւ փառաւորեցաք զաստուած. 46 եւ սնուցաք զնա աշխատու-
Թեամբ բազմաւ. 47 եւ եղեւ յորժամ աճեաց եւ զարգացաւ. եւ
կամէաք առնուլ նմա կին. եւ առնէաք օր ուրախութեան.

10:1 եւ եղեւ իբրեւ եկն որդին յառագաստս իւր՝ անգաւ
եւ մեռաւ. 2 եւ անցուցաք զլոյսն. եւ յարուցաք փոխանակ մեծ
ուրախութեանն սուգ անչափ. եւ յարեան ամենայն քաղաքակիցքն իմ
վասն նորա. մխիթարել զիս. եւ յետ բազում մխիթարելոյ զիս դա-

om I Z | աշխարել] A M S յաշխարհել K G V R T ապաշխա-
րել I յապաշխարել Z յաշխարել rel | ոգի C
42 եւ 1^{0}] + ես L R | եղեւ] + քեզ R 44 եւ 2^{0}] +
յամենայն T | երեսուն P^{0} eras յ P 45 աստուած]
տէր M S | քաղաքացիկք E 46 բազում E 47 կամեցաք
B T | զարգացաւ] K lacuna from here to 11:31 to որ կամէին
1 յառագաստս] A յառագաստ rel 2 յանցուցաք B T |
ուրախութեան E Q | ղաղարեցին I Z | զիս] om E* marg E^{1}

T | ծնա L B P 44 աւր B P | խնդրեի C 45 եղեաք
D L R P C եղէաք V M S 47 կամեաք C | առնեաք C
1 անկաւ G B M S I Z T 2 քաղաքակիցք P* ն above ln P^{0}

ղարեցի մինչեւ ի վաղիւ անդր գիշերոյն. 3 եւ եղեւ իբրեւ
ղաղարեցին ամենեքեան ի մխիթարելոյ զիս. լռեցի եւ ես. եւ
յարեա գիշերի եւ փախեա. եւ եկի այսր. որպէս տեսանես զիս
յայսմ դաշտի. 4 զմտաւ ածեալ մի եւս դառնալ ի քաղաքն. այլ
աստէն դադարել. մի ուտել՝ եւ մի ըմպել. այլ միշտ սգալ եւ
պահել մինչեւ մեռայց: 5 Եւ թողեալ զբանս իմ յորում էին:
Ետու պատասխանի ցասմամբ կնոջն եւ ասեմ. 6 զոր իմանասդ՝
լաւ ինչ իմանաս քան զամենայն կանայս. ոչ տեսանես զսուգս մեր՝
7 որ եհաս ի վերայ սիոնի որ է մայր մեր ամենեցուն. հեծելով
հեծէ երուսաղէմ եւ տրտում է. եւ տառապեալ յոյժ. եւ արդ ոչ
սգաս առաւել յոյժ. 8 զի ամենեքեան ի տրտմութեան եւ ի
զղջման եւ ի սուգ եմք. այլ տրտում ես վասն միոյ որդւոյ քո.
9 հարց ցերկիր՝ եւ նա ասասցէ քեզ՝ թէ պարտ է նմա սգալ.
10 զի այնչափ ծնեալ ի նմանէն բազմութիւն <յ>ապականութիւն
դարձան. 11 արդ՝ ում արժան է սգալ որ այնչափ բազմութիւն

3 ի] om S | եւ 2^0] om G* β above ln G^0 | ես] եկ S | յարեա] + ի Go? | յայսմ] յայմս L 4 աստէն---այլ 2^0] om V: hmt | մինչեւ] մինչ S 5 որում M S C I Z T | էին] էի T 6 իմանայս C | զսուգսդ M S 7 յերուսաղէմ E B C 8 տրտմութեան] տրտման L | այլ] + զի T | վասն] ի վերայ L 9 ցերկիրն E | պարտ է] om B T 10 զի] եւ M S | այնչափ] անչափ C I Z | <յ>ապականութիւն] ապականութիւն A B յապականութիւնն V 11 այնչափ] անչափ I 12 պտուղ R | յորովայնի R B T

| մխիթարելո L Q | գիշերւոյն L R C T 3 մխիթարելո L S | յարեայ N D V R M S P C I Z T | փախեայ G L R M C P I Z | զիս 2^0] զի G* ս above ln G^0 4 ածել B
5 եին C | ետու---կնոջն եւ] om G* marg G^0
6 իմանաստ P 7 էհաս N D F J R | վերա V | սիովնի T 8 որդո L որդոյ P Z | քոյ T 11 եթե C

ընդէ՞ր լաս եւ ընդէ՞ր կոծիս դառնապէս: Ես պատասխանի եւ
ասէ ցիս՝ 41 թոյլ տուր ինձ տէր. զի լացից զիս՝ եւ
յարելից աշխարել զի յոյժ դառնացեալ եմ յոգի իմ. եւ լի եմ
տառապանօք: 42 Եւ ասեմ ցնա. զի եղեւ ասա ինձ. եւ ասէ
43 ամուլ եղէ ես աղախին քո՝ եւ ոչ ծնայ զերեսուն
ի զիշերի. 45 եւ եղեւ յետ երեսուն ամի եւ լուաւ աստուած
աղախնոյ քում. եւ հայեցաւ ի տառապանս իմ. եւ ետ մեզ որդի՝
եւ ուրախ եղաք ի նա ես եւ այր իմ. եւ ամենայն քաղաքակիցք
ամ կեցեալ ընդ առն իմում. 44 եւ ես հանապազ օր եւ
ժամ յերեսուն ամն յայնս խնդրէի ի բարձրելոյն ի տուէ եւ
իմ. եւ փառաւորեցաք զաստուած. 46 եւ սնուցաք զնա աշխատու-
թեամբ բազմաւ. 47 եւ եղեւ յորժամ աճեաց եւ զարզացաւ. եւ
կամէաք առնուլ նմա կին. եւ առնէաք օր ուրախութեան.

10:1 եւ եղեւ իբրեւ եկն որդին յառազաստս իւր՝ անզաւ
եւ մեռաւ. 2 եւ անցուցաք զլոյսն. եւ յարուցաք փոխանակ մեծ
ուրախութեանն սուգ անչափ. եւ յարեան ամենայն քաղաքակիցքն իմ
վասն նորա. մխիթարել զիս. եւ յետ բազում մխիթարելոյ զիս դա-

om I Z | աշխարել] A M S յաշխարհել K G V R T ապաշխա-
րել I յապաշխարել Z յաշխարել rel | ոգի C
42 եւ 1^{0}] + ես L R | եղեւ] + քեզ R 44 եւ 2^{0}] +
յամենայն T | երեսուն P^{0} eras յ P 45 աստուած]
տէր M S | քաղաքացիկք E 46 բազում E 47 կամեցաք
B T | զարզացաւ] K lacuna from here to 11:31 to որ կամէին
1 յառազաստս] A յառազաստ rel 2 յանցուցաք B T |
ուրախութեան E Q | դաղարեցին I Z | զիս] om E* marg E^{1}

T | ծնա L B P 44 աւր B P | խնդրեի C 45 եղեաք
D L R P C եղէաք V M S 47 կամեաք C | առնեաք C
1 անկաւ G B M S I Z T 2 քաղաքակիցք P* ն above ln P^{0}

դարեցի մինչեւ ի վաղիւ անդր գիշերոյն. 3 եւ եղեւ իբրեւ
դադարեցին ամենեքեան ի մխիթարելոյ զիս. լռեցի եւ ես. եւ
յարեա զգիշերի եւ փախեա. եւ եկի այսր. որպէս տեսանես զիս
յայսմ դաշտի. 4 զմտաւ ածեալ մի եւս դառնալ ի քաղաքն. այլ
աստէն դադարել. մի ուտել` եւ մի ըմպել. այլ միշտ սգալ եւ
պահել մինչեւ մեռայց: 5 Եւ թողեալ զքանս իմ յորում էին:
Ետու պատասխանի ցասմամբ կնոջն եւ ասեմ. 6 զոր իմանասդ`
լաւ ինչ իմանաս քան զամենայն կանայս. ոչ տեսանես զսուգս մեր`
7 որ եհաս ի վերայ սիոնի որ է մայր մեր ամենեցուն. հեծելով
հեծէ երուսաղէմ եւ տրտում է. եւ տառապեալ յոյժ. եւ արդ ոչ
սգաս առաւել յոյժ. 8 զի ամենեքեան ի տրտմութեան եւ ի
զղջման եւ ի սուգ եմք. այլ տրտում ես վասն միոյ որդւոյ քո.
9 հարց ցերկիր` եւ նա ասասցէ քեզ` թէ պարտ է նմա սգալ.
10 զի այնչափ ծնեալ ի նմանէն բազմութիւն <յ>ապականութիւն
դարձան. 11 արդ` ում արժան է սգալ որ այնչափ բազմութիւն

3 ի] om S | եւ 2^0] om G* β above ln G^0 | ես] եկ S | յարեա] + ի Go? | յայսմ] յայմս L 4 աստէն---այլ 2^0] om V: hmt | մինչեւ] մինչ S 5 որում M S C I Z T | էին] էի T 6 իմանայս C | զսուգսդ M S 7 յերու- սաղէմ E B C 8 տրտմութեան] տրտման L | այլ] + զի T | վասն] ի վերայ L 9 ցերկիրն E | պարտ է] om B T 10 զի] եւ M S | այնչափ] անչափ C I Z | <յ>ապականութիւն] ապականութիւն A B յապականութիւնն V 11 այնչափ] անչափ I 12 պտուղ R | յորովայնի R B T

| մխիթարելո L Q | գիշերւոյն L R C T 3 մխիթարելո L S | յարեայ N D V R M S P C I Z T | փախեայ G L R M C P I Z | զիս 2^0] զի G* ս above ln G^0 4 ածել B
5 եին C | ետու---կնոջն եւ] om G* marg G^0
6 իմանաստ P 7 էհաս N D F J R | վերա V | սիովնի T 8 որդո L որդոյ P Z | քոյ T 11 եթե C

կորոյս. եթէ քեզ վասն միոյն ողբալ. 12 եթէ ասասցես՝ եթէ
ոչ է նման տրտմութեան երկրին իմ սուգս. զի ես զպտուղ որո-
վայնի իմոյ կորուսի զոր ցաւօք ծնայ. 13 իսկ երկիր ըստ
ճանապարհաց իւրոց գնաց. մերժեցաւ եւ գնաց մօտաւոր սուգ նորա
որպէս եւ եկն. եւ ես քեզ ասացից՝ 14 թէ որպէս աշխատութեա-
մբըն ծնեալ է. նոյնպէս եւ երկիր ետ զմարդն ի սկզբանէ
արարչին իւրում. 15 արդ՝ այսուհետեւ կալ դու զտեղին քո՝
եւ առաքինութեամբ համբերեա վշտացն որ եղեն քեզ: 16 զի եւ
քո որդին յարիցէ ի ժամանակի իւրում. եւ դու ընդ կանայս
անուանեսցիս. 17 դարձ այսուհետեւ անդրէն ի քաղաք առ այր
քո: 18 Եւ ասէ ցիս՝ ոչ արարից զայդ՝ եւ ոչ մտից ի քաղաք՝
այլ աստէն մեռայց. 19 եւ յաւելի խօսել ընդ նմա եւ ասացի.
20 մի առնել զայդ իրըս այլ հաւանեաց վասն տրտմութեանն
սիոնի. եւ մխիթարեաց վասն քաղաքին երուսաղեմի. 21 հայիս
ապաքէն եւ ի նա. զի սրբութիւնն մեր ապականեալ է. եւ սեղանն
կործանեալ է՝ 22 եւ աւրհնութիւնքն դաղարեալ են՝ եւ պար-
ծանքն մեր քակտեալ են. եւ լոյս ճրագին անցեալ է. եւ տապա-

| զոր] զօր M S C I Z | ցաւօքն L R 14 աշխատութեամբ E T | իւրոյ Q 15 համբերեաց I ↓ 17 քո] ոք B 20 առնել] առներ L R | տրտմութեան E Q B 21 եւ 1^0] om E | սրբութիւն E Q B 22 աւրհնութիւնք G | են 1^0] է T | մեր քակտեալ] om B T + պարծանք եւ M

12 եթե 1^0 2^0 C | նըման V | ցաւաւք P | ծնա E L R B P 15 արդ] ր over յ A^0 | համբերեայ M S P C Z ↑ 16 զի եւ---իւրում] om G* marg G^0 17 քոյ T 19 յաւելի---մի (20)] om G* marg G^0 | յօելի B յաւել ի R T | ասացի] ս above ln P^0 20 իրըս] A K իրս rel | սիովնի C T 21 նայ L 22 օրհնութիւնքն D V L R | պարծանք G* ն above ln G^0 + eras 3 lett G | աւտարացեալ

նակն կտակարանաց մերոց ի գերութեան վարեալ է. եւ սրբութիւնն
մեր պղծեալ են. եւ անուն որ կոչեցեալ է՝ ի վերայ մեր յայն-
մանէ օտարացեալ եմք. եւ ազատք մեր թշնամեալ են. եւ քահանայք
մեր լացեալ են. եւ ղեւտացիք մեր ի ծառայութիւն անկեալ են.
եւ կանայք մեր բռնադատեցան. եւ հզօրք մեր ի պարտութիւն մատ-
նեցան. 23 եւ քան զամենայն ոք աւելի անարգեցաւ սիոն.
իբրեւ զանօթ անպիտան. եւ լուծաւ ի փառաց իւրոց. եւ մեք մատ-
նեցաք ի ձեռս թշնամեաց մերոց. 24 բայց դու թօթափեա ի քէն
զբազմութիւն տրտմութեանդ. եւ ի բաց ընկեա ի քէն զյաճախու-
թիւն ցաւոցդ. զի հաշտեսցի ընդ քեզ հզօրն. եւ հանգուսցէ զքեզ՝
ի ցաւոց քոց եւ ի վաստակոց: 25 Եւ եղեւ իբրեւ խօսէի ընդ
նմա. զուարթանային երեսք նորա յոյժ. եւ տեսիլ իւր լինէր
իբրեւ զփայլակն. եւ կերպարանք իւր այսպիսի ահագին առ մեր-
ձաւորս իւր. եւ սիրտ իմ յոյժ զարհուրեալ էր. զմտաւ ածեալ
ասէի՝ թէ զի՞նչ իցէ այս. 26 եւ նա յանկարծակի մեծաւ բար-
բառով աղաղակեաց ահիւ եւ ճչեաց առ ի շարժել երկրի ի ձայնէն.
27 տեսանէի՛ եւ ահա ոչ եւս երեւէի ինձ կինն. այլ քաղաք շին-
եալ ի հարուստ հիմանց՝ զարհուրէի՛ եւ աղաղակէի մեծաբարբառ եւ

(եւ above ln M^0) + պարծանք S | գերութիւն G |
սրբութիւն E Q B | ազատ B | թշնամեալ] A K R* C I Z
թշնամանեալք T թշնամանեալ rel | եւ քահանայք---
լացեալ են] om I: hmt | ղեւտացիքն T | բնադատեցան
D* n below ln D^3 23 յաւելի C I Z
24 յաճախութիւն E 25 իւր] նորա L 26 երկրի]
երկիր C I Z 27 ահա] + եւ E | եւս] om I Z

B P | անկալ P* ե above ln P^U անգեալ T 24 թօթա-
փեայ R M S P Z | ընկեայ R M S C Z T | հանկուսցէ L
25 խօսեի C | ասեի C 27 տեսանեի C | երեւէր] էր
եւ էր T | հարուստ C | զարհուրեի եւ աղաղակեի C
28 ուրիէղ L | նայ L 29 մինչդէռ B | խօսեի C

ասէի. 28 ո՞ւր իցէ ուրիէլ հրեշտակն. որ յառաջնումն աւուրն
եկն առ իս. զի նա արար ինձ գալ յայս տեղի զարմանալեաց. եւ
եղեն ինձ խնդրուածք իմ. եւ զվախճան ի թշնամանս յոյժ. 29 եւ
զայս մինչդեռ խօսէի՝ եկն հրեշտակն՝ եւ ետես զիս՝ 30 եւ
ահա անգեալ դնէի իբրեւ զմեռեալ. եւ (216բ) իմաստութիւն իմ
եղծանէր. եւ կալաւ զաջոյ ձեռանէ իմմէ՝ եւ զօրացոյց զիս. եւ
հաստատեաց զիս ի վերայ ոտից իմոց. եւ ասէ ցիս՝ 31 զի եղեւ
քեզ՝ ընդէ՞ր խռովեցար. եւ կամ ընդէ՞ր եղծաւ իմաստութիւն քո
եւ միտք սրտի քո. 32 եւ ասացի թէ ընդէ՞ր թողեր զիս՝ զի ես
արարի ըստ բանի քում. եւ ելի ի տեղիս յայս. եւ ահա տեսի՝
որում ոչ կարեմ հասու լինել. եւ ասէ ցիս՝ 33 կաց իբրեւ
զմարդ՝ եւ խօսեցայց ընդ քեզ. եւ ասացի 34 խօսեաց տէր.
բայց միայն մի թողուր զիս. զի մի ընդ վայր մեռայց. 35
տեսի՝ զոր ոչ էր տեսեալ. եւ լուայ՝ զոր ոչ գիտէի. 36 բայց
միայն միտք իմ մոլորեալ են. եւ անձն իմ ապականեալ է. 37
արդ խնդրեմ ի քէն պատմեա ծառայի քում վասն սքանչելեացս

28 յառաջնում C | յայս] յարս BMSC այսր T | զվախճանս IZ 29 հրեշտակքն C 30 իմ եղծանէր] ի մեզ ծանէր C | զիս 2^0] + եւ P 32 եւ 1^0] + ես T | ելի] ել BMSP*CIZ ի above ln P^0 | ի] om P* ի above ln P^0 | այս BMSPCIZT* յ above ln T^0 | եւ 3^0] om P*CIZ above ln P^0 | յորում E 33 եւ] + ես T 35 inc] + եւ T | զոր 1^0] զորս T | էր] էի T | զոր 2^0] զորս T 36 ապականեալ] սպանանեալ B սպանեալ T 37 սքանչելեաց B 38 վասն 1^0] + այս BT

խաւսէի I 30 անկեալ GBMSCIZT | դնեի C | զաջո QLT | վերա V 31 քո 2^0] քոյ T 32 եւ ասացի] + եւ ասացի eras G 34 մի 1^0] om G* marg G^0 35 լուա E G* LP յ below ln G^0 | գիտեի C 36 ապականեալ ∇ ալ S: dittog 37 խնդրեմ] դ above ln Z^0 | պատմեայ

այսոցիկ: 38 Ետ պատասխանի եւ ասէ ցիս՝ լուր ինձ եւ ուսու-
ցից քեզ վասն որոյ երկընչիսդ. վասն այսորիկ բարձրեալն յայտ-
նեաց քեզ զքազում խորհուրդս 39 զի ետես զուղղութիւն քո.
եթէ անձանձրոյթ տրտմեալ ես վասն ժողովրդեանն. եւ յոյժ սգաս
ի վերայ սիոնի՝ 40 այս իրք են: 41 Կինն որ երեւեցաւ քեզ
փոքր մի յառաջագոյն՝ որ սգով էր՝ եւ սկսար մխիթարել զնա.
42 արդ այսուհետեւ ոչ եւս ի կերպարան կնոջ տեսցես. այլ
երեւեցաւ քեզ քաղաք շինեալ. 43 եւ զի պատմէր քեզ վասն
տրտմութեան որդւոյ իւրոյ: 44 այս կին՝ այն սիոն է՝ զոր
տեսանէիր. զոր այժմ տեսանես քաղաք շինեալ. 45 եւ զի ասացն
ցքեզ՝ ամուլ եղէ ես ամս երեսուն. զի ամս բազումս ունէր
յայսմ աշխարհի. եւ յորժամ եղեւն եւ շինեցաւ. մատեաւ ի նմա
պատարագ. 46 եւ յետ այնորիկ շինեաց սողոմոն զքաղաքն եւ
զտաճարն՝ եւ մատոյց ի նմա պատարագ. երբ էր յորժամ ամուլն
ծնաւ 47 աշխատութեամբ. այն բնակութիւն երուսաղեմի էր.
48 եւ յորժամ ասաց ցքեզ. եթէ որդին իմ իբրեւ եմուտ յառա-
գաստ իւր՝ եւ մեռաւ՝ պատահէր տրտմութիւն յոյժ. այն որ լինէր
գլորումն երուսաղեմի. 49 տեսեր զի սգայր ի վերայ որդւոյն

| այսորիկ] A K L այնորիկ rel 41 սգովն L R
42 եւս] om L | կերպարանս L T | քաղաք---քեզ (43)]
om B T: hmt 44 կինս T | զոր 2^0] զի S C Z T | այժմս
R 45 եւ շինեցաւ] ∿ C I Z 46 եւ զտաճարն] om B
| ամուլ T 48 ցքեզ] քեզ R ցեզր T | լի էր R
ն eras R 49 տեսեր] տերսեր V | սգար B T | որդւոյ

M S I Z T պատմե C 38 ուսուցից D* ւ above ln D^0? |
երկընչիսդ] A K G R երկնչիսդ rel 39 եթէ] թէ L եթե
C | վերա V | սիովնի T 41 զնայ L 42 շինել M S
C I Z 43 որդո L որդոյ B P 44 սիովն T | տեսա-
նեիր C 46 նմայ M S 48 եթե C 49 վերա V |

իւրոյ եւ սկսար մխիթարել վասն տրտմութեանցն որ հասեալ էին
նմա. 50 իբրեւ ետես բարձրեալն՝ եթէ յամենայն սրտէ հոգաս
վասն նորա. եցոյց քեզ զլուսաւորութիւն փառաց նորա. եւ զգե-
ղեցկութիւն վայելչութեան նորա. 51 վասն այսորիկ ասացի քեզ՝
մի մնասցես՝ ի դաշտին ուր տունն շինէր. 52 գիտէի թէ բարձ-
րեալն կամի ցուցանել քեզ զայս ամենայն. 53 եւ վասն այնո-
րիկ ասացի քեզ գալ ի տեղիս յայս ո՞ւր ոչ էր շինուած հիման.
54 ո՞ւր ոչ կարէր գործ շինուածոց մարդկան ի տեղւոջն ո՞ւր
ցուցանելոցն էր քեզ զքաղաքն բարձրելոյ. 55 բայց դու մի
երկընչիր՝ եւ մի զարհուրեսցի սիրտ քո. այլ մուտ եւ տես
զպայծառութիւն քաղաքին. եւ կամ զմեծութիւն շինուածոյն. որ-
չափ ակն քո բաւական է տեսանել. 56 եւ յետ այսորիկ լուիցես՝
որչափ բաւական իցէ <քո> լսեալից ականջաց. 57 զի դու երա-
նելի եղեր քան զբազումս. եւ հաճոյ եղեր <բարձրելոյն> որպէս
սակաւք. 58 մնա դու աստ զվաղուեան գիշերն աստէն. 59 եւ

E T որդոյ B 50 յամենայն] ամենայն B M S P C | վայելչութիւն S 51 ասասցի Z | մի] A K զի rel | տունն] տանն B 53 էր] om E 54 կարէր] էր M S | շինուածոց] շինուածոյս E շինուածոյ I Z շինուած T | զքաղաք Z | բարձրելոյն I Z T 55 զարհուրեսցի S^{*} ս above ե S^{0} զարհուրեսցիս ի L | մեծութիւն R | շինուածոցն R 56 քո] om A 57 սակաւ R 58 զվաղուեանն P 59 իցէ] է J | ի վերայ] վասն E Q

որդոյն L R P Z | ըսկսար C | եին C 50 եթե C | զգեղեցկութիւն] ղ over գ J^{0} 52 գիտեի C 53 գալ] om V^{*} marg V^{0} | հիմն Q^{*} հիմնան Q^{0} 54 տեղոջն L Z | քաղաքն J^{*} զ above ln J^{0} 55 երկընչիր] A N K L R երկնչիր rel | քոյ I^{0} T 56 իցէ] ի corrn Q^{0} ի over ե G^{0} 57 <բարձրելոյն>] քնրձրելոյն A | սակօք E Q B S C 58 մնայ D V L M S C I Z T 59 ցուցէ L |

ցուցից քեզ որչափ բարձրեալն ի տեսիլ երազոյ ցուցցէ քեզ՝
որ լինելոց իցէ ի վերայ բնակչաց երկրի յաւուրս վախճանի.
60 եւ մտի ի տուն զերկուս գիշերսն՝ որպէս եւ հրամայեաց
հրեշտակն տեառն:

11:1 Եւ եղեւ <յ> երկրորդում գիշերին. ահա ելանէր ի
ծովէ արծուի որոյ էին թեւքն երկոտասան. եւ գլուխք երեք.
2 եւ համբառնայր զթեւս իւր՝ եւ թռչէր ընդ ամենայն երկիր.
եւ ամենայն հողմք երկնից շնչէին՝ եւ առ նա ժողովէին. 3 եւ
տեսանէի ի թեւոց նորա այլ թեւ բուսեալ. եւ այն լինէր փոք-
րիկ թեւս՝ եւ մանունս. 4 իսկ գլուխ արծւոյն ի լռութեան
կային. եւ միջին գլուխն մեծ էր քան զայլսն. բայց սակայն եւ
նա ի լռութեան դադարեալ էր ընդ նոսա. 5 եւ ահա համբառնայր
զթեւս իւր տիրել երկրի՝ եւ բնակչաց նորա. 6 եւ տեսանէի

| բնակչացն R | երկրի] յերկրի E B երուսաղեմի R | վախճան E 60 գիշերն E | հրամայեաց] + ինձ N E F J V G L R M S P C + ինձ եւ I Z | հրեշտակքն C I Z om abbrev mk Z

1 յերկրորդում] երկրորդում A | գիշերին] գիշերն β + եւ T + eras եւ F | ելանել B M S P C I Z ⸸ | թեւքն] հիւթն E 2 եւ թռչէր] om E | ամենայն 1⁰] օր I | հողմք] տոհք E 3 տեսանէին A* I Z eras mk over ն A | թեւոց] A G* R M S I ն above ln G^0 թեւոցն rel | թեւ] թեւս L R եւ B T | այն] այլն I | մանուկս β 4 գլուխ] գլուխք R | նա ի] + ի N Q M S նայ ի ի B նայի ի T | էր] էք B T 5 եւ 1^0] om R | տիրել] եւ տիրէր T | յերկրի M S 6 տեսանէի] + թէ T | եւ

վերա V 60 հրամաեաց B
1 ահա] preceding եւ eras F | ելանէ J* ր below ln J^0 | ծովուէ I | որոյ] որ Z* ոյ above ln Z^0 2 շնչեին C | ժողովեին C 3 տեսանեի C 4 արծւոյն] A E արծուոյն rel | նոսայ M S 6 ներքոյ երկնից 1^0] ներքո

որպէս հնազանդէր նմա ամենայն ինչ որ ի ներքոյ երկնից. եւ ոչ
ոք ընդդէմ դառնայր նմա յարարածոց որ ի ներքոյ երկնից. 7 եւ
տեսանէի զի յառնէր արծուին. եւ կայր ի վերայ ոտից իւրոց. եւ
ասէր. 8 միանգամայն զամենեսեան կամիցիք արթուն կալ. այլ ի
քուն մտցի յիւրաքանչիւր ի տեղւոջ իւրում. եւ ի ժամանակի
իւրում զարթիցէ. 9 եւ գլուխքն ի վախճան պահեսցին. 10 եւ
տեսի եւ ահա ոչ ելանէր բարբառ ի գլխոյ նորա այլ ի միջոյ
մարմնոյ նորա. 11 եւ թուեցի զաւելորդ թեւս նորա. եւ այն
է ութ. 12 եւ տեսի յաջմէ կողմանէ նորա. զի կանգնէր թեւ
մի. եւ իշխէր ի վերայ ամենայն երկրի. 13 եւ իբրեւ այն
լինէր՝ հասանէր նմա վախճան զի ամենեւին մի երեւեսցի տեղի
նորա. եւ երկրորդն յառնէր. եւ տիրէր եւ ունէր զքազում ժամա-
նակս. 14 եւ յետ տիրելոյն հասանէր վախճան նորա. զի կորիցէ
իբրեւ զառաջինն. 15 եւ լինէր բարբառ ընդ նմա եւ ասէր.
16 լուր դու զաւետիս քո՝ որ այնչափ ժամանակս կալար զերկիր՝
յառաջ քան զքո կորընչել. 17 ոչ ոք յետ քո կալցի այնչափ

ոչ ոք---երկնից 2^{0}] om β: hmt | արարածոց E յարարոց D* V* ած above ln D^{6} ծ above ln V^{0} 7 յառնէր] առնէր E C I Z | յարծուին S | իւրոյ C 8 մտցի] մտցէ L R | յիւրաքանչիւր] A իւրաքանչիւր rel 9 պահեսցեն B T 10 ելանէր] ելանէ ի I 11 թեւս] եւս β | այն է] յանէր I | է] էր Z 13 երկրորդն] յերկրորդն E G* β յ eras G^{0} | առնէր β 14 տիրելոյն] սիրելոյն E Q M S տիրելոյ D* ն above ln D^{3} | զառաջին՛ L 15 ընդ] om R | ասէ C I Z 16 այնչափ] որչափ G* այն above ln G^{c} | կալար---ժամանակս (17)] om β: hmt 17 յայնչափ E |

յերկնից S | ներքո 2^{0} Q F L 7 վերա C 8 տեղոջ L B Z 10 ահայ B 11 թուեսցի G* ս eras G^{c} | այն] ան Z* յ above ln Z^{0} 12 կանկնէր L 13 եւ1^{0}] above ln Z^{0} 16 կորընչել] A G R կորնչել rel

ժամանակս իբրեւ զքեզ. այլ ոչ զկէս քո. 18 եւ յարեաւ եր-
րորդն. եւ կալաւ զիշխանութիւնն. եւ կորեաւ իբրեւ զառաջինն
եւ նա. 19 եւ այնպէս ունէր իշխանութիւն թեւոցն ամենեցուն.
եւ դարձեալ կորընչել. 20 եւ տեսի զամենայն թեւսն. եւ զայն
ի ժամու իւրում կանգնեալ յաջմէ կողմանէ ունել զիշխանութիւնն.
ունէր ի նոցանէն եւ վաղվաղակի կորընչէր. 21 եւ ոմն ի նո-
ցանէ կանգնէր. եւ չկարէր ունել զիշխանութիւնն: 22 Եւ յետ
այնորիկ տեսանէի զի երկոտասանեքին թեւքն կորնչէին. եւ երկու
աւելորդ թեւոցն. 23 եւ ոչինչ մնայր յանդամս արծուոյն.
բայց միայն յերից գլխոցն դօղելոց. 24 եւ վեց թեւն յորոց
բաժանէին երկուքն. եւ երթային դադարէին առ գլխոյն յաջմէ
կողմանէ. եւ չորքն մնացին՝ ի տեղւոջ իւրեանց. 25 եւ տեսա-
նէի՝ զի չորք թեւքն խորհէին կանգնել եւ տիրել՝ 26 եւ ապա
տեսանէի զմին. որ թէպէտ կանգ(217ա)նեցաւ վաղվաղակի կորեաւ.

ոչ 2^0] + եւ T ↓ 18 զիշխանութիւն E Q B S V 20 կող-
մանէ] + եւ T | ունել] ունելով R | զիշխանութիւն
E Q G^0 B M S + որ T 21 ոմն] ամն M S | նոցանէն J
| զիշխանութիւն E Q B S 22 զերկոտասանեքին I | եւ 2^0]
om I | յաւելորդ B T 23 յանդամս] անդամս C I Z
+ յանդամս B: dittog 24 վեց թեւն] զթեւն B T
26 տեսանէի] տեսանէ L T* ի above ln T^0 | զմինն R B |
որ] որպէս B T | թէպէտ] om B պէտ T | եւ կանգնեցաւ]

17 ոչ 2^0] over եւ T^0 18 երորդն N Q F J L P | նայ
L T 19 կորընչել] A R M S կորնչել rel 20 կանգնել
T | յաջմէ---զիշխանութիւնն] om G* marg G^0 ↑ | կորըն-
չէր] A G R M S I կորնչէր rel 21 կանգնէր] over eras
of 9 lett J^0 22 տեսանեի C | երկոտասանեքին] ե 2^0
above ln Z^0 | կորընչէին G R կորընչեին C 23 արծւոյն
E 24 բաժանեին C | դադարեին C | տեղոջ L B Z
25 տեսանեի C | խորհեին C | կանկնել L 26 տեսանեի

27 եւ տեսանէի՝ եւ ահա երկուն մնային ի նոցանէ՝ որ խոր-
հէին՝ առաւել լինել եւ տիրել: 29 Եւ մինչդեռ զայն խորհէի,
մի ի գլխոյ անտի ղօղելոց՝ որ էրն մեծագոյն. 30 եւ ապա
զերկոսին գլուխսն առնոյր ընդ իւր՝ 31 եւ դառնայր գլուխն
մարմնովն հանդերձ՝ եւ ուտէր զաւելորդ թեւսն որ կամէին
տիրել. 32 եւ այն գլուխ տիրէր ամենայն երկրի եւ հնազան-
դեցուցանէր զբնակիչս նորա աշխատութեամբ բազմաւ. եւ բռնա-
նայր բնակութեանց երկրի քան զթեւսն բռնութիւն: 33 Եւ
տեսի յետ այնորիկ զգլուխն միջին կորուսեալ իբրեւ զթեւսն.
34 մնային երկու գլուխքն. եւ նոքա տիրէին երկրի. նոյնպէս
եւ բնակչաց նորա. 35 տեսանէի եւ ահա զի ուտէր զգլուխն.
եւ ապականէր որ յաջմէն էր զձախակողմն. 36 եւ լուայ բար-
բառ որ ասէր ցիս՝ հայեաց առաջի քո եւ տես զին՞չ տեսանես.
37 տեսի՝ եւ ահա առիւծ զարթուցեալ յանտառէ. գոչէր եւ մռն-
չէր՝ եւ աղաղակէր. ի բարբառ մարդոյ. եւ լսէի՝ զի ասէր

∾ T 27 երկուն] յերկուսն E երկուքն B P T | մնային] + որ M S P | նոցանէն R T | լինել] չինել L 29 զայս E | խորհէին R S | ղօղելոց] թաքչելոց marg eras D^7 թաքչելոց precedes B M S P* C թաքչելոյ precedes P^0 թազչելոյ precedes I Z T ղօղելոցն C I Z | էր R M S 30 գլուխսն] գլուխն E B C I Z գլուխնն Q 31 թեւսն] K resumes here | կամին T 32 ամենայն] տէր E* Q ամենայն above ln E^c աւ I | աշխատութեամբ] + եւ C 34 յերկրի T 35 յապականէր C Z 36 ասէր] ասէ M S 37 առիւծ] + մի K | բարբառո Lբարբառոյ B | մարդոյ]

C | կանկնեցաւ L* ա 2^0 over ի L^0 27 տեսանեի C | խորհեին P 29 խորհեի C | անդի L 30 զերկոսեան M S 31 կամեին C 34 տիրեին C 35 տեսանեի C 36 լուա G* L P T յ below ln G^0 | քոյ T 37 յանդառէ R | մռնչէր] A K G R P մռնչէր rel | լսեի C | ցար-

ցարծուին. 38 լուր ինձ՝ եւ խօսեցայց ընդ քեզ. այսպէս ասէ
բարձրեալն՝ 39 ոչ դու մնացեր ի չորից կենդանեացն զոր
արարի տիրել ի վերայ երկրի իմոյ՝ զի ի ձեռն նոցա < եկեսցէ>
վախճան ժամանակաց. 40 եւ դու չորրորդ՝ եկիր եւ յաղթեցեր
նոցա. եւ բռնացար միշտ վաստակով բազմաւ. վարեցեր զաշխարհս
այսչափ ժամանակս նենգութեամբ 41 եւ դատեցար զերկիր ոչ
ճշմարտութեամբ. 42 յափըշտակեցեր զհեզս. եւ վնասեցեր
խոնարհաց. ատեցեր զճշմարիտն՝ եւ սիրեցեր զսուտն. աւերեցեր
զամրութիւն զոյաւորաց. եւ քակտեցեր զպարիսպս որ ոչ յանցեան
քեզ. 43 եւ ելին թշնամանք քո առ բարձրեալն. եւ ամբարտա-
ւանութիւնք քո առ հզօրն. 44 եւ հայեցաւ բարձրեալն ի
ժամանակս իւր՝ եւ ահա կատարեալ էին. 45 վասն այնորիկ
կորընչելով կորիցես դու արծուի. եւ թեւք քո անպիտանք՝ եւ
գլուխ քո չար. եւ մագիլք քո ժձընդակք. եւ ամենայն մարմին
քո ապիրատ՝ 46 զի հանգիցէ երկիր. եւ թեթեւացի ամենայն

մարոյ M S 38 ասէ] om S 39 ոչ] եւ B T |
արարի] + ի T | ի 3^0] om B M S P C I Z | < եկեսցէ>]
եղիցի A 40 վաստակով] + եւ with eras mk P
41 եւ դատեցար---ճշմարտութեամբ] om T* marg T^0
42 վնասացեր] վասն ասացեր C I Z | խոնարհաց] + եւ T |
ատեցեր] ստեցեր β | զսուտս L R | քակտեցեր] քակեցեր
E | զպարիսպն B T 43 ամբարտաւանութիւն I Z
45 կորիցես] կորնչիցես E | անպիտան R | գլուխք L S
| մարմինք C: dittog 46 եթեթեւացի C | վճարելով β

ծուին] ցարուին B | վախճան] խ over ճ Z^0 39 չորից]
+ eras 4 lett G^0 | տերել B 40 վաստակւով L
42 յափըշտակեցեր] A R M յափշտակեցեր rel | զսուտն] տ
above eras G^0 | զոաւորաց L B | զպարիսպըս K
43 հզաւրն P 44 եին P 45 կորընչելով] A K R I
կորնչելով rel | ժնդակք E P C I Z T V 46 վըճարել R

աշխարհ վճարել ի քումմէ բոնութենէ ակն ունել դատաստանի եւ
ողորմութեան որ արար զնա:

12:1 Եւ եղեւ յորժամ խօսեցաւ առիւծն զբանս զայս ընդ
արծուոյն. 2 եւ ահա որ մնացեալ էր գլուխն կորեաւ. եւ
երկու թեւքն որ ընդ նմա էին կանգնեցան եւ փոխէին առ ի տիրել.
եւ էր իշխանութիւն նոցա վատթարութեամբ. եւ շփոթութեամբ լի.
3 եւ ապա նոքա եւս կորընչէին. եւ ամենայն մարմին արծուոյն
կիզոյր. եւ ապշէր երկիր յոյժ. եւ ես ի շատ զարմանալոյն եւ ի
բազում երկիւղէ զարթեայ եւ ասացի ցանձն իմ. 4 ապաքէն դու
արարեր ինձ քննել զճանապարհս բարձրելոյն. 5 եւ ապա
լուծեալ է անձն եւ հոգի իմ. եւ տկար եմ յոյժ. եւ ոչ կայ յիս
զօրութիւն ի բազում երկեղէն զոր երկեայ ի գիշերիս յայսմիկ:
6 արդ՝ աղաչեմ զբարձրեալն զի զօրացուցէ զիս մինչեւ ի վախ-

| քումմէ] + ի M S | ունել] ունելով M S + ի P |
արարեր B T
2 էր] է I | կանգնեցաւ T | փոխեցան R 3 եւս] եւ
B | ամենայն 1^{0}] om B T | երկիր] յերկիր M S զերկիր
I Z | երկիւղէն G | ասացի ցանձն] ասացից անձն V M S
P C 4 դուն C I Z 5 ապա] ահա D L V β | անձն]
+ իմ E Q D* T | եւ 2^{0}] om D* E եւ over իմ D^{0} |
ի 1^{0}] om E | զոր] որ I Z 6 զօրացէ E

| զնայ L
1 արծուոյն E P 2 ահայ M S | նմայ Q T | եին C |
կանկնեցան L | փոխեին C | շփութեամբ G* ոթ above ln
G^{0} | լի] om P* above ln P^{0} 3 կորընչէին] կորնչէին
N E Q D L B P I Z T V կորնչեին C | անծուոյն E | ապշէր
E L R C I Z | երկեւղէ Z | զարթեա E Q L 4 ինձ] om
L* marg L^{0} 5 կա G L C | զաւրութիւն P | երկիւղէն
R I T երկիղէն Z | երկեա E Q L B I | յայմիկ D*
ս above ln D^{0} 6 զօրացուցէ] ու eras L ւ marg L^{0}

ճան. 7 եւ ասեմ տէր տէր իմ. եթէ գտի շնորհս յաչս քո. թէ
արդարեւ բազում անգամ երանեցայ ի քէն. եւ եթէ արդարեւ եւ
խնդիր <ի>մ առաջի երեսաց քոց. 8 զօրացո զիս՝ եւ յայտնեա
ծառայի քո զպատգամս՝ եւ զիրս՝ եւ զմեկնութիւն ահաւոր
երազոյն զոր տեսի. զի լիով մխիթարեսցես զանձն իմ. 9 որով-
հետեւ արժանի արարեր ցուցանել ինձ զամաց վախճան. եւ զժամա-
նակաց կատարած. եւ ասէ ցիս՝ 10 այս է մեկնութիւն երազոյն
11 զոր տեսեր՝ արծուին որ ելանէր ի ծովէն. չորրորդ թագա-
ւորութիւնն է՝ որ յայտնեցաւ եղբօր քում դանիէլի. 12 այլ
ոչ յայտնեցաւ նմա այսպէս. որպէս եւ ես յայտնեմ քեզ: 13
Ահա աւուրք եկեսցեն. եւ յարիցէ թագաւորութիւն ի վերայ
երկրի. որ եղիցի ահեղ քան զամենայն թագաւորս որ յառաջագոյն
էին. 14 եւ առաջի նորա թագաւորեսցեն ի նմա թագաւորք երկո-
տասան մի ըստ միոջէ. 15 իսկ երկրորդն ի թագաւորացն աւելի
ժամանակս կալցի քան զերկոտասանս. 16 այս է մեկնութիւն

7 բազում անգամ/երանեցայ] A ∿ rel | երանեցայց G* T ց eras G | եթէ 2^0] om G | ի] om Z | <ի>մ] եմ A | յերեսաց B 8 զօրացոյց B ↓ | յայտնեաց I ↓ | յերազոյն B 9 ցուցանել/ ինձ] ∿ R | ինձ] om L 11 ծովէ R | թագաւորութիւնն է] թագաւորութենէ E թագաւորութիւն է B S 13 թագաւորս] A D^c L թագաւոր N E Q F J K G թագաւորութիւնս D* V β թագաւորութիւնք R ↓ | որ] om R 14 յառաջի C | թագաւորեսցին E Q | երկոտասանք R 15 երկրորդ C I Z | քան] om M S |

զաւրացուցէ P 7 եթե C | արդարեւ] արդար եւ B 8 զօրացո] A K G L R T զօրացոյ rel ↑ | յայտնեայ P C Z ↑ | ահաւոր] om J* marg J^0 | անձն E* զ above ln E^0 11 յայտնեցաւ] + eras 5 lett D | եղբաւր P V Z 12 նմայ T | եւ] om E* above ln E^0 13 վերա V | եին C 14 նմայ M S 15 կալցի] կացի T* լ above ln T^0

երկոտասան թեւոցն զոր տեսեր՝ 17 եւ որում լուար ձայնին
որ խօսէր. որ ոչ ի գլխոյն բարբառէր՝ այլ ի միջոյ մարմնոյն
իւրոյ. 18 այդ՝ բան է՝ որ ի մէջ ժամանակի այնր՝ արքայու-
թեան. եղիցի որոշմունք ոչ սակաւք. մերձեսցի ի կործանել՝ եւ
ոչ անկցի երբէք. այլ կանգնեսցի՝ կացցէ <յ>առաջին իշխանու-
թեանն. 19 եւ զի տեսեր զաւելորդ թեւսն բազում բուսեալ
շուրջ զմեծ թեւովք նորա. 20 այս այն բան է՝ յարիցեն ի
նմանէ ութն թագաւորք. որոց եղիցին ժամանակք թեթեւք. եւ ժամք
փութով. երկու ի նոցանէն կորիցեն 21 ի մերձենալ ժամանակին.
եւ ի հասանել իշխանութեան նորա: չորքն պահեսցեն ի ժամանակն.
յորժամ կամեսցի մերձենալ առ նոսա կատարած ժամանակին. երկուն
ի վախճան պահեսցին: 22 Եւ զի տեսեր ի նմա երիս գլուխ<ս >
լռեալս՝ եւ ղաղարեալս. 23 այս այն բան է՝ ի վախճանի նորա
յարուսցէ բարձրեալն երիս թագաւորս՝ եւ նորոգեսցեն բազում
ինչ. խրատեսցեն զերկիր՝ 24 եւ զբնակիչս նորա իշխանութեամբ
բազմաւ քան զամենայն ոք որ յառաջն եղեալքն էին. վասն այնո-

զերկոտասանսն T 16 թեւոցն] թուոցն Z 17 յորում
E T | միջի K 18 մէջ] om K | մերձեսցին T | կոր-
ծանել] կոծանել M S | կանգնեսցի] + եւ T |
<յ> առաջին] առաջին A E | իշխանութեան E Q B S
19 զաւելորդ] զաւերորդ L զառելորդ S | բազումք R
20 այն] om R 21 չորքն] չարքն I Z | ժամանակն]
ժամանակի M S I Z ժամանակին T | երկուքն B T |
պահեսցին] պահեսցեն C I Z 22 գլուխ<ս>] գլուխ A N E
Q F J K G 24 եղեալքն] A M S P եղեալ G* B T ք above

17 խաւսէր L P | միջո Q L | մարմնոյ G* ն2^0 above ln
G^0 18 այդ] + space 4 lett T | բա T* ն above ln T^0 |
այնր] այր I* ն above ր I^0 | սակօք E Q T | երբեք
N D L | կանգ ∇եսցի I 20 նման D* է above ln D^c
21 մերձենալ^{20}] մերձանալ P | նոսայ M 24 յառաջ F*

րիկ անուանեցան նոքա գլուխք արծուոյն. 25 նոքա եղիցին
գլուխ թագաւորութեան իւրեանց եւ լցցեն զվախճան նորա: 26 Եւ
զի տեսեր զգլուխն մեծ ջնջեալ եւ կորուսեալ. մին ի նոցանէն
վախճանեսցի չարչարանօք. 27 եւ երկուքն որ մնայցեն՝ զնոսա
սուր կերիցէ. 28 Եւ ընդ նոսին՝ եւ ինքն միանգամայն ի
վախճանի ի սուր անկցի: 29 Եւ զի տեսեր զերկուս աւելորդ
թեւսն փոխեալ ի գլուխն յաջակողմն կոյս. 30 այս այն բանք
են զորս պահեաց բարձրեալն ի վախճան նորա. որոյ իշխանութիւն
նորա անարգ՝ եւ լի խռովութեամբ: 31 որպէս հայեցար ընդ
առիւծն՝ եւ տեսեր ելեալ ի մորւոյ. սթափեալ եւ զարթուցեալ ի
քնոյ մռընչելով խօսէր ընդ արծւոյն՝ եւ յանդիմանէր զանիրա-
ւութիւնս նորա ըստ ամենայն բանիցն զոր (217բ) լուարն:
32 Նա է օծեալն զոր առաքեսցէ բարձրեալն ի ժամանակս վախ-

ln G^0 եղեալք rel 25 եղիցին] + գլուխք արծուոյն
նոքա եղիցին L R: dittog | գլուխ] գլուխք L R β |
թագաւորութեանն M S P C I Z T 26 զի] om B որ T |
ջնջեալ] շնջեալ B P C շնչեալ M S I Z T | մին] մինչ
E Q | նոցանէն] om E* marg E^5 29 յաջակողմ L R
30 բանքն T | որոյ] որոց R 31 առիւծն] առծեւն I
| մորոյս B մորւոյս S մօրոյս T ✝| | սթափեալ]
թափեալ B S T | լուար C I Z 32 օծեալն] քս. marg K
+ marg D | բարձրեալն] om L | ժամանակն M* S ս marg

ն above ln F^0 յառաջին G* ի eras G | եին C |
արծւոյն E 26 նոցանէն] om E* marg E^0 նոցանէ G*
ն above ln G^0 | վաղճանեսցի B | չարչարանաւք B P
27 մնացեն L* յ above ln L^0 | զնոսայ M S 28 միայն-
գամայն E L | ի 1^0] om A* above ln A^0 29 կոյս] om
J* marg J^0 30 վախճանի eras mark over ի J | նորայ V
31 արեւծն Z | մորո L մորոյ R I Z | զարթուցել M S |
մռընչելով] մռնչելով Q R β | խաւսէր P | արծւոյն]
A E արծուոյն rel 32 նա 1^0] նայ Q | աւծեալն B P |

ճանի՝ յազգէ դաւթի. նա ինքն ծագեսցէ եւ եկեսցէ եւ խօսեսցի
ընդ նմա. եւ զամբարշտութիւնս յանդիմանեսցէ. եւ վասն
անիրաւութեան նորա խօսեսցի. եւ դիցէ առաջի նորա զնզովս.
33 եւ ածցէ զնա յիւր դատաստանն կենդանի. եւ յորժամ յանդի-
մանեսցէ զնա. յայնժամ կորուսցէ զնա. 34 եւ զմնացեալ
ժողովրդեանն նորա փրկեսցէ զթութեամբ. եւ զմնացեալսն ի սահ-
մանս նորա փոխեսցէ. եւ ուրախ արասցէ զնոսա՝ մինչեւ եկեսցէ
վախճան դատաստանին. վասն որոյ խօսեցաւ ի սկզբանն. 35 այս
է զոր տեսերն՝ եւ այս է մեկնութիւն նորա. 36 դու միայն
արժանի եղեր՝ գիտել զխորհուրդս բարձրելոյն՝ 37 գրեա զայդ
ի գիրս զոր տեսեր. եւ դիր զդա յանքոյդ տեղւոջ 38 եւ
ուսուսցես զիմաստունս ժողովրդեան քո զաստուծոյ: եւ դիտես
զնա ի դէպ տեղւոջ. եւ լուսաւորեսցես նոքօք զիմաստունս
եւ զերկեղածս իմ զորոց գիտես զսիրտս՝ թէ ընդունին զնա առ ի
պահել զխորհուրդս զայս: 39 Բայց դու կաց եւ մնա աստէն՝

M^0 | յազգէն T | նա 2^0] + եւ E | նմա] ամ I |
եւ 3^0] om Z | զամբարշտութիւնս] + նորա T | եւ վասն---
յանդիմանեսցէ (vs 33)] om I Z: hmarkt | նզովս T 33 իւր
E T | դատաստանն] + ի E | յայնժամ կորուսցէ զնա]
om E* marg E^2: hmt 34 ժողովրդեան G | զթութեամբ---
փրկեսցէ 2^0] om T: hmt 37 գրեաց I↓ | անքոյթ E
յայնքոյդ L 38 ժողովրդեանն S | քո] + եւ Z |
դիտես] դիցես V L R β | ի 1^0] եւ B | զսիրտ E* Q T
ս above ln E^2 | պահելոյ K 39 դու] om D* L above ln

ընդ] ը over ն R^0 | զամբարըշտութիւնս K R զամպարշտու-
թիւնս I Z | խաւսեսցի P 33 յիւր] յ over հ eras G^0
| զնա 2^0] զնայ L 34 զնոսա] զնա A* զնոսա A^0
զնոսայ M S | խաւսեցաւ P 37 գրեայ M S P Z ↑ | զդայ
L M S T | տեղոջ L B Z 38 քոյ C Z T | տեղոջ L B Z |
նոքաւք P C | զերկիւղածս B P C I Z T | զնա 2^0] զնայ L

այլ եւս աւուրս եւթն՝ զի ցուցից քեզ զայն զոր կամի բարձ-
րեալն յայտնել քեզ՝ 40 եւ գնաց հրեշտակն յինէն: Եւ եղեւ
իբրեւ լուաւ ժողովուրդն եթէ էանց եւթն օրն. եւ չեւ եւս
դարձեալ էի ի քաղաքն. ժողովեցաւ ամենայն ժողովուրդն ի
փոքունց մինչեւ ցմեծամեծս. եւ եկին առ իս՝ եւ ասեն՝
41 զին՞չ մեղաք քեզ՝ եւ կամ զին՞չ յանցեաք. զի այսպէս
լքեր թողեր զմեզ. եւ աստէն մնացեր յայսմ տեղւոջ. 42 դու
միայն մնացեր մեզ յամենայն մարգարէից՝ իբրեւ զողկոյզ կթոց.
եւ իբրեւ զճրագ յաղջամղջին տեղւոջ. իբրեւ զնաւահանգիստ մի
միայն փրկութեան: 43 ոչ է բաւական չարս որ էհան ի վերայ
մեր. 44 այլ եւ դու եւս զմեզ լքեր թողեր. որչափ լաւ է
մեզ կիզուլ՝ եւ այրիլ ի հուր ընդ սիոնի. 45 զի էր մեզ
լաւ քան զհին մեռեալս նորա. եւ յասել նոցա զայս՝ լացին
մեծաբարբառ: 46 Ետու պատասխանի՝ եւ ասեմ ցնոսա. քաջա-

D^c | կաց] կա I կայ Z | այլ եւս] om R | կամիս
B C I Z T 40 օրն] + եւ T | եւս] եւ S om P* եւ
above ln P^0 | զմեծամեծ B 41 յանցեաք] անցեաք E
յանցաք B | զի] om C I Z | լքեր] ընդէր B T
42 յամենայն] ամենայն B M S P զամենայն C I Z | եւ1^0]
om M S | տեղւոջ] + եւ K | զնաւս հանգիստ B զնաւա-
հանգիստն T | մեայն E 43 է] էր L R | էհան] A
էհաս rel ↓ 44 զմեզ լքեր] զմեղք եր M S + եւ G T |
է] էր Z | ընդ] ըստ Z 45 ասել B 46 inc] + եւ

39 մնա] A E Q K G L B P մնայ rel 40 թէ I Z | անց
R M* է above ln M^0 եանց T | աւրն P | եի C
41 լքէր E | տեղոջ L Z 42 մեզ] om G* marg G^0 |
տեղոջ L Z | մի] om V* above ln V^0 43 էհան] եհաս
G L B M S C I Z T ↑ eras between ա and ս V | վերա S
44 այրել L R | սիովնի T 45 լաւ քան] ~ C* small ա.
ք. C^0 46 ցնոսա] զնոսայ M S ↑ | քաջալերեց L |

լերեաց տունդ յակոբայ. 47 զի կայ յիշատակ մեր առաջի բարձ-
րելոյն. եւ հզօրն ոչ մոռացաւ զմեզ ի սպառ. 48 այլ ես ոչ
թողի զձեզ. այլ եկի ի տեղիս յայս աղաչել զտէր վասն աւերա-
ծոյն սիոնի. եւ խնդրել զողորմութիւն վասն տառապանաց մերոց.
49 եւ արդ՝ երթիցեն յիւրաքանչիւր ոք ի ձէնջ՝ ի տուն իւր.
եւ ես եկից առ ձեզ յետ այսց աւուրց. 50 եւ գնաց ժողո-
վուրդն ի քաղաքն որպէս ասացի նոցա. 51 եւ ես նստայ ի
դաշտին զեւթն օր՝ որպէս եւ հրամայեաց ինձ հրեշտակն տեառն.
եւ ուտէի ի ծաղկանց. եւ ի բանջարոց դաշտին. եւ եղեւ ինձ ի
կերակուր այն զաւուրսն:

13:1 Եւ դարձեալ տեսանէի ի տեսլեան գիշերոյ՝ 2 եւ
տեսանէի ի ծովէ կողմանէ հողմ մեծ զի շարժէր զամենայն ալիս
նորա. 3 եւ հանէր ինքն հողմ ի սրտէ ծովուն ի նմանութիւն
մարդոյ. եւ ընթանայր եւ թռչէր ընդ նոսա մարդն ամպովք հան-
դերձ. եւ ուր զերեսս իւր դարձուցանէր՝ դողայր՝ յորս հայէրն.

ես T | ցնոսա] զնոսա N E Q D F B·M S P C ↓ 47 կայ]
om I 49 իւրաքանչիւր Z | տունս I Z | յայս յաւուրց
B այս յաւուրց T ↓ 50 գնաց] + ի I | ասացից I
51 օր] om R | զծաղկանց C | ի կերակուր ինձ with corrn
marks over ի 1^0 and ձ L | այն] om E* above ln E^1 զայն C
1 դարձեալ] դարձ N Q D S C | տեսլեանն B 2 հողմն
T + մի R 3 իւր] ի D^0 ւր above ln D^c | յորս]

տունըդ P C | յակովբա L յակովբայ B T 47 կա] om P
| հզաւրն P 48 այլ] ա over ե K^0 | սիովնի R |
եւ] over ի Q^0 49 այս ցաւուրց Q R P C I ↑ 51 նստա
E L + eras 2 lett D | աւր P | ուտեի C | հրամաեաց B
| բանջարաց T
1 տեսանեի C | տեսլեան] over another word A^0 | գիշերւոյ
G R M S 2 տեսանեի C 3 նոսայ M S | ամպօք R |

4 եւ ու՞ր հասանէր բարբառ բերանոյ նորա հաշէին եւ մաշէին
ամենեքեան որ լսէին զձայն նորա որպէս հալի մոմ յորժամ
մերձեսցի ի հուր: 5 Եւ տեսանէի յետ այնորիկ ժողով լինէր
բազմութեան մարդկան ի չորից կողմանց երկրի որոց ոչ էր թիւ՝
զի մարտիցեն ընդ մարդոյն որ ելանէր ի ծովէ անտի. 6 եւ
տեսանէի թէ որպէս կոփէր իւր զլեառն մեծ՝ եւ մտանէր ի նա.
7 եւ ես խնդրէի զտանել զերկիրն՝ ի տեղին ուր փորեցաւն՝ եւ
ոչ կարացի. 8 յետ այնորիկ տեսի եւ այս ամենեքեան ժողո-
վեցան առ նա մարտնչել ընդ նմա. երկընչէին յոյժ՝ բայց սակայն
կռուէին կռուելով. 9 եւ յորժամ ետես զբազումս դիմել զալ
հասանել զբազմութիւնն ի վերայ ոչ համբառնայր զձեռն իւր
առնուլ զզէն ի վեր. եւ ոչ այլ ինչ անօթ պատերազմի. բայց
միայն տեսի ի պատերազմին. 10 զի որպէս բոց հրոյ բխէր ի

յօրս J 4 հաշէին] հալեին C հալէին I Z | նորա2^0] + եւ T | հուրն E 5 այնորիկ] + եւ T | բազմու-թիւն R բազմութեամբ B | մարտիցեն] մատիցեն R | ելանէ K | յանտի Q 6 նա] նմա K 7 զտանել զերկիրն] A ∾ E + եւ rel | ի տեղին] A տեղին B M S P C I Z զտեղին rel ↓ | ուր] որ R | եւ2^0] om K | կարացի B 8 inc] + եւ E Q 9 դիմել] դիմեալ եւ T | զբազմութիւնն] A R բազմութիւն E Q B S բազմութեանն T բազմութիւնն rel | առնուլ] զառնուլ M S | զէնն C | բայց] բաց K 10 զի] om R 11 արձակէր G β |

իւր] eras 4 lett P 4 մաշեին C | լսեին C | հալի] լ over յ Q^0 5 տեսանեի C | որոց] որ M* ոց above ln M^0 | անդի L 6 տեսանեի C | կոփեր B | նայ M S 7 խնդրեի C | ըզտեղին G ↑ | փորեցաւ T* ձ above ln T^0 8 նայ M | մարտընչել F G V R | երկըն-չէին] A K L R երկնչէին rel | բայց] բաց P* յ above ln P^0 | կռուեին C | կռուելով] eras 2 lett after կ G
9 հաս նել E | վերա V | անաւթ P 10 բղխէր B P C I

քերանոյ նորա. եւ ի շրթանց իւրոց իբրեւ զփայլակն լուսոյ.
11 եւ յարձակէր յարձակելով ի վերայ պատրաստ բազմութեանն
կռուել. եւ կիզոյր յանկարծակի զամենեսեան առ հասարակ. առ
ի չգտանել <ընաւ> ամենեւին յայնչափ ի բազմութենէ. բայց
միայն աճիւն մոխրոյ. եւ հոտ ծխոյ տեսի եւ զարմացայ ի միտս
իմ. 12 Եւ յետ այսորիկ տեսի այր մի զի իջանէր ի լեռնէ
միոջէ՝ եւ կոչէր առ ինքն այլ եւս բազմութիւն խաղաղութեան.
13 եւ գային առ նա տեսանել բազումք ի մարդկանէ. ոմանք ի
նոցանէն ուրախութեամբ էին. եւ ոմանք տրտմութեամբք. եւ ոմանք
ի նոցանէ կապեալս ածէին. եւ ես ի բազմութենէ ամբոխին
զարթեայ՝ եւ աղաչեցի զբարձրեալն՝ եւ ասեմ. 14 դու տէր
ի սկզբանէ ցուցեր ծառայիս քում զըսքանչելիս քո զայս. եւ
արժանի համարեցեր զիս ընդունել զխնդրուածս իմ. 15 արդ՝
եւ այժմ յայտնեա ինձ զայսր երազոյ՝ մեկնութիւն. 16 որպէս

արձակելով E B C | բազմութեան E Q B | կռուել] om K |
<ընաւ>] om A | յամենեւին P | յանչափ T | ի2^{0}]
om K T | մոխրոյ] փոխրոյ B 12 բազմութիւնն M P C I
Z T + ի T 13 գայի E | մարդկան E է above ln E^{c} |
նոցանէն---ոմանք ի2^{0}] om I: hmarkt | նոցանէն] նոցանէ Z
| տրտմութեամբք---ոմանք] om Z: hmarkt | նոցանէ] նոցանէն
M S T | ամբոխէ S 14 զիս] ընդ իս R 15 յայժմ C
| յայտնեա] ցուցանեա M S | զայսր] զայր D* I ս above
յ D^{c} զայրս M S P C զայս T | մեկնութիւնն L
16 յայնս1^{0} ---յայնս 2^{0}] om K | ապա---յայնս2^{0}] om

Z T | եւ] om I* above ln I^{0} | շըրթանց M S | իւրոց]
+ իւրոց K: dittog 11 վերա V | զարմացա E Q L B
12 եւ1^{0}] om init ե I | զի իջանէր] զիջանէր P
13 նայ L Z | եին C | եւ ոմանք] եւ ո over ի ն R^{0} |
ածեին C | զարթեա E Q B S T 14 զըսքանչելիս] A
զսքանչելիս rel 15 յայտնեայ F J C Z | երազո Q L

կարծեմ մտօք իմովք. եթէ այս իցեն որք մնասցեն յաւուրսն
յայնս. ապա եղուկ են մնացեալք յաւուրսն յայնս. 19 տեսանեմ
վիշտս մեծամեծս՝ եւ տառապանս բազումս՝ որպէս եւ նշանակէ
երազս այս. 20 արդ՝ ապաքէն օգուտ էր հասանել ի ժամանակն
յայն եթէ անցանել իբրեւ զամպ. եւ մի տեսանել որ հասանելոցն
իցէ վախճան ժամանակին: Ետ պատասխանի հրեշտակն՝ եւ ասէ ցիս՝
21 ասացից քեզ եւ զայս երազոյ մեկնութիւն: այլ եւ վասն
մնացելոցն. 22 եւ վասն որոց խօսեցաւ նա առ ի վախճան ժամա-
նակաց. այս բանք են՝ 23 երանի իցէ այնոցիկ որ հասանիցեն
յաւուրսն յայնոսիկ եւ որ պահիցեն ի համբերութեան զհաւատսն՝
եւ զճշմարտութիւն՝ եւ զողորմութիւն. 24 գիտեա այսուհետեւ՝
զի առաւել երանեցան մնացեալքն քան զանցեալսն. 25 իսկ
մեկնութիւն երազոյն՝ այս է զ(218ա)այրն զոր տեսեր որ ելանէր
ի ծովէ անտի. 26 այն է զոր առաքեսցէ բարձրեալն յետ բազում
ժամանակաց. եւ ի ձեռն նորա փրկեսցէ զարարածս իւր. եւ նա

B M S T : hmt | մնացեալ D* ք above ln D^0
19 տեսանեմ] տեսանէի T 20 արդ] անդ S | ժամանակին
V M S | այն β | հասանելոցն] տեսանելոցն J հասանելոց
T | ժամանակին] + եւ T | հրեշտակ E 21 քեզ եւ]
∿ G | երազոյ] երազ C 23 երանի իցէ] երանից է R
երանիցէ S | յարուսն D* ր above ւ D^0? | այնոսիկ
P T* յ below ln T^0 | ճշմարտութիւն D 24 եպնեցան E*
երպնեցան Q stroke of պ eras and ր above ln E^c
25 այրն T | տեսիր G | որ] զոր M S 26 ձեռն]

16 մտաւք P | եթե C 19 տեսան N* եմ above ln N^0
20 աւգուտ P I | ժամանակըն K | եթէ] թէ C I Z | զամբ
L | հասանելւոցն L | վաղխճան P վաղճան C 21 ասացի
Z* ց above ln Z^0 | երազո Q L 22 խաւսեցաւ P |
վաղխճան P | էն T 23 ողորմութիւն Q* զ above ln Q^0
24 գիտեայ M S P C Z | առօել B 25 անդի L 26 նայ

դարձուսցէ զմնացեալսն. 27 եւ զի տեսեր զի ելանէր շունչ
հրոյ. 28 եւ զի ոչ ունէր ի ձեռին զէն. եւ ոչ կաՙ ինչ
պատերազմի. եւ զի յաղթեաց բազմութեան յարձակելոցն որք զային
կռուել ընդ նմա. այս այն բան է՝ 29 զի անՙ աւուրք եկեսցեն
յորժամ կամեսցի փրկել բարձրեալն որ ՟ի վերայ երկրի: 30
Հասցեն զարմանք ի վերայ ամենայն բնակչաց երկրի. 31 խոր-
հեսցին ընդ միմեանս տալ պատերազմ. տեղի ընդ տեղւոյ՝ ազգ՝
ընդ ազգի. թագաւորութիւն ընդ թագաւորութեան. ժողովուրդք ընդ
ժողովուրդս. առաջնորդք՝ ընդ առաջնորդս՝ քահանայք ընդ
քահանայս. եւ հաւատք պաշտաման բաժանեսցին յիւրաքանչիւր
կողմանց. 32 եւ եղիցի շինել նշանացս այսորիկ՝ զոր ես քեզ
ասացի. երեւեսցի բարձրեալն զօրութեամբ մեծաւ. սա է այրն
այն զոր տեսեր երեւեալ ի ծովէ անտի. եւ փշրեսցեն ի հեթանո-
սաց զպատկերս պղծութեանն իւրեանց. 33 եւ յորժամ լուիցեն
զնմանէ հեռասցին չտալ ընդ միմեանս պատերազմ. 34 եւ ժողո-

ձեռս G | զարարածն M S 28 ի ձեռին / զէն] ∾ K |
արձակելոցն L | նմա] նա E 29 երկրի---ի վերայ(vs 30)]
om B T: hmt 30 երկրէ I 31 տեղաց B | յազգի C |
թագաւորութիւն] թագաւոր B | ընդ 3^{0}] ըստ M | ժողո-
վուրդք] ժողովուրդ R | ժողովուրդս] + եւ L | առաջ-
նորդք ընդ առաջնորդս] om D* marg D^{c}: hmt | առաջնորդք]
առաջնորդ R | յառաջնորդս C | իւրաքանչիւր E
32 շինել] լինել K L R T | ասացի] + եւ M S T | այն]
om S: haplgr | պղծութեան E Q B 33 զնմանէ] V lacuna
from here to 14:6 34 անչափ] այնչափ M S | ամենայն

L | դարձեսցցէ R 27 շունջ S 29 աՙայ L | վերա
V 30 վերա V 31 խորհեցին S* ս above ln S^{0} |
տեղո L տեղոյ I Z | յիւրաքանչ N* իւր marg N^{0}
32 եղիցէ B | շանացս I* ն above շ I^{0} | զաւրութեամբ
P | սայ B M S I Z | անդի L 35 սիովն T

308 ԵԶՐ ԵՐՐՈՐԴ 13:34-51

վեսցին միանգամայն բազմութիւն անչափ յամենայն բնակչաց երկրի
ծառայել տեառն հաւատովք. եւ առ ի մերժենալ վախճանին՝ քակ-
տեսցին ի միմեանց. այս է բազմութիւնն զոր տեսեր. որ կամէր
գալ եւ տալ պատերազմ ընդ նմա. 35 այլ նա կացցէ՝ ի վերայ
լերինն գլխոյ՝ որ է սիոն. 36 զի ի սիոնէ եկեսցէ. եւ երե-
ւեսցի ամենայն պատրաստողաց. 37 եւ յանդիմանեսցէ զամբարըշ-
տութիւնս այլոց. եւ զչարաչար գործս նոցա. եւ ցուցցէ նոցա
զդատաստանն որով դատեսցի զնոսա. 38 եւ յետ այնորիկ առանց
աշխատութեան կորուսցէ զնոսա. 39 եւ զի տեսեր զնոսա զի
ժողովէր այլ բազմութիւն խաղաղութեան. 40A նոքա են որ
յանարգ հեթանոսաց ժողովեալ վարեցան. եւ ի զաւակէն աբրաամու
խառնեցան ընդ նոսա. 40B այս է բազմութիւնն ժողովեալ եւ
խաղաղական. եւ որք համբերենն ի նոցանէ ցուցցէ նոցա բարձրեալն
աւելի նշանս. եւ պաշտպանեսցէ նոցա. 40C եւ ասացի թէ երանի
իցէ այնմ ազգի քան այժմու ժողովրդեանս. 40D եւ ասէ ցիս՝
այսպէս եղիցի որպէս տեսերն եւ մեկնեցաւ քեզ: 51 Եւ ասեմ
գնա. տէր եւ զայս եւս յայտնեա ինձ. ընդէ՞ր տեսի մարդ յայտ

BMSPCIZ | բազմութիւնն] բազմութիւն BS
35 լերինն գլխոյ] ~ T 37 ցուցանէ MS ↓ | դատաստան E
39 զի ժողովէր] զժողովէր D* ի above զ D^c 40A յան-
արգ] արգ E անարգ BT | վարե▽ րեցան M վարերեցան S
| եւ] om R | զաւակէ G 40B բազմութիւն EQBS
40C ասասցէ T | այնմ] այն E 51 յայտնես CIZ |

36 սիովնէ PT 37 զամբարըշտութիւնս] ANKRP զամ-
պարշտութիւնս IZT զամբարշտութիւնս rel | զչարա I*
չար above ln I^c | ցուցցէ NQDFGBPC ↑ | դատեսցի] ի
over է G^c | զնոսայ MS 38 զնոսայ M 39 զնոսայ
MSP | բազմութիւն] over բազմութեան G^c 40A նոքայ R
| աբրահամու BCIZT | նոսայ MS 51 յայտնեայ P

եղեալ՝ զալ ի ծովէ անտի: 52 Եւ ասէ ցիս՝ որպէս ոչ ոք կարէ
տեսանել կամ քննել. կամ գիտել զանդունդս խորոց. այնպէս այժմ
ոչ ոք կարասցէ ի վերայ երկրի ճանաչել կամ գիտել զխորհուրդս
բարձրելոյն. եթէ ոչ ի ժամանակի փառաւոր յայտնութեան նորա.
53 այս է՝ մեկնութիւն երազոյն զոր տեսեր. եւ վասն այնորիկ
քեզ միայնոյ յայտնեցաւ այս յերկրի. 54 Թողեալ զքո հոգս՝
որ հոգաբարձու եղեր վասն անուանն՝ եւ վասն օրինաց նորա.
խնդրեցեր դու վասն ժողովրդեան նորա եւ աղաչեցեր՝ 55 զի
զկեանս քո վարեցեր իմաստութեամբ եւ գիտութեամբ. 56 Վասն
այնորիկ եցոյց քեզ զայս ամենայն. զի յետ այլ երից աւուրց
ասացից քեզ. եւ երեւեսցին քեզ զարմանալիքս: 57 Եւ իբրեւ
շրջեալ գնայի ի տեղւոջ դաշտին. եւ փառաւորէի զմեծազօրն
աստուած. 58 զի այնպէս դարմանէ եւ առաջնորդէ. եւ ոչ արհա-
մարհէ զազգս մարդկան. եւ կացի անդ զերիս աւուրս.

14:1 Եւ եղեւ յետ երրորդ աւուրն՝ ես ննջէի ի ներքոյ

յայտ] om D* L marg D^{6} | եղեալ] ելեալ D L β | յայտ
եղեալ] յայտնեալ R + եւ T 52 որպէս] om C |
քննել] + եւ T | այնպէս] + եւ T | ի վերայ երկրի /
ճանաչել] ∿ B + եւ T | կամ 3^{0}] եւ C 53 այս 2^{0}]
յայս K | երկրի E* K G* β յ above ln E^{0} below ln G^{0}
54 ժողովրդեանն M S P 56 inc] + եւ with abbrev mk P |
զարմանալիքս] զարմանալի քո M C զարմանալիս քո S
57 գնայի] գնացի S | փառաւորէին M S 58 զի] եւ K
1 ննջէի Z 2 մորենոջն I Z | ասէր] ասէ M S | եմ

| անդի L 52 եթե C 53 միայնո Q L S 54 հոգայ-
բարձու G C | աւրինաց P Z | աղաչեցեր] ե 2^{0} over ի Q^{0}
56 երեւեսցին] over another word E 57 տեղւոջ] տեղոջ L |
փառաւորեի C | զմեծազաւրն P 58 ոչ] om G* above
ln G^{0}
1 ննջեի C | ի ներքոյ] om G* marg G^{0} | կաղնւոյ] կ

կաղնւոյ միոյ. 2 եւ այլաղէմ յանդիման՝ ի մի մորենւոջ
ելանէր բարբառ՝ եւ ասէր ցիս՝ եզրա՝ եզրա. եւ ասացի ահաւասիկ
եմ ես՝ իբրեւ զայս ասէի. յոտն կացի ի վերայ ոտից իմոց. եւ
ասէ ցիս. 3 երեւելով երեւեցայ ի մորենւոյս՝ եւ խօսեցայ
ընդ մօսէսի՝ յորժամ ժողովուրդն ծառայէր յեգիպտոս. 4 եւ
առաքեցի զնա եւ հանի զժողովուրդն իմ յեգիպտոսէ. եւ ածի
զնոսա ի լեառն սինայ. եւ կալայ զնոսա աւուրս բազումս.
5 եւ ցուցի նմա բազում սքանչելիս. եւ յայտնեցի նմա զխոր-
հուրդս ժամուց եւ ծանուցի նմա զվախճան ժամանակաց. եւ պատուէր
ետու նմա ասել 6 զբանս համարձակութեան յայտնի. եւ է ինչ
որ ծածկեալ է՝ 7 եւ այժմ քեզ ասեմ 8 զխորհուրդս զայս զոր
յառաջ նշանակեցի. եւ զերազս զոր տեսեր. եւ զմեկնութիւնն զոր
իմացար ի մտի քում պահեա 9 զի դու համբարձցիս՝ ի մարդկանէ
եւ ընդ իս լինիցիս այսուհետեւ. եւ որ քեզ նման ոք իցէ՝ մին-

ես] om M S C I Z   4 սինայ] սիոն R | յաւուրս B T
5 զվախճան] վախճան E   զի վախճան P   6 զբանս] բանս
R | համարձակութեամբ T   lacuna ends V | է 1^{0}] չէ E
8 զոր] որ E G* S* զ above ln G^{0} զ below ln S^{0} | եւ]
om R | զմեկնութիւն B   9 լինիցիս] լիցիս J   13
այսուհատեւ] + եւ E: dittog | վասն] + ամենայն V |
խրատեա] խորտակեայ I | զժողովուրդս I | իմաստնացոյց

over another let A^{0} կաղնո L կաղնոյ R I T   2 մորենոջ
L R | եզրա 1^{0}] եզրայ R B C I Z T | եզրա 2^{0}] եզրայ R M
S C I Z T | ասեի C   3 մորենոյս L B I Z T | խօսեցա
E Q L T   խաւսեցա B   խաւսեցայ P | մօսէսի] A N Q D F J G
մովսէսի E L R B M S P C T   մօսիսի K   մովսիսի I Z
4 զնայ M | եւ 2^{0}] om S* above ln S^{0} | զնոսա 1^{0} 2^{0}]
զնոսայ M S | սինայ] սինա E^{0} G L B   ա over ն E^{0} |
կալա E G L B P | աւուր F* ս over ր F^{0} 5 նմա 2^{0}]
նմայ M S   8 յառաջ] om G* marg G^{0} պահեայ P C I Z
9 համբարձցցիս L   ց 2^{0} dotted L | լինիցի T* ս above ln

չեւ ի կատարումն ժամանակաց. 13 հրաման տուր այսուհետեւ
վասն տան քո. եւ մխիթարեա զտառապեալս նոցա եւ խրատեա զժողո-
վուրդ քո. եւ իմաստնացո զիմաստունս նոցա. 14 հրաժարեա դու
այսուհետեւ յապականական կենացս. եւ մերժեա ի քէն զշփոթեալ
միտս. եւ հեռացո ի քէն զմարդկեղէն. ծանօթութիւնս եւ ի բաց
ընկեա ի քէն զհոգս. եւ զյուզական միտս. եւ փութա փոխել
յայսմ երկրէ 15 զոր այժմ տեսեր զպահեալ չարն. դարձեալ եւս
քան զայս տեսցես. 16 զի որչափ կեանքս այս անցանեն. նոյն-
չափ բազմանան չարիք ի վերայ երկրի. 17 հեռասցի յոյժ ճշմար-
տութիւնն. որ առ աստուած. եւ որ առ մարդիկս էր. մերձեսցի
սրտմտութիւն եւ ատելութիւն. ահաւանիկ փութայ արծըւին զալ
զոր տեսեր ի տեսլեան: 18 Ետու պատասխանի եւ ասեմ. խօսեցայց
սակաւիկ միւս եւս առաջի քո տէր. 19 ահա երթամ որպէս եւ

E Q 14 յապականական] յապանական K ապական I | ի
քէն] զքէն E | զշփոթեալ] զշոփեալ I Z | ծանօթու-
թիւնս] A ծանօթութիւն rel + | յայսմ երկրէ] յայս մեր
կրէ N Q F* corrn F^0 յայսմ յերկրէ M S P 15 զպահեալ]
A G R զպահեալն rel 16 կեանքս---նոյնչափ] om M S: hmt
17 ճշմարտութիւն E Q β | որ 2^0] om T | մերձեսցի]
մերժեսցի B | տեսլեանս B 19 ահա երթամ որպէս] om P

T^0 13 այսուհետեւ] + eras approx 10 lett V | քոյ T |
մխիթարեայ M S C I Z T | խրատեայ M S C Z | իմաստնացո]
A K G^0 իմաստնացուոյ L I T իմաստնացոյ rel յ eras G
14 հրաժարեայ M S P C I Z | դու] om Z* above ln Z^0 |
մերժեայ M S P C I Z | հեռացո] A K G^0 L R S T հեռացոյ
rel յ eras G | զմարդեղէն I Z | ծանաւթութիւն R P C I
| ընկեայ R M S P Z | զհոգս] ո over ե Q^0 | զուզական
C I Z | փութա] A K G L փութայ rel | յայսմ] յա- over
յեր R^0 16 վերա V | երկի M* ր above կ M^0
17 մարդիքս L | փութա L B | արծըւին] A արծուին rel
18 ետու] init om P | խաւսեցայց P | մեւս I Z |

հրամայեցեր ինձ. եւ խրատեցեր զմօտական ժողովուրդն. իսկ որ
միւսանգամն ծնանիցենն՝ ո՞վ խրատեսցէ՝ 20 զի կայ աշխարհս ի
խաւարի՝ եւ բնակիչք սորա առանց լուսոյ. 21 քանզի օրէնք քո
այրեցան. եւ ոչ ոք յետ այսորիկ ծանիցէ զգործս զարմանալեաց
քո. եւ ոչ զպատուիրանս քո (218բ) զոր պատուիրեցեր. 22 զի
եթէ գտի շնորհս առաջի քո. արկ յիս՝ զհոգի սուրբ զի գրեցից
զամենայն որ եղեւ ի սկզբանէ յայսմ աշխարհի. եւ որչափ ինչ էր
գրեալ յօրէնս քո. թերեւս կարասցեն մարդիկ զշաւիղս փրկութեանն
գտանել. եւ ոյք կամին կալ ի սրբութեան ճանապարհին: 22 Ետ
պատասխանի եւ ասէ ցիս՝ երթ ժողովեա դու զժողովուրդն՝ եւ
ասասցես ցնոսա· զի մի խնդրեսցեն՝ զքեզ աւուրս քառասուն. եւ
դու պատրաստեա քեզ տախտակս բազումս. եւ առ ընդ քեզ զզարիան՝
եւ զարաբիան եւ զհերմիան. եւ զեղկանա. եւ զեթեն. զնոսա
հնգեսեան զի պատրաստեսցին ի գրել. 25 եկեսցես ի կարգի. եւ

| ինձ] + տէր V + տէր crossed out D | զմօտակայ T |
որ] որք T | միւսանգամ B I | ծնանիցենն] ծանիցենն
E* ն above ա E^{c} ծնանիցին R 20 յաշխարհս E
21 այսոցիկ E | ծնանիցէ C I Z | պատուիրանս T | զոր]
զորս K | զպատուիրեցեր N E D V B* M S P* C զ eras B P
22 քո] om E | զհոգիդ T | գրեցից] սիրեցից R |
օրէնս C | փրկութեան E Q B M S P I Z T փրկութենէ C |
սրբութեանն R M S P C I Z T 23 ցնոսա] զնոսա N E* Q D K
B P C ց over զ E^{0} զնոսայ M S | քեզ E | քառասունս
R 24 տախտակ T | պատրաստեսցեն E G 25 inc] + եւ

առջի Z 19 եւ 1^{0}] om G* above ln G^{0} | հրամայե-
ցեր] over eras G^{0} | զմաւտական B P 20 կա L B |
սորայ M S T 21 աւրէնք B P | անիցէ G* ծ above ա
G^{0} | քո 2^{0}] om K* above ln K^{0} 22 եթե C | քոյ
T | սկզբաննէ B | յաւրէնս P 23 ժողովեայ P C I
24 պատրաստեայ M S P C Z | տախտակըս P | զեղկանայ J K
G^{0} β J eras G | զեթն P զեթէն Z | զնոսայ M S |

վառեցից բորբոքեցից ի սրտի քում ճրագ իմաստութեան որ ոչ ան-
ցցէ՝ մինչեւ ի կատարել զոր գրելոցն իցես. 26 եւ յորժամ
զայս կատարեսցես՝ է ինչ ի նոցանէն զոր յայտնեսցես՝ եւ է ինչ
զոր զաղտնի ի ծածուկ իմաստնոց ուսուսցես. վաղիւ յայսմ ժամու
սկսիր գրել. 27 եւ գնացի որպէս հրամայեաց ինձ տէր. եւ
ժողովեցի զամենայն ժողովուրդն եւ ասացի ցնոսա. 28 լուր
իսրայէլ զբանս զայս զիմ. 29 պանդխտութեամբ պանդըխտեցան
հարքն մեր յեգիպտոս ի նախնմէ՝ եւ փրկեցան անտի. 30 եւ
ընկալան օրէնս կենաց, զոր ոչ պահեցին՝ զորով եւ դուք անցէք.
31 եւ տուաւ ձեզ զերկիրն ի ժառանգութիւն. եւ յերկրի ձերում
դուք եւ հարք ձեր անօրինեցայք. եւ ոչ պահեցէք զճանապարհս
զոր պատուիրեաց ձեզ բարձրեալն՝ 32 եւ արդար դատաւորն. եւ
զերծ հան ի մէնջ ի ժամանակի զպարգեւեալն. 33 եւ արդ՝ դուք
աստ էք. եւ եղբարք ձեր ներքսագոյն քան զձեզ են. 34 թէ

E | կատարել] կարել D G V L* R M S C I Z տ. over ա L^0 | զոր] + ինչ T 26 ինչ 1^0 ---է 2^0] om V* β marg V^0: hmt | զաղտնի] + եւ T 27 որպէս] + եւ K L R β | հրայեաց D^0 ամ above ln Dc 28 իմ Q* G* զ above ln Q^0 զ below ln G^0 30 զորով] յորով T 31 զերկիրն] երկիրն D V L β | հարքն Z | անօրինէցաք E* M S P T յ above ln E^0 | պահեցիք G 32 մէնջ] ձէնջ D* K V L B M S P C I Z T^0 մ marg D^0 ձէջ T* ն above ln T^0

հնզեսցէան S 25 բորբքեցից R | որ ոչ] որոց Z* չ over ց Z^0 | գրելոց R* ն above ln R^0 26 ի զաղտնի զոր small բ. over ի small ա. over զոր R | ըսկսիր C 27 ցնոսայ M 28 իսրայէղ G R P 29 պանդըտութեամբ R | պանդըխտեցան] A R պանդխտեցան rel | նախնէ G նախ-նամէ I նախախնամէ T | անդի L 30 աւրէնս P | անցցէք S 32 հան] ան T* հ above ա T^0 | ի 2^0] om J* above ln J^0 33 եղբայրք E Q | ներսագոյն L* Z ք below ս L^0 ներզսագոյն ք above զ1^0 T^0 34 թէ] եթէ T

դնիցէք ի մտի ձերում. եւ խրատիցիք՝ եւ հնազանդեցուցէք զսիրտս
ձեր. կենդանիք պահեսջիք. 35 զի դատաստանն յետ մահու եկեսցէ
յորժամ դարձեալ կանդանացուք. յայնժամ արդարոցն անունն յայտ-
նեսցի. 36 եւ առ իս ոք մի մերձեսցի այսուհետեւ. եւ մի
խնդրեսցէ ոք զիս՝ մինչեւ զքառասուն օր. 37 եւ առի ընդ իս
զհնգեսեան արսն զոր հրամայեաց ինձ. եւ գնացի ի դաշտն եւ եղէ
անդ. 38 եւ եղեւ ի վաղիւ անդր. եւ ահա ձայն բարբառոյ կո-
չեաց զիս եւ ասէ. եզրա եզրա. բաց զբերան քո եւ կուլ՝ զոր ես
տամ քեզ. 39 եւ բացի զբերան իմ. եւ ահա բաժակ մի տուաւ
ինձ. եւ գոյն նորա էր ջրոյ. 40 եւ առի արբի. իբրեւ արբի՝
սիրտ իմ բխեաց զիմաստութիւն. եւ միտք իմ յաւելին զհանճար. եւ
հոգի իմ բխեաց զյիշատակս. 41 եւ բացաւ բերան իմ եւ ոչ
փակեցաւ. 42 եւ բարձրեալն ետ զիմաստութիւն հնգեցունց
արանցն. եւ գրեցին փոխանակաւ զասացեալ նշանսն գրով զորս ոչ
գիտէին՝ եւ նստայ անդ աւուրս քառասուն եւ նոքա տուընջեան

34 inc] + եւ T | դնիցէք] զնիցէք M զնիցեն S | խրատիցէք B* T ի over է B^0 | ձեր] + եւ T | կերդանի G T 36 եւ 2^0] om S | խնդրեսցէ ոք] ∿ I Z | զքառա-սուն] զհինկ P ց.է. C ց.ե. I Z 37 գնացի ի] գնաց ի N E Q F* K ի above ց F^0 գնասցի B 38 տամ քեզ] A ∿ rel 39 բացի] զբացի C 40 իբրեւ արբի] om T + եւ T | իմաստութիւն B T 41 բաց B 42 զիմաստութիւնն V | զփոխանակաւ M S | զասացեալն նշանս S | տուընջեան] ի

35 յայտնեցի Q* ս above ց Q^0 36 եւ 1^0 ---մերձեսցի] om P* marg P^0 :hmt | աւր P Z 38 եզրայ եզրայ C I Z T | քոյ T 39 ահայ M 40 բխեաց 1^0] բղխեաց J^0 K β խ above ln J | բխեաց 2^0] բղխեաց B S P C I Z T | ըզյիշա-տակս L 42 ետ] տ over another let A^0 | հնգեցունց] հինգեցունց L R ն 2^0 above ln Z^0 | նստա L P T | տուն-

զրէին՝ 43 եւ ի գիշերի հաց ուտէին. եւ ես ի տուէ խօսէի՝ եւ
ի գիշերի ղաղարէի: 44 Եւ գրեցին ի քառասուն աւուրն գիրս.
իննսուն եւ չորս. 45 եւ եղեւ յետ լնուլ քառասուն աւուրն.
խօսեցաւ ընդ իս բարձրեալն՝ եւ ասէ զառաջինն զոր գրեցեր յայտ
դիջիր. եւ կարդասցեն զնա արժանիք· 46 եւ զերկրորդն պահես-
ջիր առ ուսուցանել զիմաստունս ժողովրդեանն· 47 զի ի նոսա
են առակք իմաստութեան. եւ աղբիւր հանճարոյ եւ գիտութեան. եւ
արարի այնպէս. 48 յամի չորրորդի շաբաթուն ամաց. յետ ամաց
հինգ հազար արարածոց աշխարհի եւ երկուց ամսոց աւուրց. եւ
ինքն եզր վերացաւ եւ համբարձաւ ի գունդս նմանողաց իւրոց՝
ընդ սուրբս եւ ընդ արդարս: Գրեցի զայս ամենայն. եւ յորջորե-
ցայ դպիր բարձրելոյն· որում փառք յաւիտեանս ամէն:

տուընջեան D K V L R β 43 հաց---գիշերի 2^{0}] om B T:
hmarkt | ղաղարէին T 44 աւուրն] + ի C I Z
45 լնուլ] լնլոյ I Z | զառաջին G | յայտ դիջիր]
յայտիջիր E + զայդ դիջիր T | արժանիքն T 46 առ]
+ ի T | ուսուցանել] A յուսուցանել rel 48 ամի B
| շարաթիւն D F J K G V L R B P C Z | արարածոցս T |
յաշխարհի V | ամսոց] ամաց K C | գունդս] A T գունդն
V C I Z գունդ rel | որում---ամէն] om K | յորում
E B P | յաւիտեանս] յաւիտ D + յաւիտենից L | ամէն]
om D M S + եզրաս երրորդ L + կատարեցաւ եզրայ երրորդ C
+ կատարեցաւ երրորդ եզրի ի փառս աստուծոյ T

ջեան L Z | զրեին C 43 ուտեին C | խաւսէի P
խօսեի C | ղաղարեի C 44 իննըսուն N Q D G V L M S
45 խաւսեցաւ P | յայտդ իջիր Q յայդ դիջիր G C I Z ↑ |
զնայ L 46 զերկրորդըն P 47 նոսայ M S | աղբեւր
Z T 48 չորրոդի D* ր above դ D^{0} | ամսց E* ո above
ց E^{0} | ընդ2^{0}] ըդ D* ն above 1n D^{0} | գրեցի] + զայս
eras N | յորջորեցայ] A N E Q F J G յորջորջեցա L P
յորջորջեցայ rel